Maria Kassel

Biblische Urbilder

HERDER / SPEKTRUM
Band 4137

Das Buch

Menschliche Erfahrung, Urbilder und Archetypen: im großen Menschheitsbuch der Bibel ist vieles verborgen, dessen Entdeckung neue Dimensionen öffnen kann. Maria Kassel zeigt, wie diese Bilder in der Seele von Menschen wirken und wie ihre Kraft fruchtbar gemacht werden kann: Denn die Archetypenlehre nach C. G. Jung besagt, daß allen Menschen aller Kulturen und Zeiten ein Schatz von Erfahrungen gemeinsam ist, die sich in bestimmten Urbildern im Unbewußten niederschlagen. In der Begegnung und Auseinandersetzung mit diesen Urbildern gewinnt der Mensch in einem fortschreitenden Reifungsprozeß seine Identität.

In der Begegnung mit solchen Urbildern können faszinierende Einsichten in verborgene Schichten der Bibel wie in das eigene Unbewußte freiwerden.

Die Autorin

Maria Kassel, geboren 1931, bis 1992 Studienprofessorin an der Katholisch-Theologischen Fakultät der Universität Münster. Verschiedene Lehraufträge. Gastprofessorin am C. G. Jung-Institut Zürich, tätig u. a. in der Fortbildung. Zahlreiche Publikationen, u. a.: Das Auge im Bauch. Erfahrungen mit tiefenpsychologischer Spiritualität; Sei, der du werden sollst. Tiefenpsychologische Impulse aus der Bibel; bei Herder/Spektrum: Traum. Symbol. Religion. Tiefenpsychologie und feministische Analyse (4040).

Maria Kassel

Biblische Urbilder

Tiefenpsychologische Auslegung
nach C. G. Jung

Herder
Freiburg · Basel · Wien

Alle Rechte vorbehalten – Printed in Germany
Verlag Herder Freiburg im Breisgau 1992
© Verlag J. Pfeiffer, München 1987
Erweiterte Ausgabe 1992
Technische Herstellung: Freiburger Graphische Betriebe 1992
Umschlaggestaltung: Joseph Pölzelbauer
Umschlagmotiv: Paul Gauguin, Vision nach der Predigt, 1888
Edinburgh, National Gallery of Scotland
ISBN 3-451-04137-5

Inhalt

Drittes Kapitel

Familiär und gesellschaftlich konstellierte Entwicklungskrisen und -chancen Beispiel: Israels Väter

Zur Einführung
Unkonventioneller Zugang zur Bibel

Der Umgang mit manchen Stücken der biblischen Überlieferung, des Alten Testaments, aber gerade auch der
Jesus-Tradition, bereitet uns Heutigen oft große Schwierigkeiten. Da versperrt uns eine Blockade den Zugang,
die von der Fremdheit der aus großer zeitlicher Ferne
herkommenden Texte errichtet ist. Oder unsere dogma-
tisch festgewordenen Ansichten z. B. über Jesus Christus,
den »wahren Gott«, machen uns blind für Jesus, den
»wahren Menschen«[1]. Dabei tritt gerade der wahre
Mensch, wenn wir recht zu sehen und zu hören verstehen, ganz deutlich aus den Evangelien hervor. Ungeklärt ist nur, wie wir mit dem Menschsein Jesu, sowohl
in seinen für Jesus einmaligen als auch in den für das
Menschsein exemplarischen Aspekten, so in Kontakt
kommen können, daß auch unser Menschsein davon berührt wird, daß wir durch solche Berührung gar die
Chance einer heil-machenden Veränderung, einer Umkehr erfahren. Bei vielen Texten und Gestalten des Alten
Testaments gibt es da noch größere Schwierigkeiten, denn
in ihnen tritt uns oft eine für uns anscheinend nicht mehr
einfühlbare archaische Welt entgegen. Doch wäre es denkbar, daß wir Wege finden, auf denen wir bei Annäherung
an die fremde biblische Welt entdecken, daß diese nicht
in allem so fern ist, daß sie vielmehr grundlegende, und
d. h. auch für uns relevante Kategorien der Gestaltung
menschlichen Lebens bietet.

Am Beispiel soll ein solcher Versuch der Annäherung
gemacht werden, zunächst an einem neutestamentlichen
Text. Wie steht es etwa mit unserem Verständnis einer
so eigenartigen Geschichte wie der von der Versuchung
Jesu (gewählt wird die ausführliche Form bei Mt 4;
parr Lk 4; Mk 1)? Die Verlegenheit vor ihr manifestiert

sich in einer Exegese, die in der Erzählung ausschließlich Aussagen zum besonderen einmaligen Geschick Jesu, d. h. zu seiner Sendung als Messias und Gottessohn feststellt. Zwar entspricht diese Deutung dem programmatischen Stellenwert der Erzählung in der synoptischen Tradition, nämlich jeweils vor dem Beginn des öffentlichen Wirkens Jesu. Doch ist zu fragen, ob es in ihr nichts Exemplarisches auch für unser, nicht nur für Jesu Menschsein gibt. Ist doch Versuchung, Verführbarkeit, ein zum Menschen gehörendes Charakteristikum, allerdings nicht nur in verengter moralischer, sondern in existentieller Bedeutung. So soll hier eine Interpretation folgen, die Ernst macht mit dem von der Erzählung vermittelten Eindruck, daß sie nicht erfunden sein kann, sondern daß in ihr eine wahre und wichtige Seite am Bild des historischen Jesus nachgezeichnet ist. Am Beispiel dieser Interpretation können dann Anliegen, Zielsetzung und Verfahren des Buches abgelesen werden.

Beispiel: Versuchung Jesu

Die Versuchungsgeschichte Mt 4 zeigt Jesus in einer aus seinem Innern aufsteigenden Gefährdung; dabei kommt es zu einem harten Ringen Jesu mit sich selbst. Die Darstellung dieses Vorgangs als ein äußeres Geschehen, als Auseinandersetzung zweier Personen: Jesu und des Teufels, stellt das unanschauliche innere Drama auf die Bühne der Anschaubarkeit, d. h., macht es für uns im Bilde nachvollziehbar.

Erzählt wird in der Geschichte ein psychischer Vorgang, der eine Krise in der Entwicklung Jesu anzeigt. Wie jede Lebenskrise birgt auch diese Gefahr und Chance zugleich. Gefahr insofern, als verschiedene Personanteile in Jesus sich zu dissoziieren, auseinanderzufallen drohen,

Chance insofern, als sich für Jesus die Möglichkeit abzeichnet, eine größere Integration seiner verschiedenen psychischen Strebungen zu gewinnen, der Ganzheit seines Menschseins ein Stück näherzukommen. Daß es sich um eine echte Gefährdung handelt, wird an der Gestalt des Versuchers kenntlich: der Teufel ist nach dem griechischen Wortsinn von diábolos der Durcheinanderwerfer, der Verwirrer. Auf den psychischen Zustand Jesu bezogen heißt das, Jesus befindet sich in innerer Verwirrung. Deren genauere Kennzeichnung verlangt einen Blick auf die bei allen Synoptikern im Zusammenhang mit der Versuchung gleich beschriebene Lebenssituation Jesu. Der unmittelbare Kontext der Versuchungsgeschichte (vorher Taufe, nachher Beginn der öffentlichen Tätigkeit) wie auch der von den Evangelisten ebenfalls gleich geschilderte Lebensweg Jesu insgesamt (Vorbereitung auf sein Wirken, öffentliche Wirksamkeit im Wort und im Handeln, Gewinnen von Jüngern, Auseinandersetzungen mit Gegnern, Prozeß, Verurteilung und Hinrichtung) lassen eine Krise zu dem in den Evangelien angegebenen Zeitpunkt historisch glaubwürdig erscheinen. Jesus steht an dem Punkt, an dem die Entscheidung über seine Lebensaufgabe fällt, durch die auch über die Art der Verwirklichung seiner selbst entschieden wird. Jesus als wahrer Mensch kann ja nicht den von jedem Menschen zu durchlaufenden Lebensphasen enthoben gedacht werden; auch ihm konnte seine menschliche Entwicklung gelingen oder mißlingen. Daraus folgt: Jesus mußte auch Klarheit gewinnen über sein eigenes Lebensziel.

Die der Versuchungsgeschichte voraufgehende Erzählung von der Taufe Jesu durch Johannes am Jordan signalisiert die erste Etappe in dieser wichtigen Selbstfindungsphase. Bei der Taufe ereignet sich für Jesus eine fundamentale Klärung seines Selbstverständnisses. Der Bekehrungsritus des Täufers (Mt 3, 2 und 6), dem Jesus sich unterzieht und der das Eintauchen in die schöpferische Kraft der eigenen Tiefe abbildet, führt zu einer Wandlung in Jesu Leben: heraus aus der Anonymität eines durchschnittlichen jüdischen Lebens in die einmalige Sendung für sein Volk, heraus auch wohl aus der Abhängigkeit des Johannes-Jüngers in die Freiheit und Einsamkeit der eigenen Berufung. Wie seine spätere Verkündigung zeigt, hat sich Jesus scharf von den Reich-Gottes-Vorstellungen des Täufers abgesetzt. Er verwirft die alte apokalyptische, auch von Johannes praktizierte Bewältigung des und der Bösen durch Aussonderung, Unterdrückung bis hin zur Vernichtung (vgl. die Endgericht-Predigt des Täufers). Bei Jesus dominiert die Annahme der vom Bösen gezeichneten Menschen und die Eröffnung neuer Lebensmöglichkeiten für sie. Die Himmels- = Gottesstimme, die ursprünglich keine Proklamation an die Umstehenden wie bei Mattäus, sondern eine Anrede an Jesus selbst war (vgl. Mk 1, 11 und Lk 3, 22), ist Ausdruck der inneren Selbstvergewisserung Jesu. Während die andern Menschen bei der Johannes-Taufe ihrer eigenen negativen Seite ansichtig werden (vgl. Mt 3, 6: sie bekennen ihre Sünden), gewinnt Jesus durch das Untertauchen Einsicht in seine Lebensaufgabe und Gewißheit über die Befähigung, sie zu erfüllen. Er erfährt sich als der, in dem die Traditionsfäden seines Volkes gebündelt werden (man beachte die Verbindung der Königsverheißungen von Ps 2 und der Gottesknechtfunktion von Jes 42 in der Himmelsstimme), als der, der die jahrhundertealten Hoffnungen und Erwartungen seines Volkes einzulösen vermag, weil er sich dem Ursprung und Ziel dieser Hoffnungen, Gott, am nächsten weiß. Die Taufszene enthüllt, aus menschlicher Perspektive betrachtet, ein ungeheures Selbstbewußtsein Jesu. Sicher hat ihn dieses überhaupt erst in die Lage versetzt, seine Lebensaufgabe bis zum Todesende durchzutragen; doch wegen seiner, menschliche Dimensionen eigentlich übersteigenden Größe bringt dieses Selbstbewußtsein auch spezifische Gefährdungen mit sich. Von ihnen ist in der Versuchungsgeschichte die Rede.

Wie für Jesus in der Taufe schöpferische Tiefenkräfte frei werden, so steigen in der Versuchung destruktive Kräfte aus seinem Innern ins Bewußtsein. Die Versuchung als Ganzes besteht in der dem Teufel als Verursacher zugeschriebenen Verwirrung und Unsicherheit über die Art der Verwirklichung des Lebensziels, von dem Jesus ergriffen worden ist. Dabei geht beides, das Gewißwerden über sein Ziel wie auch die Versuchung im Hinblick auf dessen Realisierung, von dem gleichen Geist Gottes aus (vgl. Mt 3, 16 und 4, 1), der als innere Instanz Jesu offensichtlich ein doppeltes Gesicht zeigt: ein zur seelischen Integration weisendes und ein die menschliche Ganzheit gefährdendes. Die große Ich-Ausweitung, die Jesus durch das Taufgeschehen erfahren hatte, sowohl wie die Ich-Verunsicherung über den weiteren Weg kommen vom Geist, denn dieser bringt Jesus in die Wüste, in die Versuchungssituation, die sowohl zum Scheitern als auch in die Bewährung führen kann. In dieser Auffassung vom Geist ist etwas bewahrt von der im Alten Testament noch häufig vorhandenen Doppelgesichtigkeit des Gottesbildes: wie z. B. in der Paradiesesgeschichte die Bedingtheit von Versuchung und Sünde durch das Verbot Gottes, von dem *einen* Baum zu essen; oder die Versuchung Abrahams durch Gott zur Tötung seines Sohnes (Gen 22); oder Jahwe als Kriegsgott im Exodus und in den »Heiligen« Kriegen Israels; oder die Zugehörigkeit Satans zu den Gottessöhnen im Hiobbuch, u. a. m. In solchen Vorstellungen von Gott bzw. vom Geist Gottes hat sich ein altes Menschheitswissen erhalten, daß nämlich die dunklen, die zum Mißlingen des Lebens drängenden Kräfte auch von göttlicher Macht sind, gewissermaßen die andere Seite Gottes. Insofern ist auch der diábolos in der Versuchungsgeschichte Jesu nicht Bild für eine harmlose Anfechtung, vielmehr Ausdruck einer elementaren Gewalt, die Jesus in der krisenhaften Entscheidungssituation erfaßt. Deutlich wird das auch an der als äußerer Schauplatz dargestellten inneren Verfassung Jesu: der Wüste als Äquivalent der inneren Leere, des Ausgehungertseins. Jesus ist aus dem gewaltigen Aufschwung in die Gewißheit seiner Sendung (Taufe) hinuntergestürzt in eine seelische Öde, Verlassenheit und Ungewißheit – ein Vorgang, der sich oft abspielt, wenn ein Mensch eine große, seine Persontiefe berührende, als Daseinserfüllung erlebte Erfahrung gemacht hat. In der »Wüste« erfolgt die Prüfung auf die dauerhafte realistische Umsetzbarkeit der Erfahrung in das alltägliche Leben, in der »Wüste« stellt sich heraus, ob es sich um eine wirkliche Umschmelzung der Existenz oder nur um ein Strohfeuer handelt. In dieser Situation findet sich auch Jesus in der Wüste vor. Bei seinen Versuchungen geht es nicht um den moralischen Sachverhalt eines verengt gedachten punktuellen Gehorsams oder Ungehorsams gegen Gott. Es geht für ihn um eine Gesamtorientierung seines Lebens, d. h. seiner persönlichen Entwicklung und der von ihm erkannten Bestimmung. Die drei Versuchungen sind insofern Abwandlungen *einer* grundlegenden Versuchung. Jede der drei Formen zeigt etwas für Jesu individuelles Leben Charakteristisches und zugleich etwas für die Entwicklung jedes Menschen Typisches. Ausgehend von der Prämisse, daß in der Geschichte innere Vorgänge in Jesus beschrieben werden, sind die Versuchungen zu verstehen als Selbstkonfrontation Jesu im Erfahren seiner Schattenseite, wobei die Selbstbegegnung Elemente einer Konfrontation mit der überpersönlichen göttlichen Macht einschließt. Welcher Art nun sind die Versuchungen?

In der ersten geht es um Materielles im wörtlichen und im volleren Sinn des Begriffs, um die Lebensgrundlage von Ernährt- und Gesättigtwerden. Für Jesus hat das »Brot« zu tun mit der ihm zuvor offenbar gewordenen Sendung, sein Volk aus der Verheißung in die Erfüllung, zu einer vollen menschlichen Existenz zu führen, in theologischer Begrifflichkeit: das Reich Gottes zu bringen. Die Brotversuchung hat, so gesehen, zwei Komponenten: eine auf die Person Jesu bezogene, die andere auf seine Aufgabe. Dabei wird das, was er den Menschen zu vermitteln gedenkt, davon bestimmt sein, ob bzw. wie er die negative Seite an sich selbst in seine menschliche Entwicklung integriert; das meint, ob er das in der Versuchung zutage getretene »Böse« verdrängt, es so von der Gesamtperson abspaltet und es sich verselbständigen läßt, oder ob er es als seine dunkle Seite akzeptiert und vom Personzentrum her konstruktiv steuern wird.

Für seine eigene Person besteht die Versuchung darin, der soeben mit starker Erschütterung innegewordenen Bestimmung auszuweichen, vor ihr ins bisherige ruhige, gesättigte Leben zurückzuweichen, sich der für die Erfüllung der Aufgabe notwendigen mühevollen Entwicklung zu entziehen. »Aus Steinen Brot machen« ist Äußerung einer Allmachtsphantasie, wie Kinder sie haben, die an die Erfüllung ihrer Wünsche durch magische Zauberkraft glauben. In den Allmachtsphantasien Erwachsener findet sich oft Gott als der große Magier, von dem seine Gläubigen ein leichtes konfliktloses Leben erwarten; letztlich wirkt darin die Hoffnung, im Paradies des kindlichen Narzißmus für immer bleiben zu dürfen. Die Brotversuchung hat auch für Jesus einen solchen Aspekt. Bei ihm ist er noch verschärft durch das Berufungsbewußtsein, das ihn versucht sein läßt, sich in seiner Gottessohnschaftserfahrung (Taufe) satt einzurichten. Jesus steht hier in der Gefahr, seine schöpferischen Kräfte, in denen Gott selbst in ihm präsent ist, in der Aufblähung seines Ich, in einem überzogenen Ich-Gefühl, verpuffen zu lassen, und so mühelos und leidensfrei etwas zu werden, was in Wirklichkeit einen langen und unter Umständen schmerzvollen Entwicklungsprozeß voraussetzt. Die harte Arbeit der Selbstverwirklichung nicht anzupacken, die Entfaltung der ihm innewohnenden Möglichkeiten zu verweigern, stellt für Jesus die eine Komponente der ersten Versuchung dar.

Im Hinblick auf die Erfüllung seiner Sendung tangiert diese Versuchung den zentralen Inhalt von Jesu Botschaft: das Reich Gottes. Die Versuchung liegt darin, den Menschen das Reich Gottes als gesicherte Existenz mit täglichem Brot, als Stillung der ans Materielle gebundenen Bedürfnisse anzubieten, kurz: das Reich Gottes mit dem Schlaraffenland zu verwechseln. An Stelle des Aufrufs zur Umkehr, zum Aufbruch aus einem festgefahrenen Leben in die Freiheit Gottes, stünde die Verführung der Massen mit dem »große(n) Traum des Goldenen Zeitalters«, mit dem Ruf »Brot für alle«[2]. Es ist eine ähnliche Versuchung wie die durch die Israeliten an Mose in der Wüste herangetragene: »Zurück zu den Fleischtöpfen Ägyptens!« (vgl. Ex 16), die aus der Angst vor dem Risiko der Freiheit geboren war. Eine gewaltige Versuchung, weil Menschen sich von solcher Vision gern verführen lassen und dem Ver-Führer der Kult der Menge gewiß ist. Eine Verführung ist diese Art von Reich Gottes deshalb zu nennen, weil sie vorgibt, durch die grundsätzlich problemlose Behebung von materiellem Hunger und Mangel – was in sich unmöglich ist – könne menschliches Leben seine Erfüllung finden. Jesus entscheidet sich gegen diese Verführung des Volkes aus dem die Realität adäquat erfassenden Grund, daß der Mensch mehr braucht als Brot. Für sich selbst realisiert er in der Abweisung der Versuchung, daß er vom Wort aus Gottes Mund lebt. Er verfällt nicht dem »Sattsein« an der Größe seiner Bestimmung und läßt sich infolgedessen auch nicht hinreißen zu uneinlösbaren Versprechungen an das Volk. Das Wort aus dem Mund Gottes bleibt damit für Jesus eine offene Sache, es wird nicht ein für allemal konkretisiert, und schon gar nicht mit »Brot« gleichgesetzt. Insofern bleibt auch der Weg zur Verwirklichung der inneren Bestimmung offen. Daß es der Weg der Ablehnung durch entscheidende Gruppen seines Volkes bis hin zur Feindschaft ist, erweist sich erst im Weitergehen; und daß gerade dieser Weg ihn zum Ziel seiner menschlichen Entwicklung und zur Erfüllung seiner Lebensaufgabe bringt, ist überhaupt erst von jenseits seiner geschichtlichen Existenz erkennbar; er selbst muß den Weg im Vertrauen auf Unsichtbares gehen.

Die zweite Versuchung, sich von der höchsten Spitze des Tempels zu stürzen und so das eigene Erwähltsein zu demonstrieren, mutet schon beim ersten Lesen ganz unrealistisch an. Das Moment des Sich-Auslieferns ans Irrationale, des Überschwemmtwerdens von dumpf gefühlten Wünschen und Vorstellungen, der Trübung des Bewußtseins, ist denn auch ihr Charakteristikum. Es ist die Versuchung zum religiösen Schwärmer. Hier steht Jesus in der Gefahr, die innere Gewißheit von Ziel und Bestimmung seines Lebens, die sein Ich in eine umfassendere Ganzheit, in Gott hinein erweitert und darum als wunderbare Kraft erfahren wird, nach draußen, ins Mirakelhafte zu projizieren. Die innere Kraft in spektakuläre Wundertaten zu veräußern wäre aber der Versuch, der mühsamen eigenen Wandlung auszuweichen. Denn die eine, alles durchdringende Erfahrung vom Sinn seines Lebens muß Jesus, wie jeder Mensch, in langsamer alltäglicher Verwirklichung bis ans Ende des Lebens durchtragen. Dagegen steht als Versuchung die Umwandlung des einmaligen ekstatischen Hochgefühls in einen Dauerzustand, ein Unterfangen, das einer Lebenslüge gleichkommt, weil es menschliche Möglichkeiten übersteigt; das, wegen der Selbstüberschätzung, irgendwann mißlingen muß, und zwar im Hinblick auf die Erlangung einer dem Menschen möglichen und gemäßen Integration aller Teilaspekte seiner Existenz, der bewußten und unbewußten. Jesus sieht sich versucht, den punktuellen Einbruch des Transzendenten in sein Leben (Taufe) in eine dauernde geschichtliche Präsenz hinein zu verfestigen, d. h. auch, den endgültigen Sinn von Mensch und Welt im Vorläufigen aufgehen zu lassen, die Begrenztheit des Menschen zu negieren. Es handelt sich dabei um eine zugleich uralte und stets gegenwärtige, immer religiös gefärbte Versuchung, Geschichtlichkeit und Endlichkeit des Menschen mit dem ersehnten ewigen Heil zu identifizieren und auf diese Weise den Zerreißproben und Leiden einer geschichtlichen Existenz zu entgehen. Eine vergleichbare Szene kehrt im Mattäus-Evangelium in der Verklärungsperikope (Mt 17) wieder, mit dem Unterschied, daß hier Petrus den »erfüllten Augenblick« durch Hüttenbauen perpetuieren will. Die Übertragung einer Erfahrung Jesu auf Petrus darf wohl als Hinweis auf das menschlich Typische dieser Versuchungssituation verstanden werden. Bei der Durchführung seiner Aufgabe hätte sich Jesus, dieser Versuchung erlegen, selbst unangreifbar gemacht. Denn Kritik an oder Auseinandersetzung mit einem so sichtbar erwählten und bestätigten Führer wäre unmöglich geworden; Kritik an einem, der sich unverletzt von der Spitze des Tempels stürzen kann, d. h. dessen Person Schicksalsschlägen enthoben ist, wäre auf die Kritiker zurückgefallen. Jesus zeigt sich hier die versucherische Möglichkeit, die Massen zu überwältigen, statt sich der schwierigen und häufig vergeblichen Arbeit zu unterziehen, Menschen zur Umkehr, zur Umorientierung ihres Lebens zu bewegen. Das Reich Gottes würde er als »Opium fürs Volk« verabreichen; seine Macht über Menschen würde er dazu mißbrauchen, diese unmündig zu halten durch Überfluten ihrer Vernunft mit unkontrollierbaren Emotionen, statt seinen Einfluß als Impuls zum Beschreiten des jeweils eigenen, auch religiösen Entwicklungsweges einzusetzen. Im Grunde ist es ein Liebäugeln mit dem Vortäuschen einer Erlösung, die er in Wahrheit nicht zu vollbringen vermöchte, eine Neigung zur Scharlatanerie. Solche Versuchung, andere Menschen zu ihrem »Heil«, ihrem »Besten« zu drängen, sie gar zu überfahren und ihnen nicht die Freiheit der Suche nach dem eigenen Ziel und Weg zu lassen, ist eine allgemein-menschliche, zu allen Zeiten, in jeder Kultur und Religion mögliche Versuchung. Für Jesus in seiner Zeit und geistigen Umwelt war sie jedoch aufgeladen mit den mächtigen Affekten apokalyptischer und messianischer Hoffnungen der Menschen, zu denen er sich geschickt wußte. Insofern mußte sich Jesus, in der Stunde seiner Berufungsgewißheit über die Erfüllung der Heilstraditionen seines Volkes durch ihn, die Versuchung zu religiösem Schwärmertum, unter Verleugnung der Realität, geradezu aufdrängen. Das synoptische Überlieferungsgut läßt noch deutlich erkennen, daß diese, aus der ungeklärten Tiefe, der Dunkelseite der Person Jesu aufsteigende Versuchung durch Erwartungen, die von außen an ihn herangetragen wurden, auch später noch eine Energiezufuhr erhielt; zu sehen etwa an der Zeichenforderung der Pharisäer (Mt 12 parr), dem Tadel der Leidensbereitschaft Jesu durch Petrus (Mt 16 parr).

Grundzüge einer vergleichbaren Versuchbarkeit wie der zum religiösen Schwärmertum lassen sich auch in der religiösen Gesetzlichkeit der von den Synoptikern beschriebenen Rabbinen und Pharisäer erkennen, mit dem Unterschied zu Jesus, daß jene der Versuchung erlegen sind, und zwar nicht nur punktuell, sondern grundsätzlich. Beiden religiösen Haltungen ist gemeinsam, daß die Offenheit für einen immer wieder möglichen neuen Anruf, für einen neuen Impuls zur Wandlung verkehrt wird in das Bewußtsein unwiderruflicher Heilsgewißheit. Menschen beider religiöser Einstellungen haben sich abgeschottet gegen mögliche neue geschichtliche, somit nicht voraussagbare Gotteserfahrungen. Offenheit für solche zöge aber die Konsequenz der Änderung des inneren Menschen nach sich. Nicht von ungefähr erscheinen die Pharisäer als innerlich verhärtete, unfreie Menschen, Jesus dagegen, der sich der Versuchung nicht ergeben hat, wirkt innerlich frei, offen für die Individualität jedes einzelnen, ihm begegnenden Menschen, frei und offen vor allem in seinen Vorstellungen von Gott (vgl. seine Einstellung zum Sabbat). Religiöse Schwärmerei wie religiöse Vergesetzlichung zerstören dagegen die Freiheit sowohl Gottes als auch des Menschen. Gott wird reduziert auf ein menschlich endliches Maß und verliert seine Transzendenz, die Unverfügbarkeit einschließt. Der Mensch verliert mit dem Schrumpfen Gottes auf endliche Dimensionen das in ihm repräsentierte Bild vom Transzendenten, vom Unendlichen; er verliert damit auch die Möglichkeit, die in ihm selbst neben- oder gegeneinander agierenden Kräfte sowie die von seiner eigenen Zerrissenheit geprägte geschichtliche Welt auf ein transgeschichtliches Zielbild hin zu integrieren.

Das Wort, mit dem Jesus die zweite Versuchung besteht: »Du sollst Gott nicht versuchen«, könnte so in etwa besagen: Du sollst Gott nicht verwechseln mit deinen eigenen begrenzten Vorstellungen, Wünschen, Interessen, Zielen, auch nicht mit den religiösen; denn Gott unterliegt nicht den [Selbst-]Täuschungen, denen menschliche Pläne immer ausgesetzt sind; Gott auf solche festzulegen nimmt dir selbst die Chance zu einem jeweils neuen Auf-

bruch mit dem Ziel, über deine eigenen Grenzen hinaus-
zugelangen.

Mit der zweiten hat die dritte Versuchung den Anstoß
durch kollektive Wünsche und Erwartungen des Volkes
gemeinsam, hier Vorstellungen von Erlösung durch politische Befreiung, die offensichtlich ähnliche Wünsche in
Jesus berühren. In der Versuchungssituation dringen sie
ins Bewußtsein und drängen Jesus zur Entscheidung, ob
er sich mit den kollektiven Projektionen identifizieren,
sich selbst als Revolutionär verstehen und das Reich
Gottes mit politischer Machtergreifung durchsetzen will
oder nicht. Die zeitgeschichtlich realpolitische Außenseite
der Wunschbilder stellen die zelotischen Bestrebungen
zur Beseitigung der römischen Fremdherrschaft mit dem
Ziel nationaler Autarkie und Größe dar. Im Kontext
von Jesu Sendungsbewußtsein zielt die Versuchung darauf, das Reich Gottes in eine nur partikularistische Größe
umzuinterpretieren. Der versucherische Satz: »Alle Reiche
der Welt will ich dir geben«, bezeichnet, aus der Sicht
der von Jesus tatsächlich verkündeten Botschaft, das genaue Gegenbild zum Reich Gottes: die hybride Verab-
solutierung (*alle* Reiche) einer auf Trennung und Abson-
derung des jüdischen Volkes als pervertierter Erwählung
ausgerichteten Macht. Dieses Gegenkonzept des Reiches
Gottes wäre ein Unterwerfungsinstrument gegen Völker
und Menschen, und Jesus als sein Promulgator würde die
Herrschaftsergreifung der Gegenmacht Gottes betreiben.
Die Übernahme der Herrscherrolle hätte Jesus beim
Volk und bei wichtigen politisch-religiösen Gruppen sicher großgemacht, denn er hätte dem unterdrückten und
gedemütigten jüdischen Volk als Führer zu solchem Ziel
eine maßlose Erhöhung des kollektiven Ich-Bewußtseins
ermöglicht. Jedoch hätte dafür ein ebenfalls maßloser
Preis gezahlt werden müssen: wahrscheinlich schon im
realpolitischen Bereich, wie der spätere jüdisch-römische

Krieg und der messianisch motivierte Bar-Kochba-Aufstand rückschließen lassen, die beide zur Zerstörung des Judentums als politische Größe führten; sicher jedoch im Hinblick auf die menschlich-religiöse Entwicklung der Anhänger Jesu; denn ein machtpolitisch verstandenes, partikularistisch ausgeprägtes »Reich Gottes« hätte die Ausbildung von universalem Denken und Fühlen, im doppelten Sinne von gesamtmenschheitlichem und ganzheitlichem, verhindert. In der kollektiven Wertentwicklung hätten spaltende, ausschließende, dissoziierende Tendenzen eine Verbrämung mit göttlicher Autorität erhalten.

Für die Person Jesu drohten ähnliche Gefahren. Die Quelle des Machtrausches wäre eine grandiose Selbstüberschätzung gewesen, eine Inflation des Ich mit der Einschränkung oder gar dem Verlust der Steuerungsfähigkeit gegenüber der überschäumenden Dynamik aus dem Unbewußten. Die mit Anbetung des Teufels umschriebene Versuchung wäre die Zulassung der Alleinherrschaft der dunklen Schattenseite in Jesus gewesen, theologisch gesprochen: die Zulassung der Herrschaft des Gegenspielers Gottes. »Gott allein anbeten und ihm dienen« besagt demgegenüber, daß Jesus sich für einen durch äußere Macht nicht abgesicherten Weg entscheidet und daß er in seinem Wirken sich offenhält für die Überwindung von Grenzen und Absonderungen zugunsten einer nicht politisch zu definierenden Einheit und Ganzheit als vielleicht nicht mehr geschichtlichem Ziel seines Wirkens. Für den Lebensweg Jesu bedeutet diese Entscheidung konkret, daß er es ablehnt, zum Träger der kollektiven Wünsche zu werden und in deren Erfüllung den Sinn seines Auftrags zu sehen. Damit hat er die Hoffnungen vieler Gruppen und einzelner im jüdischen Volk enttäuscht. In Treue zur humanisierenden Wirkung seiner Integrationskraft hat er es so auf sich genommen, statt zum Projizierenden selbst zum Projektionsobjekt der trennenden Tendenzen seiner Mitmenschen und damit zum »Abgespaltenen«, zum Ausgestoßenen und schließlich Ausgelöschten zu werden.

Zusammenfassend zeigt sich bei allen drei Versuchungen als formale Gemeinsamkeit, daß es bei ihnen um die Projektion eigener, innerlich erfahrener Unzulänglichkeit, von Ohnmachtserfahrungen in die Außenwelt zwecks Kompensation geht. Darum sind alle drei Verführungsbilder inhaltlich stark eingefärbt von einer Verkennung bzw. Verzerrung der Realität: sowohl das Paradies materieller Befriedigung als auch die heile religiöse Welt in der geschichtlichen Gegenwart als auch Besitz und Ausübung von unbeschränkter Macht zur Menschheitsbeglückung. All diese verführerischen Visionen sollen der Flucht vor der Auseinandersetzung mit den dunklen, den abgelehnten und deshalb verleugneten Seiten der eigenen Person dienen; und es wird die Möglichkeit des Scheiterns der Lebensaufgabe durch diese Bilder verdrängt. Wäre der Verführer zum Zuge gekommen, so hätten die Gaukelbilder auf Dauer eine verhängnisvolle Wirkung entfaltet, da sie mit der Energie der unbekannt gebliebenen, weil verleugneten, destruktiven Kräfte unkontrolliert angereichert worden wären.

Jesus nun ist nicht der Versuchung erlegen, seine dunklen Seiten einfach wegzuschieben und ihnen dadurch erst Macht zu verleihen, z. B. in einem illusionären Allmachtsbewußtsein. Die Identifizierung mit der Lebensaufgabe, die er als von Gott kommend erfahren hat, läßt ihn nicht »überschnappen«. Dieser Gefahr scheinen, mindestens zeitweise, eher einige seiner Jünger erlegen zu sein, wenn sie z. B. nach dem Größten im Reich Gottes fragen, evtl. in der heimlichen Hoffnung, daß sie es seien (vgl. Mt 18, 1 ff.), oder wenn zwei von ihnen sich die nächstmächtigen Posten neben Jesus im Reich Gottes sichern wollen (vgl. Mt 20, 20 ff.). Diese Jünger sind ohne Selbstkritik ihren nach draußen projizierten Allmachtsphantasien aufgesessen; sie ergreifen mit ihrer Anhängerschaft zu Jesus die Gelegenheit, ein in ihnen rumorendes dumpfes Unbehagen an ihrer Lebenslage durch Machtbesitz befriedigen zu wollen. Auf diese Weise aber können sie nicht Herr werden über das unbekannte Dunkel in ihnen selbst; sie müssen scheitern mit ihren auf Jesus geworfenen illusionären Hoffnungen, und folgerichtig verlassen sie Jesus bei dessen äußerem Scheitern in der Gefangennahme, als er sich zum Projektionsempfänger nicht mehr eignet. Jesus selbst hat in *seiner* Versuchung die Weichen anders gestellt. Er identifiziert sich mit seiner inneren Berufung nicht auf illusionäre Weise, nicht durch Projektion, sondern indem er sich an die schwierige und konfliktreiche Durchführung seiner Aufgabe in ihren realistischen Möglichkeiten macht. Diese Lösung der Auseinandersetzung Jesu mit seiner Schattenseite manifestiert sich in verschiedenen Verhaltensweisen. In der Versuchungsgeschichte erscheint die Lösung in dem dreimal wiederkehrenden Wort: »Es steht geschrieben«, in dem die Rückbindung Jesu an die Überlieferung verdeutlicht wird. Zwar ist Überlieferung für sich genommen noch keine Garantie dafür, der Abspaltung der nicht akzeptierten Hälfte des Lebens zu entgehen, wie an den der Tradition gegenüber als übermäßig treu gekennzeichneten Pharisäern zu sehen ist. Interessanterweise kennt sich auch der Versucher in der Tradition aus, d. h. – da er die dunkle Seite in Jesus darstellt –, Jesus läßt das Ungewohnte, das »Verbotene« gegenüber der Tradition in sich zu, er unterdrückt es nicht von vornherein. Daher müssen wir uns Jesu Versuchung als einen harten inneren Kampf vorstellen, bei dem es um die für ihn richtige Geltung der Überlieferung geht. Jesus zitiert diese nicht nur, sondern macht sie in einer für ihn einmaligen Weise lebendig, er übersetzt sie gewissermaßen in seine gegenwärtige Welt. Indem er mit dem für ihn Versucherischen im überlieferten Wort Gottes ringt, statt es von sich wegzuschieben, findet er einen so intensiven Zugang zu Gott wie keiner seiner frommen Zeitgenossen; die ihm nach der Versuchung dienenden Engel dürften ein Bild für diese Nähe zu Gott sein. Die aus der lebendig gemachten Tradition heraus schöpferisch neu konzipierte Gottesbeziehung bringt Jesus allerdings in tödlichen Konflikt mit denen, welche die Überlieferung bloß als Zitat gebrauchen, als etwas Erstarrtes anwenden. Und Jesus akzeptiert diese Konsequenz seines kreativen Umgangs mit der Glaubenstradition – eine weitere Manifestation seiner konstruktiven Bewältigung der Versuchungssituation. Für ihn bedeutet das, daß er für die Zurücknahme der offiziell legitimierten Projektionen, wie sie in den drei Versuchungsbildern gezeigt werden, mit seinem Leben einsteht bis zur Hinrichtung. Auch bleibt für ihn Versuchung nicht ein punktuelles Geschehen, sondern er sieht sich als immer wieder versuchbar (vgl. Versuch des Petrus, ihn vom Leiden abzuhalten; Ölbergszene), ein Zeichen dafür, daß er sich ständig der eigenen Schattenseite bewußt ist, sie nicht in den Untergrund zurückgedrängt hat. Nirgends in den Evangelien gibt es ein Zeugnis dafür, daß er die Gefährdung aus seinem Innern verdrängt hätte; er vermag das Destruktive vielmehr aus der Mitte seiner Person heraus zu steuern; das weist auf eine geglückte Integration der in der Versuchung getrennt voneinander und gegeneinander agierenden psychischen Energien hin. Daß Jesus hierbei eine harte Arbeit an seiner eigenen Entwicklung geleistet hat, ist an den meist starken Gefühlen zu erkennen, von denen er in Krisensituationen wie der in Mt 4 geschilderten bewegt ist.

Die hier vorgelegte Interpretation der Versuchungsgeschichte Jesu wird als ungewöhnlich empfunden werden; es soll ihr deshalb eine sachliche und methodische Erklärung beigefügt werden. Die Grundannahme der Interpretation ist, daß Jesus als historische Person wie jeder Mensch eine Entwicklung durchgemacht hat auf die Vollgestalt seines Menschseins zu, einschließlich des Risikos, sich selbst und sein Lebensziel zu verfehlen, wie es die Gefährdung eines jeden Menschen ist. Damit soll, nicht nur in verbaler Behauptung, ernstgemacht werden mit der einen Hälfte der christologischen Definition des Chalcedonense, dem wahren Menschsein Jesu. Das heißt keineswegs, daß die andere Hälfte, das wahre Gottsein, gestrichen wird; sie tritt jedoch, in der hier angewendeten Betrachtungsweise, aus methodischen Gründen mehr zurück.

Um einen Menschwerdungsprozeß, auch den Jesu, in unserer Zeit verstehbar zu machen, müssen wir Kategorien anwenden, die Einsichten moderner Wissenschaften über den Menschen angemessen ausdrücken. Die in diesem Buch benutzten Kategorien entstammen der Tiefenpsychologie, womit all die Forschungsmethoden bezeichnet sein sollen, die sich mit *den* Bereichen der menschlichen Psyche befassen, die normalerweise dem Bewußtsein nicht gegenwärtig sind. Der Niederschlag dieses Unbewußten des Menschen findet sich auch in literarischen Manifestationen, auch in der Bibel, und kann mit entsprechenden Methoden bewußtgemacht werden, analog der Erhellung von Äußerungen des Unbewußten, z. B. von Träumen, in einem therapeutischen Prozeß. Literarische Zeugnisse nun enthalten nicht nur individuelle Manifestationen des Unbewußten *eines* Menschen, sondern auch solche von kollektiver Art, d. h. sie sprechen etwas vielen Menschen Gemeinsames aus. Wäre es nicht so, so könnten z. B. Märchen oder auch Dichtungen eines individuellen Autors nicht bei so vielen Menschen mit ganz verschiedenem individuellen Unbewußten Resonanz finden. Die Bibel macht da keine Ausnahme.

Bei den vielen gegenwärtig aktuellen, tiefenpsychologischen Richtungen läßt sich zwar kein Konsens erkennen im Hinblick auf ihre Erklärungsmodelle für Strukturen und Wirkungsweise des Unbewußten. Einigkeit besteht jedoch in der Auffassung, daß der Mensch in seinem Verhalten, seinen Werteinstellungen, in der Entwicklung seiner Person durch die verschiedenen Lebensphasen hindurch stark von unbewußter Dynamik gelenkt wird. Die therapeutischen tiefenpsychologischen Bemühungen richten sich denn auch weitgehend darauf, Menschen zu einem ungehinderten Austausch mit den Inhalten ihrer Tiefenpsyche, z. B. den Gefühlen, zu verhelfen und ihnen so ein volleres menschliches Leben zu ermöglichen.

Die in den Bibeltexten ruhenden menschlichen Tiefenerfahrungen zu erschließen ist nun das Anliegen dieses Buches. Nach meinem Dafürhalten haben Bibelexegese und -pastoral der letzten Jahrzehnte viele in der Bibel enthaltene Schichten menschheitlicher Erfahrung überhaupt nicht erreicht und infolgedessen zu einer Verarmung in unserem Umgang mit der Bibel geführt. Am vorstehenden Beispiel habe ich versucht, ein wenig von dieser »vergessenen« Seite eines neutestamentlichen Textes ins Bewußtsein zu heben. Da allgemein zugänglich mehr die kollektiven als die individuellen Manifestationen des Unbewußten sind, bediene ich mich dazu einer tiefenpsychologischen Methode, mit deren Hilfe solche kollektiven tiefenpsychologischen Inhalte oder menschliche Grunderfahrungen im Dialog mit der Bibel wieder

lebendig gemacht werden können. Die Methode ist abgeleitet aus der Archetypenlehre von Carl Gustav Jung,
dem Schüler Sigmund Freuds, der, über die Theorie
seines Lehrers hinaus, zur Annahme eines kollektiven
Unbewußten gelangt ist, einer Schicht der Psyche, die er
als Erwerbung aus der Menschheitsentwicklung einschließlich ihrer Stammesgeschichte versteht[3].

Die Geschichte von der Versuchung Jesu läßt sich mit
Hilfe dieser Methode lesen als die Geschichte einer
menschlichen Entwicklungskrise, eines Individuationsprozesses, in Gang gesetzt durch das Andringen von energie-
geladenen Bildern aus der Schicht des kollektiven Unbewußten, von Archetypen, ans Bewußtsein. Von den bei
Jung in bestimmte Bildkategorien zusammengefaßten
Archetypen (vgl. Anmerkung 3) geht es in Jesu Versuchung um die Auseinandersetzung mit dem Archetyp des
Schattens. Bei Jesus führt der Ausgang der Krise zu
einem menschlichen Entwicklungsfortschritt, zu einer Annäherung an den Archetyp des Selbst, das Ganzheitssymbol für die menschliche Person, das sowohl als Impulsgeber zu einem neuen Entwicklungsschritt fungiert
als auch zugleich das angestrebte Ziel der Entwicklung
ist. Seine auf den Menschen wirkende Mächtigkeit besitzt
der Archetyp des Selbst aufgrund seiner überindividuellen, den Menschen transzendierenden Potenz. Deshalb
kann er als Repräsentanz Gottes im kollektiven, im
überpersönlichen Unbewußten verstanden werden wie
der Teufel als die Repräsentanz des destruktiven, des-
integrierenden Gegenbildes Gottes in der Psyche. Der
Archetyp des Selbst wirkt autonom, unabhängig von der
bewußten Einstellung des Menschen – der *Geist* treibt
Jesus in die Wüste. Hätte sich Jesus der vom Archetyp
des Selbst angestoßenen Auseinandersetzung mit seinem
Schatten entzogen, so hätte er nie zu dem integrierten
Menschen werden können, als den die Evangelien ihn

durchgehend darstellen[4]. Integriertes Menschsein heißt, keinen Anteil der Psyche, auch nicht den Schatten, in Bewußtseinsferne zu halten, sondern jeden Teil als zum eigenen Selbst gehörend anzunehmen. Jesu einmalig intensives Gottesverhältnis ist, aus tiefenpsychologisch-archetypischer Sicht, nur möglich, weil er seinen Schatten nicht nach außen auf Menschen oder Verhältnisse projiziert, sondern ihn angenommen und so ein volles Menschsein gelebt hat – vgl. als Gegenbild die Gestalt des Schlemihl bei Adalbert von Chamisso, den Mann, der seinen Schatten verkauft, d. i. projiziert, und der von da an kein wirklicher Mensch mehr ist. Archetypisch betrachtet, kann auch die Aussage gewagt werden, daß die Annäherung an das Zielbild des Selbst, was nur durch Akzeptieren des Schattens möglich ist, zugleich eine Annäherung an Gott ist.

An diesem letzten Gedanken kann der Ertrag einer archetypischen Auslegung von Bibeltexten andeutungsweise verdeutlicht werden. Gott als das zentrale Thema sowohl des Alten als auch Neuen Testaments tritt uns in dieser Betrachtungsweise nicht als ein dem Menschen fernes, in die Welt von außen – wo könnte das in unserem modernen Weltbild sein? – hineinwirkendes Wesen entgegen. Vielmehr ist Gott mitten im Prozeß der individuellen wie kollektiven Menschwerdung des Menschen darinnen, als Initiator, als »Versucher«, der den Prozeß vorantreibt, und als Ziel. In dieser anthropologischen Sicht der Bibel wird Gott nicht zu einem Aspekt des Menschen und einem Teil der Welt gemacht, aber es wird meines Erachtens verstehbar gemacht, daß Gott in unserer entgötterten Welt nicht verlorengegangen, sondern ständig wirkend anwesend ist. Als statisches Gegenüber zu Mensch und Welt dürfte die Erfahrungsdimension Gottes heute kaum noch einleuchtend sein. Und Lesen bzw. Verkünden biblischer Botschaft, ohne

Erfahrung mit ihr und dem Gott zu ermöglichen, den die Botschaft erfahren lassen möchte, dürfte für den Glauben ineffizient bleiben. Als ein Angebot, sich auf Erfahrungen mit der Bibel, wenn auch vielleicht unkonventioneller Art, einzulassen, ist dieses Buch zu verstehen.

Erstes Kapitel

Exegetische Voraussetzungen

1 Leistung, Relativität und Ergänzungsbedürftigkeit der historisch-kritischen Exegese

Eine Untersuchung, die verschüttete Zugänge zur Bibel freilegen oder neue Zugänge erschließen will, muß sich als erstes fragen lassen, ob es dazu überhaupt neuer Methoden bedarf, da ja doch eine, die historisch-kritische Methode, seit rund 200 Jahren eine immense Erschließungsarbeit an der Bibel, dem Alten wie dem Neuen Testament, vollbracht hat. Nicht von ungefähr ist diese Methode heute klassisch geworden, so daß selbst ein ganz spontaner Umgang mit biblischen Texten – meditativ, betend, assoziativ – nicht völlig von den Ergebnissen der historischen Kritik absehen kann. Es steht gewiß außer Zweifel, daß die historisch-kritische Exegese große Leistungen für ein besseres – im Sinne von genaueres, sachgemäßeres – Verstehen der Bibel vorzuweisen hat. Um so erstaunlicher erscheint es, daß dies nicht zu einer dauerhaften intensiven Beziehung breiter Schichten von Christen zur Bibel geführt hat; ja, daß sogar im Gegenteil, z. B. im schulischen Religionsunterricht, trotz Einführung und Einübung dieser wissenschaftlichen Methode zunächst eine Bibelmüdigkeit und dann eine regelrechte Bibelabwehr sich ausgebreitet hat. Wenn diese Entwicklung, zumindest im Religionsunterricht, sich gegenwärtig auch wieder zugunsten der Bibel zu wenden scheint, so zeichnet sich eine Änderung der Lage gerade nicht mit Hilfe der historisch-kritischen Exegese ab, sondern eher an ihr vorbei oder gar gegen sie. Dieser Vorgang läßt darauf schließen, daß diese Exegese sich nicht nur durch Leistungen auszeichnet, sondern daß nach langem Gebrauch sich auch ihre Schwächen zeigen; ja es läßt sich sogar vermuten, daß sie selbst Fehlentwicklungen im Umgang der Christen mit der Bibel mitverursacht hat. Um beides, Leistung wie Schwächen, gerecht gegeneinander abwägen und hilfreiche Konsequenzen für die Anwendung neuer Auslegungsmethoden ziehen zu können, soll eine kurze Würdigung der historisch-kritischen Bibelexegese am Anfang stehen. Das Pro und Kontra wird darin jedoch nur insoweit erwogen, als es für die Hauptgesichtspunkte des Themas – vor allem Erfahrung und Tiefendimension – etwas erbringt.

1.1 Leistungen der historischen Kritik für ein sachgerechtes Bibelverständnis

An unbestrittenen und aller Voraussicht nach auch unbestreitbar bleibenden Leistungen der historisch-kritischen Exegese lassen sich mindestens folgende benennen:
- die Entdeckung der unterschiedlichen mündlichen und literarischen Formen und Gattungen in der Bibel und deren Beschreibung;
- die Feststellung der Ursprungssituationen = »Sitz im Leben« der biblischen Klein- und Großformen, d. h. der Lebenszusammenhänge und der Erfahrungen, aus denen heraus biblische Traditionsstücke entstanden sind; dazu auch die Analogie der biblischen Gattungen zu historisch vorherigen und gleichzeitig üblichen Denk- und Redeformen;
- die Erschließung der Aussage- und Verfasserintentionen sowie des Anteils der Tradenten und Autoren

bzw. Redaktoren an der inhaltlichen und formalen Ausprägung des überlieferten Stoffes; vor allem die Bestimmung der Intention aller biblischen Texte – der alttestamentlichen und neutestamentlichen – als einer kerygmatischen, nicht historischen;

- die Erkenntnis von den soziokulturellen und gesellschaftlichen, den weltanschaulich-religiösen und psychischen Voraussetzungen und Verwurzelungen der biblischen Traditionen;
- die Erkenntnis von der mehr-, ja vielfachen Veränderung der Traditionskomplexe im Überlieferungsprozeß.

Aus diesen verschiedenen, hier unverbunden aufgeführten Aspekten lassen sich drei, erst durch die historische Kritik an der Bibel angestoßene grundsätzliche Einsichten ableiten:

a) Es wurde erkannt, daß die nach dem Glauben der Christen in der Bibel literarisch niedergelegte Offenbarung Gottes entstanden und weitergegeben ist gemäß den Gesetzen der Entstehung und Vermittlung von menschlichen Sprachbildungen überhaupt. Damit wurden Offenbarungsformulierung und -tradition verstehbar gemacht als Vorgänge, die nicht als etwas Fremdartiges von außen in die Lebenswelt des Menschen einbrechen (vgl. dazu das Aufgeben der Vorstellung von der Verbalinspiration der Schrift), die sich vielmehr im Raum menschlicher Lebensvollzüge selbst ereignen, die deshalb auch menschlicher Erfahrung zugänglich sind.

b) Die historisch-kritische Exegese hat uns die historische Distanz jeder nachbiblischen Zeit und Generation zu den biblischen Traditionen bewußtgemacht, und sie vermag diese Distanz im einzelnen genau zu bestimmen. Mit dieser Erkenntnis wurde die über nahezu zweitausend Jahre angenommene, vermeintliche Unmittelbarkeit der Christen zu ihrer Glaubensurkunde beendet. An die

Stelle trat das Wissen davon, daß es kein unvermitteltes Verstehen der biblischen Texte für uns gibt, weil wir mit deren Entstehungssituation nicht gleichzeitig sind. Was auf den ersten Blick wie ein Verlust aussieht, ebnet in Wirklichkeit einem sachgemäßeren Verständnis der Bibel den Weg. Denn die Klärung der Entstehungssituation und -intention der Bibeltexte und ihrer vorangegangenen Überlieferungsstadien kann erhellen, ob bzw. daß und inwiefern die biblischen Aussagen aus dem Glauben ihrer Entstehungszeit heraus und auf damaligen Glauben hin geformt worden sind. Es hat sich dabei erwiesen, daß uns die Offenbarung nur in geschichtlicher, d. h. in wandelbarer Form zugänglich ist. Und das hat zur Folge, daß die Vermittlung biblischer Offenbarungsaussagen heute von vielen anachronistischen Implikationen entlastet wird, daß der Zugang zu den biblischen Glaubensinhalten weniger von zeitgeschichtlichem Ballast verstellt ist, als das je zuvor der Fall war. Z. B. fällt die Zumutung weg, im Zusammenhang mit den Wundergeschichten ein Außerkrafttreten der Naturgesetze annehmen und damit, wenigstens teilweise, unser wissenschaftlich begründetes Weltbild aufgeben zu müssen.

c) Mit der Erkenntnis von der kerygmatischen oder theologischen Intention der biblischen Aussagen wurde zugleich deren Geltungsanspruch auch für spätere Zeiten, auch für uns heute, gesehen. Die im Gefolge und in Abhängigkeit von der etablierten historisch-kritischen Exegese entwickelte Hermeneutik, speziell die der existentialen Interpretation der Kerygma-Theologie Bultmanns, hat auch die Grundbedingung des Zugangs später lebender Menschen zum Kerygma der Bibel eruiert: nämlich das Vorverständnis, das uns in den »hermeneutischen Zirkel« eintreten und so eine existentielle Beziehung zu dem im Bibeltext Verkündeten gewinnen läßt. Mittels Aktivierung des Vorverständnisses für die in einem

Bibeltext mitgeteilte Sache ist die bibeleigene Intention, Glauben zu wecken bzw. zu vertiefen, oder allgemeiner: in das Leben der Hörer hinein wirksam zu werden, auch heute noch realisierbar, kann die biblische Botschaft lebensverändernd wirken, wird sie nicht durch ein bloß historisch-positivistisches Interesse neutralisiert. Was in der Geschichte der bibelexegetischen Hermeneutik Vorverständnis heißt, möchte ich, verdeutlichend, Vorerfahrung nennen; konkret am Beispiel: Die alttestamentlichen Erzählungen vom Exodus unter Mose können ihre kerygmatische Kraft nur entfalten von der Grunderfahrung aus, daß Nahrung, Ernährtwerden, und zwar nicht nur im physischen Sinn, die vitale Basis menschlicher Existenz darstellen, und umgekehrt alle Formen von Hunger, Mangel, Entbehrung – u. U. auch das Gegenteil: Übersättigung – diese Existenz fundamental bedrohen. Zu dieser Art von Vorverständnis, das erst das biblische Kerygma vom Exodus erschließt, gehört insbesondere Wahrnehmungsfähigkeit für die symbolische Dimension der Chiffre Nahrung bzw. Hunger, die den realistischmateriellen Aspekt der Begriffe weit transzendiert. Ein solches Vorverständnis wird in einem menschlichen Entwicklungsprozeß erworben und auch verändert – daher der Begriff Erfahrung dafür; sie ist heute weitgehend als Voraussetzung für das Zustandekommen eines lebendigen Kontakts mit der biblischen Tradition erkannt und anerkannt. Die historisch-kritische Exegese kann zwar nicht dieses Vorverständnis herstellen helfen, aber sie hat es als notwendige Vorbedingung für richtiges, und d. h. lebensveränderndes Verstehen des biblischen Kerygmas ermittelt; und diese Leistung dürfte unüberholbar sein.

Die drei genannten Grundsatzleistungen der historischkritischen Exegese lassen nun aber zugleich ihre Problematik, ja ihre Relativität und Begrenztheit erkennen. Denn die historische Kritik zeigt zwar den Zusammenhang der biblischen Offenbarung mit menschlicher Erfahrung für die Zeit bis zu deren endgültiger schriftlicher Fixierung; aber sie ruft zugleich die Frage hervor, wie denn dieser Zusammenhang *heute* hergestellt werden kann. Sie entlastet zwar den Glauben von unnötigem historischen und weltbildbedingtem Gepäck; aber sie provoziert auch die Kritik, daß sie es dem heutigen Glauben erschwere, wenn nicht gar unmöglich mache, aus seinen historischen Wurzeln zu leben. Sie kann zwar das damalige existentielle Interesse der biblischen Texte ermitteln; aber sie kann nicht sagen, wie heute der existentielle Bezug herzustellen bzw. das zum Verstehen notwendige Vorverständnis zu gewinnen sei.

So gesehen ist die historisch-kritische Methode im Hinblick auf den Charakter der biblischen Schriften als Glaubenszeugnisse wie auch im Hinblick auf den gelebten Glauben heutiger Christen ambivalent. Es soll daher nun nach den kritischen Punkten und der Ergänzungsbedürftigkeit der historischen Kritik an der Bibel im einzelnen gefragt werden.

1.2 Kritik und Ergänzungsbedürftigkeit der historisch-kritischen Exegese

Seit einiger Zeit wird zunehmend Kritik hörbar an der Entwicklung, dem methodischen Selbstverständnis und der hermeneutischen Selbstreflexion der historisch-kritischen Exegese[5]. Kritisch betrachtet wird ihre Entwicklung zur ausschließlich angewandten Methode der Bibelauslegung mit dem Anspruch, nur mit ihr sei ein richtiges Bibelverständnis zu erzielen. Es wird jetzt deutlicher gesehen, daß die Festlegung auf nur eine Methode zu einer Verarmung im Umgang mit der Bibel führt, daß deshalb die historisch-kritische Exegese ergänzungsbedürftig ist. Bei einem Rückblick auf die Geschichte der Bibel-auslegung vom Beginn an bis heute stellt sich der Aus-schließlichkeitsanspruch einer Methode sogar als grund-sätzlich falsch heraus; denn nicht eine einzige Methode hat sich vom Anfang bis jetzt durchgehalten; immer wieder gab es Ablösungen. Auch kanonisch legitimierte Interpretationsverfahren sind als unzulänglich, ja un-haltbar verworfen worden, wie z. B. die Auslegung des Alten Testaments im Neuen, etwa bei Paulus. Gegen eine neue Art von Kanonisierung einer bestimmten, der historisch-kritischen Methode spricht auch die Tatsache, daß nie eine genuine Auslegungsmethode speziell für die biblischen Überlieferungen geschaffen worden ist. Das gilt auch für den historisch-kritischen Methodenverbund, mit dem die Bibelexegese Anleihen in der Geschichts-wissenschaft, in der Philologie und in anderen Bereichen gemacht hat. Insofern ist die historisch-kritische Methode im Hinblick auf die Bibel relativ; und es ist kein un-widerlegbarer Grund auszumachen, der eine Ergänzung durch andere Methoden ausschließen würde. Anlaß für das Sichtbarwerden der Grenzen historischer Kritik an der Bibel dürfte zum einen die Erfahrung sein, daß ein umfassendes und intensives Verstehen der Bibel durch sie nicht gewährleistet ist; zum anderen die von der historisch-kritischen Exegese selbst geförderte Erkennt-nis von der Vielschichtigkeit biblischer Aussagen, die unterschiedliche Methoden erfordert, um sie voll zu er-schließen.

Mögliche Einzelpunkte der Kritik an der historisch-kritischen Methode lassen sich von dieser Grundlage aus viele zusammentragen. Im folgenden werden die von mehr prinzipiell theologischer Art zurückgestellt zugun-sten mehr pragmatischer Gesichtspunkte, d. h. solcher, die für das tatsächliche Verstehenkönnen der biblischen Überlieferung heute vorwiegend relevant sind.

1.2.1 Begrenzte Verstehbarkeit

»Die Schrift ist durch die historisch-kritische Forschung...
auch neu verschlossen worden. ... Sie ist zum Objekt der
Fachleute geworden, über das der Laie, ja auch der Fach-
theologe, der nicht Exeget ist, gar nicht mehr zu sprechen
wagen kann, so daß es zusehends auch der Lektüre und Be-
sinnung der Gläubigen entzogen scheint, weil alles doch nur
als dilettantisch wirken muß, was so sich ergibt. Fachgelehr-
samkeit wird zur Umzäunung der Schrift, die dem Nichtfach-
mann nicht zugänglich ist.«[6]

Das Zitat von Ratzinger verdeutlicht ein grundlegendes
Dilemma, in das die historisch-kritische Exegese nach
einer langen Entwicklung geraten ist: sie wird mit ihren
diffizilen Arbeitsverfahren und in ihren Ergebnissen von
einem großen Teil der Menschen, denen sie eigentlich ein
sachgerechteres Verständnis der Bibel ermöglichen wollte,
weitgehend nicht mehr verstanden. Sie kann ein wirkliches Interesse an einem intensiveren Kennenlernen der
Bibel nur schwer befriedigen, weil ihre Denkmuster zu
akademisch sind. Versuche, diese mitsamt ihren For-
schungsresultaten an den »kleinen Mann« zu bringen,
geraten schnell unter das Verdikt der Verfälschung, weil
sie die Abstraktion und den Differenzierungsgrad, wie
sie im Bereich der Forschung notwendig sind, nicht nach-
vollziehen können. In den heute gegebenen Verwendungs-
situationen der Bibel – Predigt, Katechese, Gemeinde-
Bibelkreise etc., sogar schulischer Religionsunterricht –
geht es ohne Simplifizierungen nicht mehr ab; denn eine
Didaktik der Bibelvermittlung muß in erster Linie ihre
Adressaten und deren intellektuelle und psychologische
Voraussetzungen im Auge haben. Ohne Vereinfachungen
wären Ergebnisse der historisch-kritischen Exegese in ein
nichtakademisches Verständnis wahrscheinlich überhaupt
nicht mehr zu übersetzen[7]. Diese Situation ist vor allem
unter dem Gesichtspunkt bedenklich, daß die Bibel ja

nicht ein beliebiges Bildungsgut, sondern als Grundlage des christlichen Glaubens und seiner Tradition für Christen nicht austauschbar ist. Als Bezugspartner hat die historisch-kritische Exegese aber keineswegs mehr die gläubige Gemeinde oder die einzelnen – nichttheologischen – Christen im Blick. Obwohl eine theologische Disziplin, deren Aufgabe die Reflexion des Glaubens, in diesem Fall des Ursprungsdokuments des Glaubens, ist, können mit der klassischen Methode dieser Disziplin die Auswirkungen ihrer Arbeit auf eben diesen Glauben nicht reflektiert bzw. aufgearbeitet werden. Die Methode bewegt sich nämlich gewissermaßen in einem geschlossenen Kreis: sie verfeinert ihre Auslegungstechniken immer mehr, kommt damit zu immer diffizileren Ergebnissen, kann aber nur die innerhalb ihres Fragerasters möglichen Fragen – das sind hauptsächlich historische – an die Bibel stellen und erhält von der Bibel dementsprechend nur die Antworten, die für die historische Kritik etwas erbringen; das ist aber nur ein Ausschnitt der Inhalte, welche die Bibel enthält. Probleme, Fragen, Antworten, Impulse, die in der Bibel vorhanden sind, für die das historisch-kritische Untersuchungsmodell aber keinen Schlüssel besitzt, bleiben unerschlossen, werden wahrscheinlich gar nicht wahrgenommen. Es werden also von der zur Ausschließlichkeit gelangten Methode in der Exegese ganze Bereiche der biblischen Wirklichkeit nicht erhellt; infolgedessen bleibt auch die Bibel nur begrenzt verstehbar.

Unzulänglich wie gegenüber der Bibel ist die Methode auch gegenüber den Adressaten, den Christen bzw. den christlichen Gemeinden, und auch gegenüber christlich desinteressierten Menschen, bei denen aber evtl. ein Interesse für die Bibel zu wecken wäre. Wegen ihres vorherrschenden historischen Interpretationsinteresses kann die kritische Exegese weder die Bibel von den Fragen heutiger Menschen aus lesen – täte sie das, dann würde sie ihre Forschungsergebnisse über die Entstehungssituation der biblischen Schriften verfälschen –, noch kann sie, ohne ihr methodisches Repertoire aus anderen Methoden anzureichern, Antworten aus der Bibel auf gegenwärtig akute Fragen und Probleme geben. Zugespitzt, aber auch zutreffend, läßt sich diese Situation mit dem scharfen Kritiker der historisch-kritischen Methode Walter Wink so beschreiben:

> *Das Resultat ist eine Hermeneutik, mit deren Kategorien nicht einmal die einfachsten Lebensprozesse durchdacht werden können. Das Ergebnis akademisch-biblischen Studiums ist eine anerzogene Unfähigkeit, sich der tatsächlichen Probleme tatsächlich lebender Menschen anzunehmen.«* [8]

Am Beispiel sei der Sachverhalt verdeutlicht. Die historisch-kritische Methode kann heute bis in die feinsten Nuancen hinein den Wandel des Gottesbildes in den verschiedenen Überlieferungsschichten des Alten Testaments bis in das Neue Testament genau klären und erklären; aber sie packt nicht die Fragen von Menschen an, die Schwierigkeiten haben, Gott als Person zu denken. Sie kann zwar entmythologisieren, z. B. das dämonisierte biblische Weltbild, d. h. sie kann mythisch gefärbte Phänomene in der Bibel als kultur- und entwicklungsgeschichtlich bedingt nachweisen; aber sie kann kein Äquivalent des Ausdrucks bieten für die in den mythischen Vorstellungen abgebildeten Deutungen der menschlichen Existenz. Deshalb kann von Laien der Zweck solcher entmythologisierenden »Demontage« häufig nicht oder nur schwer eingesehen werden; und es ist durchaus denkbar, daß die Flucht vieler Christen aus der Verunsicherung ihres Glaubens in die – vermeintliche – Sicherheit eines auf naives Bibelverständnis gegründeten Glaubens durch die historische Kritik (mit-)verursacht wird. Zum wirklichen Verstehen ihrer den Glauben durchaus befreienden Arbeit gehört zum einen das verstandesmäßige Erfassenkönnen ihrer Forschungsergebnisse, zum zweiten aber auch die Möglichkeit, die verstandenen Informationen auf die eigene Lebens- bzw. Glaubenswirklichkeit konstruktiv beziehen zu können. Ersteres setzt eine einigermaßen gebildete kognitive Intelligenz voraus, so daß hier ein Sachverständigwerden von vornherein nur bei einer begrenzten Gruppe von Menschen möglich ist. Letzteres geht über die der historisch-kritischen Exegese immanenten Möglichkeiten hinaus[9], so daß sich hier nicht nur eine faktische, sondern eine prinzipielle Grenze ihrer Verstehbarkeit abzeichnet.

Partielle Verstehbarkeit und daraus resultierende Isolierung der historisch-kritischen Forschung und ihrer Ergebnisse von der ursprünglichen Adressatenbasis stehen in einem wechselseitigen Bedingungsverhältnis mit dem Rückzug auf die Fachwelt: die schwindende Verstehbarkeit hat das Gespräch auf die Fachleute eingeschränkt, und umgekehrt hat die spezifiziertere Auseinandersetzung in der Fachwelt zunehmende Unverständlichkeit beim Kirchenvolk bewirkt. Die Masse der exegetischen Literatur erweckt den Eindruck, daß sie – nach Verlust des Ziels, einer großen Schar von Christen ein besseres Verständnis der Bibel zu vermitteln – nunmehr das Hauptziel verfolgt, die jeweiligen Hypothesen gut und immer noch besser abzusichern und zu verteidigen. So ist die Exegese der Schrift in Gefahr, zu einer reinen Insider-Angelegenheit der wissenschaftlichen Fachleute zu werden und sich in »schulgebundene Esoterik und sachliche Unverbindlichkeit« zu verflüchtigen, wie Stuhlmacher befürchtet[10]. Die Vermittlung an die Basis der Bibelleser und -hörer bleibt dann der zweiten, von den Fachexegeten oft nachsichtig belächelten Garnitur von Veröffentlichungen und den Didaktikern überlassen. Zu-

sätzlich komplizieren die wohl unvermeidliche Unein-
heitlichkeit der Forschungsresultate und die experimen-
tierende Hypothesenbildung die Sachlage; denn diese sind
sogar nur noch von einem verhältnismäßig kleinen Kreis
von Spezialisten nachvollziehbar; sogar Theologen aus
nicht-exegetischen Disziplinen dürfte hier die Urteils-
fähigkeit im allgemeinen abgehen[11].

Bei der Frage nach den Gründen für diese Entwicklung
zu immer geringerer Verstehbarkeit bei gleichzeitig zunehmendem Geltungsanspruch muß wohl auf die geistes-
geschichtliche Ausgangslage der historisch-kritischen Erforschung der Bibel zurückgegangen werden. Der für
unseren thematischen Zusammenhang wichtigste Faktor
dürfte der aufklärerische Impetus der historischen Kritik
an der Bibel in ihren Anfängen sein. Ihr Anliegen, den
christlichen Glauben von den Vernunftgebrauch hemmen-
den Autoritäten zu befreien und ihm eine Form zu geben,
die dem sich autonom verstehenden Menschen der Neu-
zeit angemessen ist, hat sich in enormen Erfolgen realisiert. Es werden aber, soweit ich sehen kann, in der
konkreten exegetischen Arbeit heute diese Voraussetzungen nicht reflektiert; es wird kaum gefragt, ob dieser
emanzipatorische Impetus noch genügt, ob er allein trag-
fähig ist im Hinblick auf die Erfordernisse der Bibelauslegung in der zweiten Hälfte des 20. Jahrhunderts; noch
weniger wird danach gefragt, ob die historisch-kritische
Methode als solche von ihrem Ursprung her nicht auch
bestimmte weltanschauliche Implikationen enthält, deren
Beibehaltung zu rechtfertigen bzw. die aufzugeben wären; z. B. wären in dieser Hinsicht der Geschichtsbegriff
und das Menschenbild der historisch-kritischen Exegese
zu untersuchen. Da eine Klärung der eigenen Vorverständnisse offenbar nicht stattfindet, ist – von einem
Standort außerhalb der historischen Kritik aus – der

Vorwurf nicht ganz unberechtigt, die Methode werde unkritisch angewendet.

Es läßt sich denken, daß eine Neuorientierung hinsichtlich Voraussetzung, Ziel und Zweck und eine Relativierung des Ausschließlichkeitscharakters den elitären Anstrich der historisch-kritischen Bibelexegese beseitigen und eine Verstehbarkeit auf breiterer Basis einbringen würde.

1.2.2 Unüberwindbarkeit des historischen Grabens

Ein zweiter Einwand bezieht sich auf eine prinzipielle Unfähigkeit der historischen Kritik, die notwendig aus der Methode inhärenten Merkmalen folgt. Diese Unfähigkeit stellt gewissermaßen die negative Kehrseite einer positiven Leistung dar: das Aufdecken der historischen Ausgangslage der biblischen Traditionen und deren kritische Sichtung reißt nämlich einen Graben auf zwischen den biblischen Aussagen von damals und dem Verstehen der Bibeltexte heute. Es liegt im Wesen der historisch-kritischen Methode, unsere Distanz zu den biblischen Überlieferungen bewußtzumachen.

Sie erfüllt ihre Aufgabe im Feststellen der Unterschiede zwischen biblischem Damals und unserem Heute hinsichtlich Welt- und Menschenverständnis, Geschichtsbewußtsein, hinsichtlich der gesellschaftlichen, sozialen und religiösen Strukturen, im Bezug auf den Gebrauch von mündlich und schriftlich tradierten Rede- und Denkformen. Indem sie auf diesem Wege zur sachgerechten Auslegung der Bibel beiträgt, rückt sie diese aber zugleich für die Gegenwart in historische Ferne. Die Auslegung der Bibel aus ihren eigenen historischen Voraussetzungen heraus mündet folgerichtig in eine traditionskritische Sicht der Bibel selbst sowie ihrer gesamten späteren (kirchlichen) Wirkungsgeschichte; denn was in nachbiblischen Zeiten aus der Bibel herausgelesen, für welche kirchliche und Glaubenspraxis sie in Anspruch genommen wurde, wird durch die historisch-kritische Betrachtung abgetrennt von den der Bibel eigenen Intentionen und muß sich von diesen her kritisch beurteilen lassen. Aufgrund des analytischen Charakters der historisch-kritischen Methode führen alle ihre Arbeitsergebnisse in irgendeiner Form zur Separierung, sei es innerhalb der Bibel selbst durch Aufdecken unterschiedlicher theologischer Vorstellungen und von verschiedenartigen Interessen gelenkter Überlieferungsschichten, sei es zwischen dem »Sitz im Leben« der damaligen Adressaten biblischer Aussagen und deren »Sitz im Leben« bei Lesern bzw. Hörern der jeweiligen Gegenwart, sei es zwischen dem ursprünglich Gemeinten der in der Bibel niedergelegten christlichen Botschaft und späteren Auslegungen. So kann K. Lehmann zugestimmt werden, wenn er sagt:

> »*Der Aufweis der historischen Differenz zwischen dem biblischen Glauben und der jeweiligen Gegenwart hatte in einer schicksalhaften Entwicklung dahin geführt, daß der Interpret sich bewußt nicht mehr ›naiv‹ mit dem Gehalt und mit dem Sinn des Textes identifizieren konnte. Damit wurde die Sache des christlichen Glaubens in sich zutiefst problematisch.*«[12]

Demnach richtet sich die Spitze der historischen Kritik nicht nur auf die Form, in der das biblische Kerygma erscheint, sondern auch auf den Inhalt der christlichen Tradition selbst. Zwar setzt die historisch-kritische Methode an den Formalien der Bibel an: an der Textüberlieferung, an der sprachlichen Form, den literarischen Abhängigkeiten, den Formen und Gattungen; aber aus all diesen Untersuchungen entspringt die wichtige Erkenntnis, daß Inhalt und Form der ursprünglichen

Botschaft untrennbar sind, daß also nicht einfach von der zeitgebundenen Form abstrahiert und so das zeit- und geschichtstranszendente Kerygma gewonnen werden kann. Damit aber wird der Rückbezug späterer Zeiten auf das biblische Kerygma bzw. die Transponierung des Kerygmas in die jeweilige Gegenwart problematisch. Der Glaube, der einer Kontinuität zu seinen Anfängen, d. h. zur Bibel, bedarf, um sich selbst als christlich identifizieren zu können, hat nun in dieser Hinsicht von der historisch-kritischen Methode gerade keine Hilfe zu erwarten[13]. Und hier wird nun das Dilemma, das die historische Kritik aus sich selbst heraus erzeugt, deutlich. Sie hat ihren »Gegenstand«, die Bibel, als Buch erkannt, das kein Geschichtsbuch ist; damit hat sie ein jahrhundertelanges (Miß-)Verständnis der Bibel, zumal in katholischer Tradition, korrigiert. Sie hat – positiv gewendet – das existentielle Interesse eruiert, aus dem heraus alle biblischen Überlieferungen, alt- wie neutestamentliche, geformt, tradiert und aufgeschrieben worden sind; und sie hat den Zweck dieses Interesses erkannt, nämlich existentielle Veränderungen zu bewirken; d. h., sie hat als Ziel biblischer Aussagen herausgefunden, Menschen in ihrer konkreten Gegenwart anzusprechen und sie zu einem neuen Verhalten, zu einer Veränderung ihres Lebens zu inspirieren. Diesen Anspruch der Bibel deklariert die historische Kritik aber zugleich mit seiner Entdeckung als einen in der Vergangenheit erhobenen. Unvermeidlich neutralisiert sie damit für den heutigen Leser die Bibel in ihrem evokativen und imperativen Charakter. Der für die Vergangenheit festgestellte Anspruch kann heute sehr wohl bloß registrierend und distanziert zur Kenntnis genommen werden; dadurch wird in der Gegenwart nichts Neues in Gang gesetzt, kein Glaube angestoßen. Insofern geht die historische Kritik mit der Bibel in einer Weise um, die deren ureigenstem Anliegen entgegengesetzt ist[14]. Was H. Zimmermann in seiner Darstellung der historisch-kritischen Methode der neutestamentlichen Wissenschaft als Aufgabe zuweist, »seine (des NT, d. V.) Botschaft für den heutigen Menschen zum Sprechen zu bringen«, kann mit dieser Methode gerade nicht geleistet werden. Und die Behauptung, daß zu dem von der historisch-kritischen Methode Erarbeiteten nichts außer dem Glauben als Ergänzung hinzukommen müsse, um zu den Sachverhalten des Neuen Testaments zu gelangen[15], wagt einen gewaltigen Sprung über den historischen Graben zwischen der Bibel und uns, einen Sprung, der wie eine Regression in ein vorkritisches Verhältnis zur Bibel anmutet; denn meines Erachtens müßte dieser Glaube alle Ergebnisse der kritischen Exegese beiseite schieben, um die durch die historische Kritik ins Bewußtsein gehobene Distanz zur biblischen Grundlage des Glaubens zu überwinden. Vermöchte er das, dann wäre die historisch-kritische Arbeit an der Bibel entweder überflüssig für diesen Glauben, oder sie liefe verbindungslos neben ihm her. Daß ein solches Kurzschlußverfahren des Glaubens in der Ära historischer Kritik allerdings nicht (mehr) zu funktionieren scheint, dürfte die in breiten Schichten von Christen geübte Enthaltung von der Bibel bzw. die ihr gegenüber empfundene Rat- oder Hilflosigkeit belegen. Das Dilemma der Bibelexegese liegt somit darin, daß sie mit der von ihr klassisch gemachten Methode ihr selbstgewähltes Ziel, die Vermittlung der biblischen Botschaft an Menschen heute, nicht erreichen kann.

Die historische Kritik selbst ist im Hinblick auf dieses exegetische Ziel gefangen in ihren eigenen methodischen Voraussetzungen und Begrenzungen. Sie kann aus sich heraus einfach nicht definieren, was die Bibeltexte einem Christen heute sagen können; sie vermag den von ihr selbst aufgedeckten Anspruch der Bibel, gegenwärtige bzw. zukünftige Heilsansage und Aufruf zu Umkehr und Glaube im Hier und Jetzt zu sein, nicht in die Gegenwart zu transponieren[16]. Soll der von ihr aufgerissene historische Graben überwunden werden, bedarf es dazu anderer Disziplinen; sie müssen die historische Kritik ergänzen, damit die biblische Botschaft in gegenwärtiges Verstehen übersetzt werden kann. Ein Beispiel möge das verdeutlichen. Beim Dekalog hat die historische Kritik eine starke Abhängigkeit seiner theologischen Aussage von den gesellschaftlichen, sozialen, ökonomischen Verhältnissen seiner Entstehungszeit herausgefunden. Es ist daher zu fragen, was vom Anspruch des Dekalogs bzw. wie er in unserer so ganz anders gearteten Welt gelten kann. In dieser Frage können die Sozialwissenschaften weiterführen, indem sie die unterschiedlichen Gesellschafts- und Familienstrukturen herausarbeiten: dort im Dekalog eine patriarchalische auf der Basis einer agrarischen Kultur, bei uns eine demokratische, in deren Rahmen z. B. das Gehorsamsgebot für die Kinder (4. Gebot) einen anderen Stellenwert haben muß als im Rahmen der orientalischen Großfamilie. Welche Forderungen des Dekalogs in welcher Form trotz der divergierenden gesellschaftlichen Voraussetzungen heute gelten (sollen), wird dann wiederum anderswo entschieden, vor allem in der kirchlichen Pastoral und Disziplin, die als Bezugswissenschaften nicht in erster Linie die historisch-kritische Exegese haben, sondern die praktische Theologie. Beispiele ähnlicher Art ließen sich aus dem Alten wie dem Neuen Testament eine ganze Reihe anschließen. Was daran deutlich wird, ist dies: Die historische Kritik erarbeitet zwar wichtige und unerläßliche Voraussetzungen für einen Transfer des biblischen Kerygmas in unsere Zeit; die Beziehung zwischen dem Damals und Heute herstellen aber kann sie nicht; dazu bedarf sie der Ergänzung, der weiteren Bearbeitung und vor allem der Bewertung ihrer Ergebnisse aus anderen Perspektiven.

1.2.3 Verlust des Dialogs zwischen Bibeltext und Leser durch Objektivierung

Die bewußtgewordene historische Distanz zur Bibel entläßt aus sich ein weiteres, durch historische Kritik verursachtes Defizit: Da die Bibel dem Leser in eine fremde Vergangenheit entrückt wird bzw. ihm diese Fremdheit bewußtgemacht wird, ergibt sich nur noch schwer oder gar nicht mehr eine spontane Kommunikation mit der biblischen Wirklichkeit; eine nicht durch historische Kritik gebrochene unmittelbare Begegnung mit ihr ist kaum noch denkbar. Und vieles von dem, was für die historische Fragestellung unergiebig ist, gerät unter das Verdikt: überholt; betroffen davon wird besonders der Bild- und Symbolgehalt biblischer Darstellungen. Vieles auch wird unter die Überschrift »vorwissenschaftliches Weltbild« subsumiert, ein Vorgang, der häufig schon das unausgesprochene Urteil enthält: das kann für den im wissenschaftlichen Zeitalter lebenden Menschen nichts mehr bedeuten. Beispielhaft für solches Verständnis sei an Texte erinnert wie die alttestamentliche Urgeschichte, apokalyptische Texte, Wunder- und Epiphanieerzählungen. Tatsächlich jedoch spricht sich in diesen biblischen Passagen damaliges Wirklichkeitsverständnis aus, das auch heute noch zu bereichernder Erfahrung anregen könnte, wenn Menschen in eine Interaktion mit dieser Wirklichkeitssicht einzutreten vermöchten. Die – nicht nur, aber auch – durch die historische Kritik geprägte Einstellung, daß für wirklich nur das empirisch Nachweisbare, und das sind letztlich Daten und Fakten, erachtet wird, macht eine solche Interaktion aber weitgehend unmöglich. Eindringliche Beispiele der beschriebenen Einstellung kann praktisch jeder Religionslehrer erleben, wenn Schüler – nicht nur im kritikfähigen, sondern sogar im Kindesalter – biblische Themen für lächerlich oder für eine Zumutung halten, weil sie sich über die in ihrer Sicht veralteten, unwissenschaftlichen und daher unbeweisbaren, unwahren biblischen Darstellungen erhaben wähnen.

Mit der historisch-kritischen Methode selbst kann hier keine Abhilfe geschaffen werden; da ihr Charakteristikum der methodische Zweifel ist, kann sie mit ihrem Instrumentarium grundsätzlich nur zu Ergebnissen kommen, wenn sie das Einverständnis mit dem Text bzw. mit dem darin artikulierten Wirklichkeitsverständnis aufhebt. Das Vorherrschen der Frage nach der historischen Echtheit zwingt den so Fragenden zum Aufgeben der Identifizierung mit dem befragten Objekt, ja er macht durch diese Fragestellung den Untersuchungsgegenstand erst eigentlich zum Objekt. Zwar erfordert die historische Kritik lediglich ein methodisches Distanznehmen; aber diesem folgt, offenbar unausweichlich, eine sachliche innere Distanzierung und damit eine Objektivierung, die persönliche Kommunikation, einen engagierten Austausch mit dem Bibeltext nicht mehr zuläßt. Einen dialogischen Umgang, der auch jenseits des methodischen Zweifels denkbar ist, kann die historische Kritik selbst nicht ermöglichen; dazu wäre eine synthetische Arbeit vonnöten, welche die historische Kritik wegen ihres analytischen Charakters nicht zu leisten vermag.

Da die wissenschaftliche Betrachtungsweise der Bibel unbedingt der Objektivität verpflichtet sein muß, ist die negativ zu wertende Übersteigerung dieser Einstellung zutreffender als Objektivismus[17] zu bezeichnen. Während Objektivität wie auch objektiv nachprüfbare Forschungsergebnisse für eine Interaktion des Lesers mit der Bibel hilfreich sind, indem sie vor Projektionen und dem Abgleiten ins Schwärmerische bewahren, ist der als Extrem zu beurteilende Objektivismus schädlich für eine Interaktion, da er vorgibt, alles an seinem Gegenstand, der

Bibel, sei mit objektiv nachprüfbaren Methoden zu erfassen, und den Leser damit auf registrierendes Wissen festlegt. So betriebene historische Kritik mit ihrer eindimensionalen Sicht auf die Bibel verkennt damit aber die auf Dialog ausgerichtete Eigenart der Bibel[18]. Sie sieht zwar, daß in der Bibel Dialoge und Inhalte von Dialogen mitgeteilt werden – z. B. zwischen Mose oder den Propheten und einerseits Gott, andererseits dem Volk, zwischen Jesus und den Juden, zwischen Paulus und seinen Gemeinden, oder allgemein der Dialog zwischen Gott und den Menschen; sie stellt die Inhalte fest und benennt sie. Aber sie sieht nicht, daß das, worauf es der biblischen Überlieferung bei diesen mitgeteilten Dialogen ankommt, überhaupt erst durch Reaktivierung des Dialogs, nun zwischen Hörer und Bibel, erfaßt wird, da die Intention der biblischen Texte ja darin besteht, beim Hörer etwas in Gang zu setzen. Mittel, solche dialogische Beziehung anzuregen, kann niemals historische Kritik sein; denn sie zwingt zum Abstandnehmen zwecks schärferer Wahrnehmung von Differenzierungen. Mittel zum Dialog kann Einfühlung sein mit verschiedenen Aspekten innerer Einstellung, wie sich identifizieren, sich solidarisch fühlen, abwehren, betroffen sein, akzeptieren oder zurückweisen eines Anspruchs, u. a. m. Der Unterschied in der Betrachtungsweise eines biblischen Textes läßt sich am besten am konkreten Fall erläutern. Da gibt es bei den Synoptikern die Geschichte von der Heilung der blutflüssigen Frau (Mk 5, 25–33 parr). Die historische Kritik kann sagen, warum diese Szene mit der Perikope von der Tochter des Jairus (Mk 5, 22–24. 34–43 parr) zusammenkomponiert ist, daß die Erzählung Spuren heidnischer Vorstellungen vom Wundermann aufweist, daß das Motiv vielleicht überhaupt in heidnischer Umgebung seinen Ursprung hat, und manche andere Details, die wichtig zu wissen sind, um der Geschichte nicht eine falsche Bedeutung beizulegen.

Das Verstehen dieser Geschichte heute aber verlangt mehr, nämlich das Herstellen einer den Leser selbst angehenden Beziehung zu ihr oder mindestens zu einzelnen Personen oder Vorgängen in ihr. Um den Text in dem ihm eigenen Anliegen zu verstehen, braucht der Dialog mit ihm nicht in völlige Zustimmung zu münden; er kann durchaus Elemente der Kritik und Ablehnung einschließen – wie das zu einem Dialog immer dazugehört –, ohne daß der Text mißverstanden sein muß. Entscheidend ist vielmehr, daß der Leser aus der sogenannten neutralen Rolle des bloßen Beobachters, der von seinem Dialogpartner Text nur Sachinformationen erwartet, heraustritt und sich mit seiner eigenen Lebenssituation auf das Mitgeteilte einläßt, d. h. in eine Interaktion mit dem Text eintritt. In der Beispielgeschichte kann das ein Sicheinlassen auf die Situation der Frau sein, auf die Zuwendung Jesu zu ihr, auf das Verhalten der Jünger, auf die ungeheure Erfahrung, welche die Frau macht[19].

Wirkliches Verstehen von biblischer Überlieferung tangiert immer den Erfahrungsbereich, soll es nicht in wesentlicher Hinsicht defizient bleiben. Der Verlust von existentieller Bedeutung und Lebenspraxis im Umgang mit der Bibel hat sicher mit der Erfahrungsabstinenz oder sogar Erfahrungsfeindlichkeit der von historischer Kritik inspirierten Vermittlung zu tun. Indem die historische Kritik eine vermeintlich neutrale Beobachterhaltung einnimmt, begeht sie einen doppelten Fehler: zum einen verkürzt sie den biblischen Text, der zwar auch Sachinformationen hergibt, aber damit noch lange nicht seine eigentliche Intention. Sie verurteilt damit die biblische Überlieferung zu statischer Unbeweglichkeit, obwohl die Bibel aus ihrer inneren Zielgerichtetheit heraus dynamisch, lebendig sein will. Zum anderen wird verkannt, daß auch die historische Kritik keine bloß »sachliche« Einstellung zur Bibel hat, daß ihr Vorverständnis, da sie es sich nicht bewußtmacht, unkontrolliert in die Untersuchungen und dann natürlich auch in ihre Ergebnisse miteinfließt und diese durchaus nicht mehr »objektiv«, im Sinne reiner Faktenerhebung, sein läßt. Das Mißverständnis, dem die historisch-kritische Methode erliegt, besteht in der beim Gebrauch der Methode praktizierten Meinung, geschichtliche Phänomene – zu denen auch die Bibel zu rechnen ist – könnten wertfrei, ohne Einbringen eines Vorverständnisses zur Kenntnis genommen werden. Die sich sogar bei den exakten Naturwissenschaften mehr und mehr durchsetzende Einsicht, daß es eine voraussetzungslose wissenschaftliche Betrachtungsweise nicht gibt, was, auf eine einfache Formel gebracht, heißt, daß die Fragestellung immer schon die Art der Antwort vorprogrammiert, wird bei der historischen Kritik an der Bibel noch kaum realisiert.

An wichtigen Voraussetzungen, die in die Arbeit der historischen Kritik an der Bibel einfließen, aber weithin nicht reflektiert werden, sind zu nennen: eine – immer noch – positivistische Einstellung zur Geschichte; das Bild eines von autonomer Vernunft und freiem Willen bestimmten Menschen; der hohe Stellenwert von Wissen und wissenschaftlicher Erkenntnis gegenüber anderen Formen der Realitätsbewältigung; die Ablehnung von vorgegebenen Autoritäten im Bereich der Wahrheitsfrage zugunsten des unbeschränkt forschenden Geistes[20]. Hinzu kommen die individuellen Vorverständnisse der einzelnen Forscher; jeder von ihnen ist aufgrund seines persönlichen, theologischen, kirchlichen Werdegangs geprägt von Traditionen, die als Werthaltungen auch seine kritische Arbeit an der Bibel beeinflussen werden. Alle solche Implikationen erweisen das Selbstverständnis der historisch-kritischen Methode, objektiv im Sinne von voraussetzungslos zu arbeiten, als Illusion[21]. Kritikwürdig an dem Sachverhalt ist nun aber nicht, *daß* die historische Kritik ein Wertsystem zur Voraussetzung für ihre Arbeit hat, sondern daß sie so verfährt, als hätte sie es nicht. Eine so gewonnene vorgebliche Objektivität führt dann leicht zu der Überzeugung, die einzig richtige Methode zu sein, und, daraus folgend, zum bekannten Ausschließlichkeitsanspruch. Dieser Anspruch ließe sich nur dann relativieren, wenn bei der Anwendung der historischen Kritik Ernst damit gemacht würde, daß in diese Methode auch Interessen, vorgefaßte Überzeugungen einfließen. Solange dies nicht geschieht, bleibt die historisch-kritische Methode hinter der kritischen Objektivität zurück, die sie als wissenschaftliche Methode, die nicht nur ihr »Objekt«, sondern auch sich selbst kritisch befragt, eigentlich erlangen müßte. Selbstkritik der historischen Kritiker an der eigenen Methode und deren Ergebnissen vermöchte wohl auch zum Tolerieren oder gar zur Anerkennung anderer Erschließungsverfahren für die Bibel zu führen, insbesondere solcher, die einen dialogischen Umgang mit der Bibel fördern und das von der historischen Kritik bewirkte Erfahrungsdefizit ausgleichen können.

Ein Einwand gegen diesen Kritikpunkt legt sich nahe, daß nämlich die historische Kritik als wissenschaftliche Untersuchung der biblischen Überlieferung nicht die Aufgabe der Vermittlung eines Verstehens der Bibel an die Adressaten der Basis, also die Gemeinden oder einzelne Christen, habe. Jedoch sticht dieser Einwand nicht; denn die biblische Exegese ist in diesem Fall nicht ohne weiteres mit anderen wissenschaftlichen Disziplinen vergleichbar. Sie befaßt sich ja mit einem Gegenstand, der – abgesehen von seinem Wert als abendländisches Bildungsgut – vorrangig Bedeutung für Menschen hat, die darauf ihre Lebenspraxis gründen. Das ist anders als z. B. in der

Medizin, deren Forschungsgegenstand zwar der Mensch ist, deren Forschungsergebnisse aber vorrangig wichtig zu kennen sind für Mediziner, also Fachleute, nicht für Laien. Zusätzlich erschwert die selbstverursachte Hochstilisierung der Methode eine Anreicherung des an der Basis praktizierten Umgangs mit der Bibel durch andere Methoden; denn letztere geraten gegenüber der historisch-kritischen zu schnell in den Verdacht der Unwissenschaftlichkeit und der Unfähigkeit, Probleme, die mit der historischen Distanz der Bibel gegeben sind, lösen zu können.

Das Problem der Erstarrung sowohl der biblischen Überlieferung für heutige Leser als auch der Fähigkeit der Leser, kreativ mit der Bibel umzugehen und deren Erfahrungsgehalt für ihr eigenes Leben wieder zu verflüssigen, kann allerdings nicht durch die historisch-kritische Methode gelöst werden, auch nicht bei vorauszusehender, noch stärkerer Differenzierung und eventueller Erweiterung ihres Instrumentariums. Dieser Zweck läßt sich meines Erachtens nur noch mit einer Methodenvielfalt erreichen.

1.2.4 Beschränkung auf manifeste Aussage und rationale Erkenntnis

Der Objektivismus der historischen Kritik führt zu einem Folgeproblem für die Übersetzung biblischer Aussagen in modernes Verstehen und heutige Lebenspraxis einerseits und für die Aufschließung des gesamten biblischen Wirklichkeitsraumes andererseits.

In bezug auf eine umfassende Interpretation biblischer Wirklichkeit ergibt sich die Schwierigkeit, daß die historisch-kritische Methode nur die im Text manifest gewordene Aussage erreichen kann. Im Formalen läßt sich das am Spezifikum der meisten methodischen Einzelschritte gut ablesen: am Herstellen eines möglichst authentischen Textes (Textkritik), am Feststellen der literarischen Abhängigkeiten (Literarkritik), am Aufsuchen der kleinen literarischen Einheiten (Formkritik), am Eruieren des Autorenanteils an der Abfassung eines Textes (Redaktionskritik). Anders scheint es zunächst bei traditions- und motivgeschichtlichen Untersuchungen zu sein, bei denen in die Archäologie der Texte zurückgegraben wird und frühere Schichten der schließlich literarisch fixierten Traditionen freigelegt werden. Nun erfolgt zwar das Graben offensichtlich aus dem Antrieb der Neugier auf Unbekanntes, was sich da in den Schichten biblischer Traditionsbildung abgelagert haben könnte; und es wird auch viel Interessantes ans Licht befördert und zur Betrachtung aufgereiht. Aber das meiste wird bloß zur Kenntnis genommen oder nur formal erklärt. So stellt die historische Kritik z. B. an der Erzählung von der sogenannten Opferung Isaaks (Gen 22) fest, daß es in einer früheren Überlieferungsphase tatsächlich um die Ersetzung eines Kinderopfers durch ein Tieropfer gegangen ist; im gleichen Atemzug sozusagen wird jedoch der Befund relativiert durch den Verweis darauf, daß es bei der Rezeption der Erzählung in Israel auf diesen Punkt nicht mehr angekommen sei. Die sich aus dem Befund nahelegende hochinteressante Frage, warum denn Israel einen so prekären Stoff überhaupt in seine Überlieferung aufgenommen habe, zumal die Abhandlung des Themas: die Glaubensbewährung Abrahams, sicher auch an einem anderen Material möglich gewesen wäre, wird erst gar nicht gestellt; es unterbleibt auch die Klärung der sich aufdrängenden Vermutung, Israel habe mit der Übernahme des Motivs vom Kinderopfer ein eigenes wichtiges Problem behandelt.

Wenn jedoch Vorstufen von Überlieferungen ein Eigengewicht beigemessen wird, so geschieht dies meist unter einer theologischen Prämisse, die von anderswoher gewonnen ist[22]; ein Beispiel ist etwa die Deutung der magischen Relikte in markinischen Fassungen von Wundergeschichten (z. B. die Heilung des Besessenen von Gerasa, der blutflüssigen Frau – beide Mk 5), die eben nur als Relikte gesehen werden, die beim ältesten Evangelisten als Charakteristika der antiken Erzählgattung »Wundergeschichte« stehengeblieben – warum wohl? –, dann beim jüngeren, theologisch systematischeren Mattäus gestrichen worden sind; unausgesprochen wird so die Markusfassung zugunsten der mattäischen minderbewertet, und das geschieht letztlich zugunsten eines »reineren« Jesusbildes, wobei die Herkunft der Kriterien für ein solches Jesusbild unklar bleibt.

Faßt man die Tendenz der historischen Kritik ins Auge, die sich aus ihrem, am Beispiel erläuterten Vorgehen erheben läßt, so trifft auf diese der Begriff des Rationalismus zu. Das besagt: Die historisch-kritische Methode wendet sich nur *der* Schicht biblischer Wirklichkeit zu, die mit der Ratio, mit kognitiver Erkenntnis, erfaßt werden kann; und das ist die Schicht der manifesten Textaussage. Daß es darunter oder dahinter noch andere Wirklichkeitsräume gibt, aus denen die manifeste Textaussage mitaufgebaut ist und für die es anderer Erschließungsinstrumente und Wahrnehmungsorgane als der rationalen bedarf, wird im Grunde durch das faktische Verhalten geleugnet.

Unter der manifesten Textaussage ist vor allem die der Selbstreflexion Israels im Alten Testament und der jungen Kirche im Neuen Testament zu sehen, die meist von den letzten, d. h. jüngsten Autoren und Tradenten stammt. Es handelt sich dabei um im eigentlichen Sinne theologische Aussagen. Sie werden aber zu einem großen Teil gespeist aus älteren und keineswegs immer genu israelitischen bzw. christlichen Motiven, Vorstellung

Bildern, Sprachfiguren. Deren Anverwandlung an die theologischen Denkmuster löscht ihre eigene geistige Substanz nicht aus. Wenn nun die historische Kritik die Vorstadien biblischer Texte nur auf die im Sinne der Methode wichtigste, auf die theologische Schicht der Aussage hin, interpretiert, so bedeutet das eine Reduzierung des mehrdimensionalen Gehalts biblischer Überlieferung. Da die im strengen Sinn theologische Aussageschicht der Bibel in ihrer literarischen Endform durchreflektiert und bewußt durchgestaltet und deshalb in starkem Maße auf rationales Verstehen hin angelegt ist und da von der historisch-kritischen Methode tendenziell nur diese Schicht erschlossen wird, fällt schließlich all das aus einer Interaktion mit der Bibel heraus, was sich nicht in rationale Kategorien einordnen läßt. Das sind vor allem unbewußte Intentionen[23], die sich in einem langen mündlichen Überlieferungsprozeß, zum Teil schon lange vor israelitischer bzw. christlicher Rezeption, bis zur endgültigen Schriftwerdung hin, angelagert, über- und ineinandergeschichtet haben. Sehr viele biblische Texte, möglicherweise sogar alle, enthalten solche nicht den bewußten Intentionen der Tradenten und Redaktoren entstammende Dimensionen, die im Laufe der Überlieferung als unbewußt bleibender Untergrund mitgewachsen sind. Es sind die Schichten der Bibel, in denen sich allgemein menschliche Grunderfahrungen abgelagert haben. Der spezifisch christliche Gehalt – und d. h. auch die Offenbarung – wird verkürzt und dadurch in gewisser Weise auch verfälscht, wenn er aus der Einbettung in diese existentiellen Tiefenschichten seiner Tradition herausgerissen wird. Genau dies aber tut die historische Kritik bei der Anwendung ihres abstrakten Begriffssystems. Die Bibel als Niederschlag beispielhafter menschheitsgeschichtlicher Erfahrungen, in denen typische Problem- und Konfliktkonstellationen sowie Problemlösungsversuche und

-angebote enthalten sind, wird mit dem methodischen Apparat historischer Kritik weder erfaßt noch verarbeitet. Bei einer Beschränkung auf die historisch-kritische Auslegung geht die Bibel daher ihrer anthropologischen Bedeutsamkeit verlustig.

Eine Verarmung bewirkt die rationalistische historische Kritik auch bei dem die Bibel verstehen wollenden Menschen. Sie betrachtet ihn, als sei er ein Wesen, konstituiert aus ungetrübtem Verstand, unbeeinflußtem Willen und der Fähigkeit, Beeinträchtigungen dieser Kräfte jederzeit bewußt entgehen oder sie korrigieren zu können. Mit der von den verschiedensten Wissenschaften entdeckten »Archäologie des Subjekts«[24] rechnet die historische Kritik so wenig, wie sie mit der von ihr selbst entdeckten Archäologie der Texte Ernst macht. Der Adressat historisch-kritischer Bibelauslegung schrumpft für sie zusammen auf einige Bewußtseinskomponenten seiner Person. Zum Verständnis der Ergebnisse historischer Bibelkritik bedarf es zwar einer recht differenzierten rationalen Aufnahmefähigkeit und eines verhältnismäßig hochentwickelten Intellekts, aber es bedarf eben nur dieser. Ein rein kognitiver Wissenszuwachs und der Nachvollzug abstrakter Denkoperationen ist aber wohl nur für wenige Menschen ein Motiv, sich intensiv mit der Bibel zu befassen. Denn das Ansprechen nur einseitiger Potenzen mißversteht die höchst komplexe physisch-psychisch-geistige Struktur des Menschen. Kräfte menschlicher Lebensgestaltung sind ja, viel stärker als der Verstand, Gefühle, Empfindungen, Affekte, Irrationales also in der genauen Bedeutung des Wortes. Hier sind Wünsche, Hoffnungen, Befürchtungen angesiedelt, die, vom Bewußtsein oft gänzlich ungeprüft, die Reaktionen – auch auf reine Sachmitteilungen – bestimmen, die Verhaltensweisen und Wertsetzungen hervorbringen. Ebenso wird der psychisch-geistige Habitus des Menschen von der Vitalsphäre, den zugelassenen oder abgewehrten Triebimpulsen, mitgebildet. Überhaupt spielen für die Ausprägung der menschlichen Individualität die unbewußten Tiefenschichten vermutlich eine weit größere Rolle als das Bewußtsein. Im schon öfter verwendeten Schichtenmodell betrachtet, spricht die historisch-kritische Bibelauslegung aber nur die oberste, die dünne Bewußtseinsschicht an – in Analogie zu einem Naturphänomen wären es vielleicht die über das Wasser hinausragenden zehn Prozent eines Eisbergs. Da ist es nicht verwunderlich, daß bei einer so schmalen Auffangfläche für die Ergebnisse historischer Kritik keine allzu große existentielle Bewegung durch sie beim Menschen entsteht. Die rationalistische Schau verurteilt den Menschen überhaupt zur Bewegungslosigkeit in seinem Gegenüber zur Bibel; er kann die Sachinformationen der historischen Kritik nur mit dem Kopf zur Kenntnis nehmen, von der emotionalen und intersubjektiven Dynamik bleiben sie weitgehend abgespalten. So liegt es nahe, daß lebendiger Glaube wie Lebensvollzüge, Wandlungen des Menschen und seiner sozialen Beziehungen von der historisch-kritischen Exegese kaum Impulse empfangen. Sie abstrahiert zu sehr von der gesamtmenschlichen Wirklichkeit und bewertet den von ihr ausgeschnittenen rationalen Bereich zu stark. Insofern trägt sie einerseits zur Intellektualisierung von Menschen im Umgang mit der Bibel bei, andererseits zu einer schon verkopften und noch mehr verkopfenden Theologie sowie, abgeleitet von dieser, zu einer ebenso verkopfenden Pastoral und Religionspädagogik.

Ein Gegengewicht gegen die Rationalisierungstendenz bei der heutigen Vermittlung biblischer Überlieferung zu finden ist deshalb ein dringliches Erfordernis.

Zweites Kapitel

Archetypische Schriftauslegung als Hermeneutik der Identitätsfindung

Man könnte sagen, daß C. G. Jungs Annahme eines kollektiven Unbewußten und die dazugehörige Archetypenlehre aus zwei Erkenntnisquellen hergeleitet sind: zuallererst und vorwiegend aus seiner therapeutischen Praxis, d. h. aus der Kenntnis einer Vielzahl von Patiententräumen. Er hat seine Vorstellungen nicht einsam am Schreibtisch spekulierend entwickelt, sondern er hat sie aus der Interaktion mit Menschen und deren Problemen, also auf induktivem Wege, gewonnen; und das bedeutet, daß sie eine fortlaufende Bewährung in der Praxis erfahren haben.

Die zweite Erkenntnisquelle war die Beschäftigung mit den religiösen und mythischen Traditionen alter Völker. *Alte* Völker heißt in diesem Kontext Völker auf einer vorrationalen, vorkritischen Entwicklungsstufe, deren Welt- und (Er-)Lebensbewältigung sich hauptsächlich in bildhaft-symbolischen Darstellungen und Handlungen vollzieht. Es gehören demgemäß auch zeitgenössische Völker bzw. Eingeborenenstämme dazu, deren Selbst- und Weltverständnis Jung zum Teil auch an Ort und Stelle studiert hat, so in Afrika, Indien, Mexiko[25].

Beide Herkunftsorte der Archetypenlehre gehören eng zusammen; was Jung aus den subjektiven Träumen seiner Patienten erkannte, fand für ihn eine gewissermaßen objektive Bestätigung in den religiösen Riten und den Mythen der Menschheit. Er entdeckte in den Träumen immer häufiger überindividuelle Motive, die auch bei fortgeschrittener Analyse nicht aus der Lebensgeschichte

59

und zum großen Teil auch nicht aus dem Bildungswissen der betreffenden Menschen abgeleitet werden konnten. Es handelte sich im allgemeinen um in vielen Kulturen verbreitete mythische Motive, die aus einer tief unbewußten psychischen Schicht beim einzelnen Menschen auftauchten. Der von Jung erkannte Zusammenhang zwischen einer bestimmten Art individuell produzierter Traumbilder und Mythenmotiven aus der Menschheitsgeschichte läßt sich am besten an einem von ihm mitgeteilten Fall demonstrieren.

Ein Patient kam mit verschiedenen körperlichen, offenbar psychogen bedingten Schmerzen zu Jung, u. a. auch mit einem Stechen in der Ferse. Während die übrigen Schmerzen mit der Analyse eines verdrängten Lebensereignisses verschwanden, blieb der Schmerz in der Ferse unverändert. Schließlich hatte der Mann einen Traum, »in dem er von einer Schlange in die Ferse gebissen und dadurch auf der Stelle gelähmt wurde«. Der Anklang an die Prophezeiung des Schlangenbisses in der alttestamentlichen Sündenfallgeschichte (Gen 3, 15) ist unüberhörbar; jedoch war der Mann kein Bibelkenner. Das mythische Motiv vom Schlangenbiß kommt außer in der Bibel auch in anderen Traditionen vor; Jung zitiert einen gegenüber der Genesis-Version noch älteren ägyptischen Hymnus. Interessant an dem Fall ist, daß der Mann erst nach der Identifizierung seines körperlichen Symptoms mit dem mythischen Motiv auch einen Zusammenhang mit seiner Lebensgeschichte herstellen konnte. Das Schlangenmotiv ist in der Genesis-Erzählung eng verbunden mit Eva, der »Mutter aller Lebendigen« (Gen 3, 20), in dem von Jung erwähnten ägyptischen Hymnus mit der Göttin Isis, der Frau also, aber nicht mit einer konkreten menschlichen Frau, sondern mit dem Urbild der Frau (der Urmutter = Eva, der Göttin und Lebensspenderin = Isis), in Jungs Terminologie: der

Anima. Der Patient konnte nun eine Verbindung zu seiner eigenen Mutter erkennen, die ihn in der Entfaltung seiner Männlichkeit »gelähmt« hatte. Wieder virulent geworden war dieses Lebensproblem durch die Abweisung, die er von einem umworbenen Mädchen erfahren hatte[26]. Eine individuelle Erfahrung war somit aufgeladen mit größeren, weil überindividuellen psychischen Energien. Diese Konstellation gelangte durch das Auftauchen eines mythischen Urbildes in einem individuellen Traum ins Bewußtsein und verwies den Betroffenen an die Aufgabe, das jedem männlichen Menschen in der Selbstverwirklichung gestellte Anima-Problem mit gerade seiner individuellen Färbung zu bearbeiten.

Was die hier bereits auftauchenden Jungschen Begriffe bedeuten, soll in den folgenden Abschnitten erläutert werden. Es kommt dabei nicht auf eine Darlegung Jungscher Vorstellungen als solcher an; vielmehr sollen diese immer im Hinblick auf die Möglichkeit gesehen werden, mit ihrer Hilfe verschüttete Wirklichkeitsräume der Bibel wieder freizulegen.

Als ein Übergang zu der in diesem Sinn einzuführenden Archetypenlehre kann die kurze Zusammenfassung dienen, die Jung dem Schlangentraum gegeben hat:

»Der Traum von der Schlange enthüllt uns ein Fragment einer psychischen Tätigkeit, die mit der modernen Individualität des Träumers nichts mehr zu tun hat. Sie findet statt gleichsam in einer tieferen Schicht, wenn man so sagen darf, und nur ihre Resultante ragt in eine höhere Schicht, wo die verdrängten Affekte liegen, herauf, ebenso fremd, wie ein Traum dem Bewußtsein gegenübersteht. Und wie wir eine gewisse analytische Technik anwenden müssen, um einen Traum zu verstehen, so brauchen wir hier eine Kenntnis der Mythologie, um den Sinn eines tieferen Schichten entstammenden Stückes erfassen zu können.

Das Schlangenmotiv ist gewiß keine individuelle Erwerbung

des Träumers, denn Schlangenträume sind sehr häufig, sogar bei Großstadtmenschen, die vielleicht überhaupt nie eine wirkliche Schlange gesehen haben.«[27]

Als wichtig erscheint mir an dieser Ausführung Jungs für unsere Thematik der Gedanke, daß wir auch heute noch in unserem Unbewußten einen Zugang zu den in alten Erzählungen – und das gilt auch für die Bibel – übermittelten Urbildern haben, daß deren überpersönliche Wahrheit aber nicht über den Intellekt zu uns spricht, sondern nur über die jeweils eigene, verarbeitete Lebenswirklichkeit.

Wie an dem Schlangenträumer deutlich wird, ermöglicht der Zugang zu den Urbildern dem Menschen ein Fortschreiten auf dem Wege seiner Menschwerdung. In diesem Aspekt sind Sinn und Ziel auch einer archetypischen Bibelauslegung zu sehen. Es geht dabei nicht um die Einführung einer neuen Variante von Textinterpretation als Selbstzweck; es geht vielmehr darum, für Menschen im Verstehenshorizont des 20. Jahrhunderts die biblische Lebenswirklichkeit als Katalysator ihrer eigenen Lebensbewältigung wiederzugewinnen. Diese Untersuchung geht von der Annahme aus, daß der Mensch im christlichen Sinne nicht glauben kann, ohne immer mehr er selbst zu werden. Der lebenslange Identitätsfindungsprozeß hat es auch mit Gott oder einer vergleichbar zu benennenden Größe zu tun, und die in der Bibel verborgenen Urbilder erschließen die Dimension Gottes. Insofern lassen sich Analogien aufdecken zwischen dem biblischen Menschenverständnis und dem Selbstwerdungsprozeß auch heutiger Menschen. Archetypische Bibelauslegung kann für den Menschwerdungsprozeß daher hermeneutische Funktion haben; zum einen im Sinne eines deutlicheren Verstehens und darum bewußteren Vollziehens notwendiger Schritte der Selbstwerdung, zum andern auch als Möglichkeit zum Ingangsetzen solcher Entwicklungsschritte. Eine solche Hermeneutik der Identitätsfindung durch archetypische Bibelauslegung möchte diese Arbeit einsichtig machen.

2 Über die Tiefendimension im Auslegungsprozeß

Archetypische Schriftauslegung fällt unter die umfassendere Kategorie einer tiefenpsychologischen Auslegung. Grob läßt sich letztere unterteilen in psychoanalytische nach Freuds Theorie und in archetypische Interpretation nach Jungs Analytischer bzw. Komplexer Psychologie[28]. Beide haben es mit der Tiefendimension im Auslegungsprozeß zu tun. Was ist damit gemeint?

Eine simple Beobachtung aus der eigenen Arbeit an Bibeltexten mit unterschiedlichen Adressatengruppen führt auf die Spur einer Erklärung. Die gleichen Bibeltexte üben auf verschiedene Menschen ganz verschiedene Wirkungen aus, ja aus ein und derselben Textaussage hören Menschen, trotz exakter historisch-kritischer Auslegung, Unterschiedliches heraus. Daraus läßt sich folgern: Bibelleser nehmen den Text, ob sie das wissen oder nicht, nicht nur mit der Ratio auf, sondern offensichtlich auch noch mit anderen Wahrnehmungsorganen. Auf der anderen Seite liefern die Bibeltexte offenbar auch Informationen mit, die nicht im Bereich kognitiver Aussagen liegen. Das von jedem aufmerksamen Vermittler biblischer Überlieferungen feststellbare Phänomen legt den Schluß nahe, daß gleichzeitig mit der bewußten Rezeption der Textaussage eine gewissermaßen unterirdische Kommunikation zwischen Bibeltext und Leser abläuft. Offensichtlich werden bei den Lesern dabei mehr psychische Bereiche aktiviert als nur die des sachlichen

Wissenszuwachses und des bewußten Verstehens. Vornehmlich im emotionalen Bereich werden kognitive Erkenntnisse über Bibeltexte regelrecht abgefühlt und auf ihre Kongruenz mit der eigenen gegenwärtigen Lebens- und Glaubenssituation hin geprüft. Wird die Auslegung als inkongruent erlebt, so ist die erste Reaktion im allgemeinen deren Abwehr, und sei die Auslegung noch so gut wissenschaftlich abgesichert. Über eine Auseinandersetzung mit dem zunächst Abgewehrten, die wiederum weitgehend im Gefühlsbereich stattfindet, obwohl mit rationalen Argumenten gefochten wird, kann es dann zu einer Öffnung für eine neue Einsicht in die biblische Botschaft kommen, durch die die eigene bisherige Position in Frage gestellt oder überholt wird. Eine neue Erfahrung mit dem alten Bibeltext ist gemacht, und das nicht in erster Linie, weil der Kopf etwas dazugelernt hat, sondern weil in der Tiefe der Psyche des Lesers, wo der Ursprung der Emotionen ist, etwas von existentieller Bedeutung angerührt wurde. Aus dem Bibeltext ist ein Funke übergesprungen, der aus einem Tiefenbereich des Textes geschlagen sein muß, da er in der Tiefenpsyche des Lesers sonst nicht hätte zünden können.

Die hier angestellten Überlegungen haben den Zweck, den wohl am häufigsten gemachten Einwand gegen die Einführung psychologischer Methoden in die Theologie, hier speziell die Exegese, zu widerlegen; es ist der Einwand des Psychologismus. Eine tiefenpsychologische Auslegung von Bibeltexten bedeutet nicht deren Psychologisierung im Sinne einer sachfremden Betrachtungsweise, ist vielmehr bewußtes, und das heißt auch: methodisch kontrolliertes Einbeziehen von tiefenpsychischen Vorgängen, die beim engagierten Lesen von Bibeltexten *immer* mit ablaufen. Meistens werden sie jedoch nicht wahrgenommen, oder sie werden gar zurückgedrängt, so daß hier ein Grund liegen kann für den oft minimalen Effekt

des Umgangs mit der Bibel. Tiefenpsychologische Schriftauslegung stülpt den Texten kein fremdes Schema über,
sondern versucht, unter Berücksichtigung ihres Entste-
hungs- und Überlieferungsprozesses, ihrer kulturellen,
zeitgeschichtlichen und gesellschaftlichen Einbettung[29],
noch unerhobene Aussagen hervorzuholen und sie auf
einer uns heute zugänglichen Ebene zu vermitteln. Die
gern mit dem Argument des Psychologisierens arbeitende
Abwehr einer solchen Betrachtungsweise entpuppt sich
in tiefenpsychologischer, speziell psychoanalytischer Sicht
als Rationalisierung, d. h., hier wird ein anscheinend
rationales Argument vorgeschoben, um die wirklichen,
allerdings unbewußten Abwehrmotive nicht ins Bewußtsein zu lassen. Eine offenere, weniger von Vorurteilen
in der Art von Rationalisierungen geprägte Begegnung
zwischen Theologie und Tiefenpsychologie hätte wohl
gerade auf dem exegetischen Sektor eine Chance[30], da
sich hier theologisch arbeiten läßt mit genau umrissenen,
auf empirischem Wege erstellten[31] Methoden. Allerdings
müßte dazu auf theologischer Seite die Bereitschaft wachsen, auch im eigenen Bereich in tiefenpsychisch bedingte
Vorverständnisse hineinzuleuchten.

Tiefenpsychologische Auslegung muß sich natürlich
ebenfalls ihres Vorverständnisses bewußt sein, der Annahme nämlich, daß menschliches Leben in seinem Selbstverständnis wie in seinen Äußerungen stark bestimmt
wird von einer Schicht der Psyche, die vom Bewußtsein
getrennt ist. Von dieser Voraussetzung her ist auch sie
eine Methode neben anderen. Betrachtet man sie von der
vorherrschenden historisch-kritischen, nur die Bewußtseinsschicht einbeziehenden Exegese aus, so hat sie dieser
gegenüber eine Ergänzungsfunktion. Sie kann gut anknüpfen an die von der historischen Kritik offengelas-
senen Leerstellen, als da sind: die historische Ferne und
Fremdheit der Bibeltexte, das Aussparen des emotionalen

Untergrunds und die Beschränkung auf die rationale Ebene, die Verhinderung des Dialogs mit der Bibel und das Erfahrungsdefizit im Auslegungsvorgang. Von da ausgehend, will tiefenpsychologische Auslegung unbewußte psychische Schichten beim Leser und in den Texten und die zwischen beiden unbewußt ablaufende Interaktion mit Hilfe eines systematisch-methodischen Instrumentariums einsichtig machen. Sie kann auf diese Weise das Terrain des Austauschs zwischen Leser und Bibel erweitern.

Bislang ist einigermaßen undifferenziert von der Tiefendimension bzw. Tiefenpsyche[32] die Rede gewesen. Es bedarf nun im folgenden einer genaueren Klärung bestimmter Begriffe und Sachverhalte. Der Begriff des Unbewußten im Sinne Jungs gibt zunächst die Grundlage ab für die Erörterung der psychischen Struktur des Menschen wie der Motivstruktur von Bibeltexten. Im Rahmen einer Erhebung der anthropologischen Bedeutsamkeit von Bibeltexten ist dann auch zu fragen nach dem Zusammenhang und Stellenwert von Glaube und Erfahrung in diesem Strukturmodell der menschlichen Psyche.

2.1 Zum Begriff des Unbewußten

Der Begriff des Unbewußten hat eine schnelle Karriere gemacht, er ist heute nahezu in jedermanns Mund. Dennoch oder gerade deswegen ist er auch mancher Verdächtigung ausgesetzt, und das hängt mit seiner Unschärfe zusammen. Als ein Negativbegriff kann er nur definiert werden durch Unterscheidung von seinem positiven Gegenstück, dem Begriff des Bewußtseins: Das Unbewußte bilden alle die psychischen Inhalte und Wirkungen, die dem Menschen nicht bewußt sind, vereinfacht ausgedrückt, von denen er nichts weiß. Die sich aufdrängende Frage, wieso man von etwas, das keinem Menschen bewußt ist, das Vorhandensein behaupten kann, macht genau das Dilemma einer Beschreibung des Unbewußten deutlich. Das Unbewußte kann nämlich nur aufgrund seiner ins Bewußtsein reichenden Wirkungen konstatiert werden. Kämen wir nie mit solchen Auswirkungen in Berührung, so könnten wir nicht vom Unbewußten sprechen[33]. Am einleuchtendsten wird das wohl an der Traumproduktion. Wie inzwischen durch Experimente erwiesen ist[34], träumt jeder Mensch; wenn einer behauptet, er träume nicht, kann das höchstens heißen, seine Träume gelangen nicht in sein Bewußtsein. Da das Bewußtsein Schlafträume – etwas anders ist es bei Wachträumen – nicht zu beeinflussen vermag, haben wir es beim Traum mit einer Produktion des Unbewußten zu tun, die auch dann läuft, wenn das Bewußtsein überhaupt nichts davon erfährt[35]. Da auch erwiesen ist, daß Traumentzug den Menschen krank macht, lassen sich die Manifestationen des Unbewußten nicht als Spielerei abtun – Träume sind *keine* Schäume. Dasselbe gilt für zufälliger erscheinende Äußerungen des Unbewußten wie plötzliche unerklärliche Fehlhandlungen oder den mittlerweile berühmten Freudschen Versprecher, der gern dann passiert, wenn das Bewußtsein, der Kopf, einen Großteil der psychischen Energie für sich beansprucht, bei einer öffentlichen Rede beispielsweise, oder wenn jemand andere durch seine Argumente unbedingt überzeugen will[36]. In solchen spontan eintretenden Fällen verhält sich das Unbewußte, als stelle es einem ein Bein. Im allgemeinen ist das ein Hinweis darauf, daß zu der Zeit eine einseitige Bewußtseinsfixierung vorherrscht und andere psychische Komponenten zum Zuge gebracht werden wollen, damit eine ausgeglichene psychische Situation entsteht. Alle solche vom Menschen durchweg als fremd, verwirrend, oft auch als bedrohlich erlebten Einwirkungen auf die bewußte Steuerung seines Lebens deuten auf psychische Bezirke hin, die verhältnismäßig mächtig und autark sind und die, trotz der seit Freud möglichen systematischen Erschließung, nie ganz dem bewußten Teil der Psyche angegliedert werden können. Mit Recht werden diese Bezirke daher unbewußt genannt. Und die Unschärfe des Begriffes »das Unbewußte« gibt gut das Offene, Unabgeschlossene und immer auch unbekannt Bleibende dieser seelischen Bereiche wieder. Würde hier mit den dem Bewußtsein adäquaten, scharf abgegrenzten Begriffen operiert, so könnte just das für diesen Teil der Psyche Charakteristische nicht bezeichnet werden. An dem Tatbestand, daß das Unbewußte immer umfassender bleiben wird, als das Bewußtsein davon je kennenlernen kann, ändert auch die Möglichkeit nichts, mit Hilfe analytischer und vergleichbarer Verfahren Wege ins Unbewußte zu bahnen. Praktisch verhelfen diese Verfahren aber zu einem stärkeren Austausch zwischen Bewußtsein und Unbewußtem und damit zu einer besseren psychischen Ökonomie, zu einem besseren Kennen seiner selbst, zu umfassenderer Selbstverwirklichung. Jung beginnt seine Lebenserinnerungen bezeichnenderweise mit der Feststellung:

»Mein Leben ist die Geschichte einer Selbstverwirklichung des Unbewußten. Alles, was im Unbewußten liegt, will Ereignis werden, und auch die Persönlichkeit will sich aus ihren unbewußten Bedingungen entfalten und sich als Ganzheit erleben.«[37]

Theoretisch bedeuten analytische Betrachtungsweisen mehr Erkenntnis über einen bisher unbekannten Bereich menschlicher Subjektivität, sie erbringen ein schärferes Bild vom Menschen. In diesem Sinne ist die von Jung gegenüber Freuds Theorie vorgenommene stärkere begriffliche Differenzierung des Unbewußten eine Hilfe für das Bewußtsein zum besseren Sehen. Ohne diese Differenzierung wäre z. B. ein methodischer Zugang zu den Tiefendimensionen alter Erzählüberlieferungen, wie denen der Bibel, gar nicht möglich.

Jung hat den unscharfen Begriff des Unbewußten insofern verdeutlicht, als er unterscheidet zwischen dem von Freud als einzigem anerkannten individuellen und dem von ihm selbst entdeckten kollektiven Unbewußten: Das individuelle Unbewußte ist nach Freuds Auffassung, der Jung sich in diesem Punkt weitgehend anschließt, ein Produkt der persönlichen Lebensgeschichte. Seine Inhalte sind grundsätzlich bewußtseinsfähig, da sie schon einmal im Bewußtsein waren, aus diesem nur hinausgedrängt worden sind. Angesammelt haben sich diese Inhalte hauptsächlich in der frühen Kindheit, wo der noch ganz vom Erwachsenen abhängige Mensch nur überleben kann, wenn er die triebunterdrückenden gesellschaftlichen Normen verinnerlicht[38]. Gemäß seiner Entstehung ist das persönliche Unbewußte verhältnismäßig leicht, wenn auch unter Schmerzen und gegen Widerstände, dem Bewußtsein zugänglich zu machen. Geschieht das, so gewinnt das Bewußtsein seelische Bereiche hinzu, die zwar grundsätzlich zu ihm gehören, ihm aber verlorengegangen sind.

Das kollektive Unbewußte ist dagegen von anderer Art. Jungs Beschreibungen davon variieren, sind im wesentlichen aber identisch.

»Dieses (= das persönliche Unbewußte, d. V.) ruht ... auf einer tieferen Schicht, welche nicht mehr persönlicher Erfahrung und Erwerbung entstammt, sondern angeboren ist. Diese tiefere Schicht ist das sogenannte kollektive Unbewußte. Ich habe den Ausdruck ›kollektiv‹ gewählt, weil dieses Unbewußte nicht individueller, sondern allgemeiner Natur ist, das heißt es hat im Gegensatz zur persönlichen Psyche Inhalte und Verhaltensweisen, welche überall und in allen Individuen cum grano salis die gleichen sind. Es ist, mit anderen Worten,

in allen Menschen sich selbst identisch und bildet damit eine in jedermann vorhandene, allgemeine seelische Grundlage überpersönlicher Natur.«[39]

An anderen Stellen spricht Jung von der Vererbung des kollektiven Unbewußten und vergleicht dessen Herkunft mit der der Instinkte[40]. Bemerkenswert an obiger Formulierung Jungs sind die Aspekte der Identität des kollektiven Unbewußten in allen Menschen und seine »überpersönliche Natur«. Diese beiden Charakteristika lassen sich z. B. aus den Mythen, Sagen und Märchen der Völker als Manifestationen des kollektiven Unbewußten erheben, und sie zeigen auch den kollektiven Ursprung bestimmter Traummotive des einzelnen Menschen an, vgl. den oben referierten Schlangentraum. Das Moment des Überpersönlichen resultiert aus der autonomen Art, in der das kollektive Unbewußte sich zur Geltung bringt. Seine Äußerungen können übergangen oder negiert, nicht aber verhindert werden. Da sie immer in Krisensituationen erfolgen[41], hat ihre Ablehnung durch das Bewußtsein, sei es das individuelle oder das kollektive Bewußtsein, verheerende Folgen. Es kommt nicht zu einer konstruktiven Auseinandersetzung mit der kollektiven Psyche, sondern zu destruktiven Auswirkungen. Unter diesem Gesichtspunkt wäre es lohnend, massenpsychologische Phänomene mit Hilfe der Theorie des kollektiven Unbewußten zu durchleuchten, z. B. die Entstehung von Kriegen, Terror, die Unterdrückung und Ausrottung ganzer Völker.

Die Krisensituation, durch die das kollektive Unbewußte auf den Plan gerufen wird bzw. die durch dieses ausgelöst wird, ist allgemein in einer Einseitigkeit des Lebens zu sehen, in der Überbetonung einer Seite der Lebensverwirklichung. Das kollektive Unbewußte drängt dann zu einer Richtungsänderung, die aber nur erfolgen kann, wenn das Bewußtsein sich dem Einspruch des Unbewußten öffnet. Von ihrer kompensatorischen oder für das Bewußtsein komplementären Funktion her sind individuelles und kollektives Unbewußtes identisch, wenngleich letzteres sich mit viel größerer Wucht zur Geltung bringt. Gelingt die durch das kollektive Unbewußte angestoßene Kompensation, wird immer ein Entwicklungsfortschritt im Sinne größerer Bewußtheit erreicht; das gilt für einzelne Menschen wie für Gruppen oder Völker[42]. Von daher kann im kollektiven Unbewußten eine Lebensquelle, vielleicht *die* Lebensquelle überhaupt von schöpferischer Kraft gesehen werden[43].

In der Bibel läßt sich an vielen Stellen der Niederschlag solcher Auseinandersetzungen zwischen einem festgefahrenen Bewußtseinsstand und dem auf Kompensation drängenden kollektiven Unbewußten finden; sehr deutlich z. B. bei den Propheten, die das einseitige und deshalb unlebendige Bild Jahwes als eines Kultgottes in Richtung auf einen Gott der sozialen Gerechtigkeit zu verändern trachteten. Aufschlußreich ist in diesem Zusammenhang die persönliche Erfahrung von Propheten, sich dem Auftrag, den sie gar nicht gesucht hatten, nicht entziehen zu können, wie besonders bei Jeremia. Psychisch gesehen, unterstanden sie der autonomen Macht des kollektiven Unbewußten, die in ihnen, stellvertretend für das ganze Volk und antizipatorisch, ins Bewußtsein drängte. An der Geschichte und dem Geschick Jesu ließe sich Ähnliches aufzeigen[44].

Auf den Versuch bezogen, die Tiefendimension im Auslegungsprozeß zu erschließen, ergibt sich aus der skizzierten Definition des Unbewußten eine bessere Brauchbarkeit der Konzeption Jungs vom kollektiven Unbewußten als der psychoanalytischen Konzeption Freuds. Biblische wie überhaupt alte Texte sind nämlich für Menschen heute deshalb noch existentiell von Bedeutung, weil sie Manifestationen des kollektiven Unbewußten enthalten, die mit dem kollektiven Unbewußten heutiger Menschen korrespondieren. In den alten Überlieferungen werden zwar häufig Schicksale einzelner Menschen nachgestaltet, wie z. B. in den Vätersagen des Alten Testaments oder in den Evangelien das Geschick Jesu; aber durch die Nacherzählung haben sie exemplarischen Charakter gewonnen. Und nur das Exemplarische bzw. Typische am historisch Individuellen erregt existentielles Interesse. Denn dieses Typische rührt an verwandte anthropologische Strukturen auch bei Menschen einer viel späteren Zeit mit anderen kulturellen Lebensbedingungen. Nach Jung finden sich diese verwandten Strukturen oder Erfahrungsmuster im kollektiven Unbewußten[45]. Insofern erscheint mir die Einführung von Jungs Methode in die Bibelauslegung ergiebiger; denn mit ihr kann die individuelle Subjektivität überschritten werden in eine kollektive Objektivität, und so kann ein größeres Erfahrungspotential für den Leser erschlossen werden.

2.2 » Archäologie des Subjekts« und Mehrdimensionalität von Bibeltexten

Das Interesse an einer Bibelauslegung, die mehr psychische Schichten des Menschen anspricht als nur die des Bewußtseins, geht einher mit einem weitverbreiteten Interesse am seelischen Innenleben des Menschen[46]. Solches Interesse hat es zwar schon immer gegeben, in der Gegenwart ist jedoch neu daran dessen empirisch-wissenschaftliche Fundierung. Grob gesprochen, stand bis weit ins 20. Jahrhundert hinein die Erforschung der äußeren Welt, der Welt der Objekte, im Vordergrund. Dann erfolgte eine gewissermaßen introspektive Umkehr des Interesses, und es begann der systematische Gang in die psychische Innenwelt. Zum Objekt der Erforschung wurde das forschende Subjekt selbst. Die gegenüber den exakten Naturwissenschaften mehr und mehr ins allgemeine Bewußtsein tretenden Humanwissenschaften sind ein Indikator für diese Änderung der Blickrichtung. Inwiefern dieser Vorgang nicht nur eine graduelle, sondern eine prinzipielle Veränderung des menschlichen Erkenntnisinteresses bedeutet, stellt Jung so dar:

>*Alle Wissenschaft ... ist Funktion der Seele, und alle Erkenntnis wurzelt in ihr. Sie ist ... die conditio sine qua non der Welt als Objekt. ... Vor lauter äußeren Erkenntnisobjekten trat das Subjekt aller Erkenntnis zeitweise bis zur scheinbaren Nichtexistenz in den Hintergrund. Die Seele war stillschweigende Voraussetzung, die sich selber in allen Stücken bekannt schien. Mit der Entdeckung der Möglichkeit eines unbewußten seelischen Bereiches war die Gelegenheit zu einem großen Abenteuer des Geistes geschaffen, und man hätte erwarten können, daß ein leidenschaftliches Interesse sich dieser Möglichkeit zuwenden würde. Bekanntlich war dies nicht nur nicht der Fall, sondern es erhob sich im Gegenteil ein allgemeiner Widerstand gegen diese Hypothese. Niemand zog den Schluß, daß, wenn tatsächlich das Subjekt des Erkennens, nämlich die Seele, auch eine dunkle, dem Bewußtsein nicht unmittelbar zugängliche Existenzform besitzt, alle unsere Erkenntnis in einem unbestimmbaren Grade unvollständig sein muß. Die Gültigkeit des bewußten Erkennens war in einem ... bedrohlichen Maße in Frage gestellt.*«[46a]

Die von Jung konstatierte weitverbreitete Abwehrhaltung gegen die Entdeckung des tiefen und breiten Dunkels der menschlichen Subjektivität könnte zwei Gründe haben. Zum einen müßte bei einer Anerkennung der Theorie vom Unbewußten akzeptiert werden, daß aller sogenannten objektiven Erkenntnis dem Menschen verborgen bleibendes, aus dem unbewußten Dunkel seiner Subjektivität herrührendes Nicht-Objektives beigemischt ist; das aber müßte alle Erkenntnis in ihrem Wert für den Menschen verändern[47] und würde eine Neuorientierung unserer Welt- und Lebensanschauung verlangen; einer solchen aber widerstrebt die Beharrungstendenz der Psyche in ihrem Status quo.

Der zweite Grund hängt mit dem ersten eng zusammen und läßt sich unmittelbar am Bibelverständnis demonstrieren. Das vorwissenschaftliche, z. B. mythische Interesse an den Vorgängen in der äußeren Welt läßt sich heute identifizieren als ein gleich starkes oder gar dominierendes Interesse an der eigenen unbekannten Seele. Im Weltverständnis alter Völker sind Projektionen psychischer Realität in Zustände der äußeren Welt das reguläre menschliche Verhalten. Als solche Projektion ist etwa das der Schöpfungsgeschichte von Gen 1 zugrundeliegende geozentrische Weltbild, das den vorderorientalischen Völkern gemeinsam war, zu verstehen. Der Projektionsvorgang wird für uns einfühlbar, wenn wir uns das in dem Weltbild ausgedrückte Lebensgefühl vergegenwärtigen: Da ist das einzige Feste die Erdscheibe, der Wohnort der Menschen, umbrandet von den Wassern der Tiefe, vor denen nur zwei Stützen Halt bieten, bedroht von den Wassern der Höhe, die jederzeit als Sintflut durch das löchrige Firmament auf die Erde herabstürzen können. Die Gefühlskomponenten eines solchen Weltbildes sind natürlicherweise Bedrohtsein und Angst. In diesem Weltbild, das vom Element des Wassers, einem uralten mythischen Symbol für die Seele des Menschen, vorherrschend geprägt ist, drückt sich die Angst vor dem riesigen Meer des Unbewußten im Menschen aus – wie hätten die Alten anders zu diesem Weltbild kommen können? Es auf seine physikalische Richtigkeit zu prüfen fehlten ihnen ja noch die Mittel. Ihr Weltbild entspricht als Projektion vielmehr der (damaligen) Struktur der menschlichen Psyche: ein kleines Stück Bewußtsein, das relative Sicherheit gibt, und ein in seiner Ausdehnung und Mächtigkeit unauslotbares Unbewußtes, von dem gefühlt wurde, daß es jederzeit die Insel des Bewußtseins[48] wieder in sich verschlingen, d. h. die menschliche Individualität auslöschen könnte.

Dieses Weltbild haben wir im wissenschaftlichen Zeitalter zwar hinter uns gelassen, aber die in ihm symbolisierte Struktur der Seele keineswegs. Analoge Züge sind durchaus auch in der exakten wissenschaftlichen Erforschung unserer Erde und des Kosmos zu erkennen, etwa in der anfänglich von starker Faszination vieler Menschen begleiteten Weltraumfahrt; diese war zum Teil sogar, selbst bei den Astronauten, mit religiösen Affekten aufgeladen – mit proreligiösen auf westlicher, mit antireligiösen auf östlicher Seite –, als könnte die für das Selbstverständnis des Menschen so wichtige religiöse Frage in der physikalischen Welt entschieden werden.

In nichtwissenschaftlichen Lebensbereichen können wir Menschen des nachmythischen Zeitalters laufend solchen Projektionen in die Außenwelt begegnen, besonders eindringlich in bildnerischen Produkten[49]; erinnert sei, um nur ein Beispiel zu nennen, an Science-fiction-Filme, etwa Raumschiff-Serien, in denen meistens Kämpfe von außerirdischen Lebewesen dargestellt werden, wobei die gute, immer siegende Seite häufig bis in die Kostümausstattung hinein als hell, die böse, stets unterliegende Seite als dunkel gekennzeichnet ist. Diese Abbilder der menschlichen Psyche mit ihrer hellen, zur Erkenntnis fähigen Bewußtseinsseite und ihrem dunklen, als bedrohlich erlebten Unbewußten erfüllen heute durchaus dieselbe Funktion wie die Mythen bei alten Völkern. Sie dienen der Beherrschung der innerpsychischen Spannung durch Verlagerung in die Welt der Objekte; die Projektion hat den Sinn, das gefährliche Unbewußte in Schach zu halten durch Abschieben aus der eigenen Verantwortung in ein Draußen. Die heute möglich gewordene, richtige »Lokalisierung« des Projizierten, nämlich statt oben am Himmel bzw. in der Welt draußen in der Tiefe der menschlichen Psyche, würde als entsprechendes Verhalten die Rücknahme der Projektionen und eine Auseinandersetzung mit den dunklen Mächten im eigenen Innern erfordern. Daß der damit verbundene Anspruch zur Selbstkritik abgewehrt wird, liegt nahe. Wer es aber wagt, sich darauf einzulassen, kann eine ganz neue Selbst- und Welterkenntnis gewinnen.

Die Wende des Blicks von außen nach innen erfolgt nun wohl kaum von ungefähr; es ist jetzt sozusagen der fruchtbare Augenblick dafür. Allmählich zeichnen sich deutlicher als bislang die Grenzen der Lebensbewältigung durch eine Ausweitung der bloßen Bewußtseinskräfte ab, beim einzelnen Menschen signalisiert durch das Anwachsen psychischer Erkrankungen, durch den Verlust des Lebenssinns, in der Gesamtmenschheit durch die Orientierungslosigkeit hinsichtlich der Probleme des Über- und Zusammenlebens der Völker und ihrer gesellschaftlichen Gruppen[50]. Von der Annahme eines kollektiven Unbewußten aus gesehen, kann die gegenwärtige Aporie beurteilt werden als der Zwang zur Neuorientierung, der von einer aus dem Unbewußten andrängenden Dynamik ausgeübt wird. Zwar könnte das Kollektivbewußtsein von dieser Dynamik überschwemmt werden; und das würde zu einer negativen Veränderung der Situation führen, manifest werdend in sozialpsychologischen Katastrophen. Doch scheint das wachsende Interesse an der unbekannten Innenwelt des Menschen die Möglichkeit einer konstruktiven Lösung anzuzeigen. Das Interesse könnte Vorzeichen der Bereitschaft sein, das ans Bewußtsein anbrandende Unbewußte nicht wieder zu verdrängen, sondern es dem Bewußtsein zu assimilieren und so neue, von einer breiteren psychischen Basis getragene Weisen der Lebensverwirklichung zu gewinnen als bisher. Nachdem einmal die psychische Innenwelt des Menschen differenzierter wahrgenommen und zum Forschungsgegenstand geworden ist, wird sich auch das Welt- und Menschenbild weg von der Akzentuierung durch die exakten Naturwissenschaften zu einer stärkeren Akzentuierung durch Humanwissenschaften hin verändern; und die Identitätsfindung des Menschen wird sich mehr und mehr in einem neuen, von diesem Menschenbild abgesteckten Bezugsrahmen vollziehen. Die Dimension des Unbewußten wird aus diesem Rahmen nicht mehr herausgeschnitten werden können. Der zukunftsgerichtete Weg zur besseren Erkenntnis von Mensch und Welt dürfte daher der sein, auf dem nicht nur mit der Bewußtseinsschicht, sondern mit darunterliegenden Tiefen der Psyche gerechnet wird.

Die hier verwendete Terminologie von »Tiefe«, »unten und oben« gehört zu dem schon im ersten Kapitel herangezogenen Erklärungsmodell, das sich die Psyche in Schichten vorstellt. Es handelt sich dabei um ein mögliches Modell, das von Jung selbst nur fragmentarisch benutzt wird, neben dem andere Erklärungsmodelle ebenso denkbar sind wie beispielsweise das von der »Mehrdimensionalität menschlicher Existenz«[51], bei dem die Struktur der Psyche nicht räumlich gedacht sein muß, sondern die Dimensionen als flächenhafte Ausbreitung vorgestellt werden können. Das Schichtenmodell ist meines Erachtens allerdings besonders geeignet, um die an sich unanschauliche Psyche ins vorstellbare Bild zu setzen. Es entspricht in seiner Logik auch am ehesten dem Evolutionsschema, demgemäß die tiefste psychische Schicht, das kollektive Unbewußte, wie bestimmte Körper- bzw. Organmerkmale, zum ältesten Besitz in der Stammesentwicklung des Menschen gehören. Der beim Schichtenmodell sich nahelegende Vergleich mit der Archäologie scheint mir ebenfalls hilfreich zu sein, da er deutlich macht, wie mühselig das »Ausgraben« der unbekannten Inhalte unserer Psyche ist und wie sehr wir dabei mit Überraschungen rechnen müssen. Die Schichten der Psyche dürfen wir uns nun aber nicht fein säuberlich aufeinandergesetzt vorstellen; da sie im Sinne Jungs als bewegliche Energie[52] zu denken sind, ist mit einer dauernden Mischung, einer gegenseitigen Durchdringung, aber auch Entmischung zu rechnen. Die stärkste Barriere gegen das Eindringen aus den anderen Schichten setzt dabei das Bewußtsein; es ist aber auch gleichermaßen die einzige Stelle, von der aus der Einstieg in die tieferen Regionen überhaupt möglich ist. So sind die Träume z. B. die Möglichkeit für das Bewußtsein, Botschaften aus der Tiefe der Seele zu empfangen; das Bewußtsein kann sich ihnen gegenüber aber auch abriegeln.

Je tiefer nun in die Archäologie der Psyche hinuntergegraben wird, um so weiter weg geht es vom charakteristisch Menschlichen, dem Bewußtsein und Selbstbewußtsein, und um so näher geht es hin zu den allem Lebendigen gemeinsamen Naturgrundlagen, bis hin zu der am meisten körpernahen Natur im kollektiven Unbewußten[53]. Der Sachverhalt läßt sich auch in theologischer Terminologie formulieren: In der tiefsten Schicht der Psyche erreicht der Mensch den Punkt des Einsseins mit der ganzen Schöpfung, gelangt er an den Punkt seines Ursprungs, den von Gottes Odem belebten Staub der Erde (Gen 2, 7).

An dieser Stelle mag deutlich werden, warum eine tiefenpsychologische Bibelauslegung nicht nur mit dem Kopf gemacht werden kann. Ohne eine Offenheit des eigenen Bewußtseins für unbewußte Wirklichkeiten werden sich die Tiefendimensionen der Texte einem Leser kaum öffnen. Andererseits entfalten die den psychischen Tiefenschichten von Autoren und Tradenten entstammenden Äußerungen in Bibeltexten bei engagiertem Lesen eine bislang weitgehend unbeachtete Eigendynamik. Diese im eigenen Umgang mit der Bibel bewußt zu unterstützen sehe ich als erstrebenswertes Ziel einer tiefenpsychologischen Textauslegung an. Auch bei einer vorwiegend der eigentlich theologischen, d. h. der obersten Schicht zugewandten Lektüre bleiben die Tiefenschichten der Bibeltexte nicht stumm; denn die Unterscheidung von Schichten oder Aussagedimensionen an den Texten ist – wie auch bei der Psyche – nur eine methodische[54]. Tatsächlich stellt jeder Text in seiner literarischen Endform eine sinnvolle Ganzheit dar, auch wenn viele Generationen daran gearbeitet haben. Diese Ganzheit, in die ältere und zum Teil sehr alte Motivschichten eingebaut sind, hat schon immer als solche auf die Bibelleser gewirkt, allerdings meist unbewußt. Beim methodischen Graben in die Archäologie der Texte, das mit tiefenpsychologischen Methoden heute möglich ist, lassen sich nun aber bislang unbeachtete Wirklichkeitsräume der Bibel bewußt aufschließen, und unsere bibelferne Wirklichkeit läßt sich damit bereichern.

Die tiefenpsychologische Auslegung von Bibeltexten zieht damit die Konsequenz aus der Erkenntnis der historischen Kritik, daß der Entstehungs- und Überlieferungsprozeß der meisten biblischen Schriften nicht eindimensional verlaufen ist, sondern als komplex zu beurteilen ist. Den vollen Sinn der von der historischen Kritik aufgedeckten verschiedenen Motivschichten kann sie selbst nicht entschlüsseln; denn dieser ist weitgehend kein Produkt der Ratio, von der sich die Methoden der historischen Kritik allein herleiten, sondern weitgehend Produktion des kollektiven Unbewußten. Um nicht nur *eine* Dimension der Bibeltexte zum Sprechen zu bringen, rufen diese geradezu nach Auslegungsmethoden, welche die einseitig historisch-kritische Sicht kompensieren. Der Exegese ergeht es meines Erachtens gegenwärtig wie einem Menschen, der die Einflüsse seines Unbewußten negiert und einseitig bewußtseinsorientiert lebt; er gerät schließlich in eine Krise, die er konstruktiv nur lösen kann, indem er die anderen Schichten seiner Psyche endlich zum Zuge kommen läßt.

Der Versuch, mit tiefenpsychologischen Methoden die älteren Motivschichten in Bibeltexten zum Sprechen kommen zu lassen, fordert nun aber nicht nur neue Auslegungsmethoden, sondern auch eine andersgeartete hermeneutische Einstellung[55], die von einem unbewußten Vorverständnis geprägt ist. Damit sind nicht bestimmte individuelle Erfahrungen gemeint, vielmehr eine Offenheit, psychische Tiefenprozesse zu akzeptieren, eine Bereitschaft, die Dynamik des kollektiven Unbewußten in der eigenen Psyche wie in den Texten wahrzunehmen. Negation dieser Dynamik verhindert ein Vorverständnis für die Aussage der Tiefendimensionen von Bibeltexten. Wenn ein Fachexeget, wie ich selbst erlebt habe, sagt: »Davon (= Äußerungen des kollektiven Unbewußten in Bibeltexten) verstehe ich nichts, deshalb (sic!) halte ich nichts davon«, so kann in einer solchen unbewußten Abwehrhaltung eine Art von negierendem Vorverständnis erkannt werden, dem eine Mehrdimensionalität von Bibeltexten, bis auf eventuelles Registrieren von Überlieferungsstadien, verschlossen bleiben muß. Neue hermeneutische Voraussetzungen für einen lebensrelevanten Umgang mit Bibeltexten heute müssen aber geschaffen werden, soll die Bibel nicht gänzlich museal werden. Eine Hermeneutik der Erschließung von Tiefendimensionen der Bibel bedeutet wohl einen Umbruch im Bibelverständnis wie der durch die Einführung der historischen Kritik erfolgte; daher sind massive Abwehrreaktionen verständlich. Ein Beispiel kann die Veränderung der hermeneutischen Voraussetzungen verdeutlichen: Die alttestamentliche Urgeschichte können wir nicht mehr unter dem Aspekt der Verteidigung gegen Evolutionstheorien lesen, auch nicht mehr einfachhin entmythologisiert; zu uns heute spricht sie nur über die anthropologische Bedeutsamkeit ihrer mythischen Vorstellungen. Diese aufzuschließen bedarf es jedoch einer anderen Hermeneutik mit den entsprechenden Auslegungsmethoden als der gegenwärtig vorherrschenden.

Zusammenfassend lassen sich mehrere Komponenten bei einer Aktivierung der Tiefendimensionen im Auslegungsprozeß ausmachen. Voraussetzung ist die kritische Infragestellung der bloßen Bewußtseinsposition beim Interpreten sowie dessen Fähigkeit zum Wahrnehmen und Integrieren bewußtseins-unterschwelliger Vorgänge. Die Auslegung selbst ist immer ein reziproker Prozeß, in dem zum einen die verschüttete anthropologische Relevanz der Texte wieder wirksam, zum andern eine Veränderung des Auslegers initiiert bzw. vorangetrieben wird im Sinne einer Anreicherung seines Bewußtseins durch bei ihm ebenfalls verschüttete Personanteile.

»Denn das Verständnis von uns selbst, das der Text in uns hervorruft, eröffnet ein weit tieferes Verstehen dessen, was der Text selbst wirklich sagt.«[56]

Ein solcher Prozeß kann individuell die Möglichkeit zu einer Neuorientierung bringen, den Anstoß zum Selbstwerdungsprozeß geben; allgemein kann er dazu führen, die »immerwährenden Fragen der Existenz«[57] und die möglichen Antworten auf sie, wie sie die Bibel heute bereithält, dem Vergessen zu entreißen. Eine unumgängliche Frage bei dieser Sicht des Auslegungsprozesses ist nun die nach dem Stellenwert des Religiösen bzw. des Glaubens darin; sie soll im folgenden Abschnitt angeschnitten werden.

2.3 Glaube und Erfahrung im Menschwerdungsprozeß

Die bisherigen Überlegungen setzen voraus, daß die Schicht der thematisierten Glaubensmanifestation in der Bibel, also die eigentlich theologische Aussage, nicht abgelöst von den menschlichen Entwicklungsprozessen, die sie hervorgebracht haben, verstanden werden kann. Fragen wir nach der Möglichkeit, das Wesentliche biblischen Glaubens auch heute, unter sehr veränderten Lebensbedingungen gegenüber der biblischen Zeit, zu verwirklichen, so muß der Zusammenhang zwischen Selbstwerden des Menschen und Glaube als unabdingbar gelten.

Da nun der Begriff »Glaube« im allgemeinen Gebrauch nicht so eindeutig ist, wie es vielleicht scheinen mag, soll er in dem hier verwendeten Sinn zunächst erläutert werden. Es wird hier nicht ein streng dogmatischer Glaubensbegriff zugrunde gelegt, vielmehr einer, der einen unverzichtbaren Aspekt an psychischen Prozessen verstehen hilft, und zwar mit Bezug auf Jungs Theorie von der Struktur der menschlichen Seele. In Jungs tiefenpsychologischem System haben Religion bzw. Glaube eine konstruktive Funktion, anders als der nur negativ-kritische Aspekt, unter dem Religion bei Freud betrachtet wird. Negative Kritik bei Jung richtet sich nicht gegen eine religiöse Einstellung, sondern durchweg gegen institutionalisierte Religion. Für Jung selbst war Gott sein ganzes Leben hindurch selbstverständlich, und zwar aufgrund von Erfahrungen, die schon aus seiner frühen Jugend datierten[58]. Entscheidend auch in seiner Theorie ist, daß er von Gott immer als einem Erfahrungsinhalt spricht, nie als von einer Größe an sich; er verwendet nicht den Gottesbegriff von Kirche und Theologie[59].

In dieser Untersuchung wird der Begriff »Glaube« verstanden im Horizont einer bestimmten Tradition, in diesem Fall: der christlichen. Glaube ist von daher an Inhalte gebunden – theologisch die ›fides quae‹ –, die in der Akzentuierung über die Zeiten hinweg zwar variieren, in ihrem Kern aber als identisch erscheinen. Für den christlichen Glauben ist als identisches inhaltliches Zentrum der Mensch Jesus von Nazareth als Ort der Erfahrbarkeit Gottes und, auf ihn bezogen, Jahwe, der Gott der Geschichte Israels, anzusehen. Diese Glaubensinhalte haben jedoch in späteren Zeiten nur Lebenswert, wenn aus ihnen eine jeweils neue Glaubens*erfahrung* hervorgeht – theologisch die ›fides qua‹. Da im Laufe der Tradition die Glaubensinhalte zu Formeln gerinnen, muß die darin erstarrte Erfahrung im Vermittlungsprozeß wieder verflüssigt werden. Ein solcher Impuls trägt das Bemühen um neue Auslegungsmöglichkeiten der Bibel.

Glaube in diesem Sinn ist nun nur im Hinblick auf seine Inhalte spezifisch, nicht aber im Hinblick auf die Struktur seiner Erfahrung. Christliche Glaubenserfahrung ist, so gesehen, ein spezieller Fall von religiöser Erfahrung. Ihr Spezifikum erhält sie durch die christliche Tradition. Glaube ist somit der religiösen Dimension menschlicher Existenz zuzurechnen. Daher dürfte Glaube ohne eine Einbettung in eine allgemeine religiöse Einstellung unvollziehbar sein. Die religiöse Dimension wiederum ist als eine Dimension an der gesamtmenschlichen Verfaßtheit, am Wesen gewissermaßen oder, im Sinne Jungs, der Natur des Menschen zu betrachten. Glaube und Religion sind in Jungs Verständnis von der Psyche als einer strukturierten Ganzheit nicht denkbar als eine dem Menschen von außen zuwachsende Einstellung bzw. Fähigkeit. Religion[60] ist dem Menschen als psychisches Konstitutivum eigen, das im kollektiven Unbewußten wurzelt, und ist wie dieses ein autonomer Faktor der Psyche. Damit Religion als konstitutive Potenz des Menschen wirksam wird, muß sie in die Erfahrung gelangen, d. h. dem Bewußtsein aus dem Unbewußten zuströmen. Somit ist religiöse Erfahrung zu beschreiben als eine Dimension an menschlicher Erfahrung überhaupt. Sie läuft nicht neben anderen Erfahrungen her, sondern umfaßt die anderen. In der religiösen Dimension stellt sich die Frage nach dem Sinn des Ganzen, individuell nach dem Sinn des einzelnen Lebens, gesamt-menschheitlich nach dem der Geschichte. In einem anthropologischen Konzept, in dem der Mensch verstanden wird als einer, der sich ständig selbst transzendieren muß, um immer mehr er selbst zu werden, angetrieben von einer Kraft in seinem eigenen Innern, die dennoch größer ist als er, kann es eine Trennung zwischen profaner und religiöser bzw. Glaubenserfahrung als strukturell verschiedener Vorgänge nicht geben, ist die religiöse bzw. Glaubenswelt nicht eine Sondersparte des Lebens, sondern macht gerade die zu realisierende Ganzheit menschlicher Existenz aus.

Religiöse Erfahrung, Glaube, ist daher ohne Teilnahme an der Selbstwerdung des Menschen nicht möglich; und umgekehrt kann der Selbstwerdungsprozeß das Ziel der Ganzheit nicht erreichen ohne Einbezug der religiösen Dimension. So bleibt Glaube und religiöse Erfahrung immer gebunden an die Identitätsfindung des Menschen. Diese kann in verschiedener Form und Intensität verlaufen; so wird z. B. der Selbstwerdungsprozeß eines Christen verschieden sein von dem eines Moslem, Buddhisten oder gar Atheisten, entsprechend den unterschiedlichen Traditionen, von deren Ganzheitsvorstellungen er geleitet wird. Dennoch gibt es für diesen Prozeß, auch bzw. gerade in seiner religiösen Dimension, allen einzelnen Menschen und der ganzen Menschheit gemeinsame Muster, die aus der allen gemeinsamen Struktur der Psyche resultieren. Aktiviert werden diese Muster durch typische Lebenssituationen, die von jedem Individuum, von jeder Generation, in jeder Gesellschaftsform gestaltet werden müssen, z. B. Probleme, die typisch sind für die verschiedenen Lebensalter, u. ä.[61].

Für die Bestimmung des Stellenwerts von Glaube und Religion im Menschwerdungsprozeß hat sich der Begriff der Erfahrung als unerläßlich erwiesen. Er wird im Rahmen der Erörterung tiefenpsychologischer Identitätsfindung in einer bestimmten Abgrenzung verwendet. Erfahrung unterscheide ich hier von Erlebnis. In tiefenpsychologischer Betrachtung wird das Leben eines Menschen nicht als Lebensgeschichte, d. h. nicht von seinen äußeren Daten her gesehen, sondern als Erlebensgeschichte verstanden. Es interessiert also die Geschichte der subjektiven Wahrnehmung eines Menschen von seinem Leben. Erleben hat in diesem Zusammenhang den Charakter von etwas Zustoßendem, von Widerfahrnis; auch dann, wenn es durch Verhalten, Einstellung oder psychischen Habitus des Erlebenden konstelliert ist, oder wenn es sich wiederholendes Geschehen ist, behält das Erlebnis etwas Zufälliges, nicht gänzlich Vorausseh- und -bestimmbares. Wird ein Erlebnis, im Bewußtsein oder auch im Unbewußten, nicht nur registriert, sondern verarbeitet, dann wird es in eine Erfahrung verwandelt. Durch das Erfahren erhält ein Erlebnis einen Platz im persönlichen Wertsystem eines Menschen. Von einer religiösen Erfahrung kann gesprochen werden, wenn für einen Menschen etwas Erlebtes die Qualität der Ganzheit hat, ihn in seinem Gesamt-Menschsein, nicht nur in einem Teilbereich, betrifft und dieses erweitert. Bei diesem Verständnis von Erfahrung wird am ehesten deutlich, daß nicht jede religiöse Betätigung, etwa ritueller gottesdienstlicher Art, auch schon eo ipso eine religiöse Erfahrung ist. Religiöses Geschehen muß vielmehr eine existentielle Bedeutung hinzugewinnen, um Erfahrung zu werden. Erfahrung impliziert insofern einen Impuls zur psychischen Veränderung, religiöse Erfahrung zu einer Veränderung in Richtung umfassenderer psychischer Ganzheit, in Richtung einer dichteren Identitätsbildung. Es liegt auf der Hand, daß religiöse Erfahrung ohne Einbezug psychischer Tiefenschichten, des Unbewußten, nicht wirklich gemacht werden kann bzw. daß dort, wo religiöse Erfahrung gemacht wird, das Unbewußte stets beteiligt ist.

Ein biblisches Beispiel kann das hier zugrunde gelegte tiefenpsychologische Verständnis von Erfahrung am besten verdeutlichen. Die Szene von der Begegnung einer Sünderin mit Jesus beim Gastmahl eines Pharisäers nach Lk 7, 36–50 erzählt von einer Frau, für die es schwer, wenn nicht nahezu unmöglich ist, ihre Identität als Frau und Mensch zu finden. Als stadtbekannte Dirne mußte sie ein sozial wie psychisch desintegriertes Leben führen. Dem Gastgeber mit seiner herablassend-abschätzigen Einstellung zu der Frau macht Jesus mit dem Gleichnis von den zwei Schuldnern klar, daß es bei der Frau um Liebe geht, und zwar nicht nur bei dem, was sie an Jesus tut, sondern überhaupt in ihrem Leben. Wenn Liebe im Zusammenhang eines menschlichen Selbstwerdungsprozesses verstanden werden kann als Sich-selbst-Finden durch Sich-Verschenken, so hat diese Frau Liebe nur in pervertierter Form erlebt. Da die Männer nur ihren Körper wollten, war es für sie unmöglich, als Mensch voll angenommen zu werden, ebenso unmöglich, sich als Mensch zu verschenken. Was sie als Liebe erlebte, mußte, statt sie ihre volle Identität finden zu lassen, die vorhandene Identität mehr und mehr zerstören. Doch wie die Szene mit Jesus zeigt, hat das Dirnesein bei dieser Frau gerade nicht zum Verlust ihrer menschlichen Identität geführt. Offenbar hat sie im Ausgebeutetwerden durch »Liebe« die Erfahrung vom Wert wirklicher Liebe gemacht. Das Erleben ihres Dirneseins hat sie weder gleichgültig noch zynisch gegenüber der Möglichkeit von Liebe gemacht, hat für sie vielmehr das Gegenstück des ständig wieder Erlebten zum größten Wert werden lassen; das, was sie mit den Männern nicht zu (er-)leben vermochte, ist zum wichtigsten Wert in ihrem Leben geworden. So hat diese Frau das Schicksal der Dirne nicht dumpf immer und immer wieder erlebt, sondern das Erlebte umgewandelt in eine ihr Leben verwandelnde Erfahrung. Als Katalysator in diesem Prozeß kann eigentlich nur ein tiefes Leiden an ihrem Leben vermutet werden; der gleiche Erlebnisstoff hätte auch zu dumpfer Gefühllosigkeit oder aggressiver (Selbst-)Zerstörung führen können, zumal in einer die Frau verachtenden Männergesellschaft, die der Frau, die sie ausbeutet, keine Chance zum Menschwerden gibt, wie am Beispiel des pharisäischen Gastgebers zu sehen ist. Die Sünderin des Evangeliums jedoch hat aus dem ihre Selbstwerdung in Frage stellenden Erleben ein Ziel für ihr Leben gewonnen, das sie in der Begegnung mit Jesus, sicherlich zum erstenmal, verwirklichen kann. Die verwandelnde Kraft der erlittenen Erfahrung ist so mächtig, daß die Frau sogar die Barriere des vernichtenden Urteils ihrer Umwelt über sie zu überwinden vermag, indem sie sich Zutritt zum Haus des Pharisäers verschafft; offenbar ist sie unabhängig geworden von solchem Urteil. Ihr Streben geht nur dahin, dem einen, einzigen Mann, dem sie, anders als den Männern sonst, menschlich begegnen kann, einen demütigen Dienst der Liebe zu tun. In diesem Dienst bekennt sie sich als Sünderin und erweist sich zugleich als liebesfähiger Mensch. Das bedeutet, sie stellt sich zu ihrem gebrochenen Menschsein, und gerade so macht sie eine religiöse, eine Ganzheitserfahrung. Jesus ermöglicht und bestätigt sie ihr, indem er mit ihr wie mit einem Menschen und nicht wie mit einer Dirne umgeht und indem er ihr Vergebung ihrer Sünden zuspricht, d. h. die Frau erfährt, daß ihr beschädigtes Menschsein geheilt, daß sie ein ganzer Mensch ist. So zeichnet die kurze Perikope den Erfahrungsweg der Frau nach: Sie hat durch erlittene Nicht-Liebe selbst Liebe gelernt und diese geübt; in der Begegnung mit Jesus wird das offenbar, und aus dem Mund Jesu wird das Glaube genannt, welcher der Frau ihr Menschsein gerettet hat.

Wie dieses, so zeigen viele biblische Textbeispiele den unlösbaren Zusammenhang von Widerfahrenem, menschlicher Erfahrung und Glaube.

Versuchen wir nun, die Mehrdimensionalität biblischer Aussagen inhaltlich zu erfassen, so stellt sich heraus, daß sich in den biblischen Traditionen die einst historische Glaubenserfahrung – Israels im Alten Testament, der jungen Kirche im Neuen Testament – in allgemein-menschlichen Selbstfindungsprozessen inkorporiert darbietet. Indem diese Prozesse, gerade auch in ihren unbewußten Dimensionen, versteh- und nachvollziehbar gemacht werden, werden auch die ursprünglichen Glaubenserfahrungen für uns neu zugänglich. Meiner Meinung nach gibt es in der Bibel keinen Glauben ohne Identitätsbildung, am eindrücklichsten ist dies an der Person Jesu zu sehen: ganzheitliches Menschsein bzw. -werden und innigste Nähe zu Gott sind bei Jesus eins[62]. Auch für die alttestamentlichen Autoren und Tradenten hatten Glaube bzw. Gotteserfahrung offenbar immer mit anthropologischen Entwicklungsprozessen zu tun; das gilt sowohl für Einzelgestalten, deren Glauben sie überliefern, als auch für Gesamtisrael, dessen Volkwerden – eine geschichtliche Entwicklung – auf eine Glaubenserfahrung zurückgeführt wird[63].

Werden Bibeltexte auf ihre anthropologische, nicht nur theologische Relevanz hin gelesen, so eröffnet das dem Leser heute neue Möglichkeiten. Er kann neue Erfahrungen mit den alten Texten machen, die zu Verständnishilfen für den eigenen Selbstwerdungsprozeß wie auch zu Deutungsmodellen für eigene Glaubenserfahrung werden können. Er kann auch neue Erfahrungen mit sich selbst machen dadurch, daß durch die Begegnung mit den Tiefendimensionen biblischer Texte Impulse für die eigene Identitätsfindung ausgelöst werden und Glaubenserfahrung in Gang gesetzt wird. Solche Erfahrung mit der Bibel ereignet sich immer im Rahmen von Interaktionen, zum einen mit den in den Texten sprechenden Menschen vergangener Geschichte, zum andern durch den Vermittlungsprozeß, in dem biblisches Menschenverständnis kommunikabel wird für Menschen der Gegenwart[64]. Adressaten der Vermittlung müßten hierbei nicht nur Christen sein, könnten vielmehr auch Menschen sein, die an Beispielen von Identitätsbildungen in den Menschheitstraditionen interessiert sind. Durch Lesen der Bibel auf ihre anthropologischen Implikationen hin könnte auf diese Weise Zugang zu christlicher Tradition über den Raum des spezifisch christlichen Bekenntnisses hinaus erschlossen werden; d. h., für die Bibel könnte evtl. auch bei Menschen Interesse geweckt werden, denen die speziell theologische Aussage nichts bedeutet.

Wie sich die existentiell relevanten Aussagen aus der Tiefenschicht biblischer Texte erheben lassen, dafür sollen im folgenden Abschnitt die theoretischen Voraussetzungen vermittelt werden.

3 Archetypen als Strukturen kollektiver Menschheitserfahrungen

In der Zeitschrift »psychologie heute« vom Juli 1977 gab es eine Karikatur zu einem Artikel »Die Freudsche Dreifaltigkeit«: zwei rundliche Männchen mit der Aufschrift »Ich« und »Über-Ich« auf dem Bauch stehen an der Straße und schauen fragend erstaunt auf ihren dritten Kollegen »Es«, der, viel größer und dicker als sie, auf einem schweren Motorrad, Gepäck hinten aufgeschnallt, gerade starten will und ihnen im Anfahren noch zuruft: »Tschüs, Jungs – habe gekündigt! Fange bei C. G. Jung als Archetyp an!« Witzig treffend ist hier die Momentaufnahme von einer Entwicklung in der tiefenpsychologischen Betrachtungsweise gelungen, nämlich von einer angebahnten Verschiebung des Interesses vom individuellen Unbewußten, dem »Es« Freuds, zum kollektiven Unbewußten Jungs, das im Begriff des Archetyps populär zu werden beginnt[65]. Um so dringender, vielleicht aber auch schwieriger ist es, den Begriff »Archetyp« zu klären. Kompliziert wird die Sache noch dadurch, daß Jung erst allmählich, während langjähriger Arbeit, den Begriff genauer umrissen hat. Überblickt man seine Ausführungen dazu insgesamt, soweit das bei einem so immensen Werk wie dem von Jung überhaupt möglich ist, so zeichnen sich aber doch Grundlinien eines Verständnisses von Archetypus ab; und nur diese sollen hier aufgenommen und sogleich auf das Anliegen des Buches, die archetypische Bibelauslegung, bezogen werden. Es sind dabei auch gewisse Mißverständnisse aufzuklären wie die Gleichsetzung von Archetypen und archetypischen Bildern oder die Vorstellung, Jung behaupte die Vererbung erworbener Vorstellungen.

Um sich dem Begriff des Archetypus anzunähern, muß zunächst sein Umfeld sondiert werden, nämlich sein Zusammenhang mit Bild und Symbol. Sodann soll eine Definition des Begriffs versucht und die Funktion des Archetypus geklärt werden. Da es in dieser Arbeit um die Erhellung von Prozessen der Identitätsfindung geht, wie sie in der Bibel gestaltet sind, werden anschließend die für solche Prozesse grundlegenden Archetypen betrachtet; es wird so erleichtert, sie in einzelnen Bibeltexten zu identifizieren. Abschließend werden archetypische Auslegungsmethoden vorgestellt und begründet als theoretisches Rüstzeug für die im nächsten Kapitel folgenden Textinterpretationen.

Jung hat seinen Begriff des Archetypus aus der Anschauung von Bildern der Tiefenpsyche gewonnen. Da weiteste Partien biblischer Überlieferung von ihrer Bildersprache leben, setzt die Begegnung mit deren archetypischer Aussage die Fähigkeit voraus, Lebensvorgänge, Entwicklungsprozesse in Bildern und Symbolen erfassen zu können. Eine gedankliche Klärung des Symbolbegriffs, wie sie im folgenden Abschnitt versucht werden soll, kann diese Fähigkeit zwar nicht ersetzen oder gar hervorrufen, wohl aber eine Annäherung des Bewußtseins an den Sachverhalt ermöglichen.

3.1 Symbolische Aussage

Es geht hier nicht um eine allseitige Erörterung des Symbolbegriffs, gar mit Blick auf seine Ideengeschichte; für den angestrebten Zweck genügt es, seine Bedeutung im tiefenpsychologischen, speziell Jungschen Verwendungszusammenhang zu umreißen.

Zunächst ist das Symbol zu unterscheiden vom Begriff als einer Hervorbringung differenzierender Bewußtseinstätigkeit. Das Symbol geht nicht aus einem diskursiven Denkprozeß hervor, sondern ist eine spontane Schöpfung des Unbewußten. Es präsentiert sich deshalb auch nicht im Wort, sondern im Bild; das gilt auch, wenn eine symbolische Aussage durch ein Wort oder einen Satz ausgedrückt wird. So bezeichnet das Wort »Wüste« zwar ein reales geographisches Phänomen, zugleich aber kann dasselbe Wort auch ein Symbol sein wie z. B. des öfteren in biblischen Traditionen; und dann enthält es weit mehr an Inhalt und Bedeutung als der enge Wortsinn. Zum symbolischen Charakter tragen die bildlichen Vorstellungen bei, die wohl an eine reale Wüste anknüpfen mögen, aber weit über diese hinausgreifen, vielleicht bis hin zum Erfassen der ganzen menschlichen Existenz unter dem Bild der Wüste. Zwar dürfte auch einem abstrakten Begriff, zumindest an seinem Ursprung, eine bildliche Vorstellung zugrunde liegen; doch wird diese zugunsten größerer rationaler Schärfe zurückgedrängt, während das nicht in einen Begriff umgesetzte Bild, wie z. B. das Traumbild, zwar unschärfer, dafür aber mehrdimensional und von größerer Bedeutungsfülle ist. Damit ist das eine Element, nämlich das bildhafte, des archetypischen Symbolbegriffs benannt.

Jung grenzt nun vom Bild als Symbol das Bild als Zeichen deutlich ab. Das Zeichen zeigt danach etwas anderes bzw. etwas Umfassenderes an, als es darstellt. In diesem Sinne versteht er die in Freuds Theorie angewandte Bilddeutung als Übersetzung von Zeichen, also: bei Freud bedeutet ein Turm in einem Traum einen Phallus u. ä. Ist ein Zeichen übertragen, so ist es als Zeichen erfaßt und seine Bedeutung erschöpft[66]. Das liegt daran, daß ein Zeichen immer für eine bekannte Sache steht und deshalb auch in die Bewußtseinssprache übersetzbar ist. Nach diesem Modell ist die Bibelexegese gewohnt, z. B. die Gleichnisse der Evangelien zu interpretieren, da es bei den Gleichnissen darauf ankommt, den springenden Punkt, die Gelenkstelle zwischen Zeichen und Bedeutung, zu erfassen. Damit ist aber noch nicht entschieden, ob ein Gleichnis nicht auch eine echte symbolische Aussage macht. Wenn Jesus z. B. das Reich Gottes unter dem Bild der kostbaren Perle darstellt, für deren Erwerb ein Mensch sein ganzes Vermögen dransetzt (Mt 13, 45–46), so hat dieses Bild wohl Zeichencharakter, enthält aber zugleich einen Überschuß an Bedeutung, der nicht in eine andere Realität übersetzbar und im Gleichnis nur angedeutet ist etwa in der alles übersteigenden Kostbarkeit der Perle und dem »unvernünftigen« Verhalten des Kaufmanns, der sie erwirbt. Der Bedeutungsüberschuß drückt das Unbekannte aus, das in dem symbolischen Bild enthalten ist. Jung definiert diese Seite des Symbols so:

> *Eine Auffassung, welche den symbolischen Ausdruck als bestmögliche und daher zunächst gar nicht klarer oder charakteristischer darzustellende Formulierung einer relativ unbekannten Sache erklärt, ist symbolisch.*« [67]

Diese Auffassung wäre verwirklicht in einer Deutung des Gleichnisses von der kostbaren Perle, die in dem Bild nicht nur ein Zeichen dafür sieht, was ein Mensch einsetzen muß, um das Reich Gottes zu gewinnen, sondern es als ein Symbol für eine (noch) ganz unbekannte Wirklichkeit versteht. Jung umschreibt mit ähnlichen Formulierungen wie der angeführten des öfteren die symbolische Auffassung. Die genannten Aspekte gehören wohl zum Kern seines Symbol-Verständnisses. Da im Symbol sich eine (noch) unbekannte Wirklichkeit ausdrückt, die auf keine andere als eben die symbolische Weise erfaßt werden kann, ist es einer willkürlichen Hervorbringung oder Veränderung entzogen. Das bedeutet auch, daß ein Symbol nie vom Bewußtsein erfunden werden kann; Konventionen des Bewußtseins, unter einem Bild eine bestimmte Realität zu verstehen, bringen nur Zeichen hervor, wie z. B. Verkehrszeichen, die Uniform als Zeichen eines bestimmten Berufes, das Auto als gesellschaftliches Statussymbol – bei letzterem ist Symbol in der Bedeutung von Zeichen verwendet. Zwar besitzt auch das Symbol eine dem Bewußtsein zugängliche Seite, eine sinnliche anschauliche Realität, sonst wäre es gar nicht erfahrbar. Aber zum Symbol wird es erst durch die Verbindung der empirisch-bildlichen Seite mit einer unbekannten unanschaulichen Wirklichkeit. Diese gehört dem Unbewußten an, daher die prinzipielle Unmöglichkeit, ein Symbol durch einen rationalen Begriff zu ersetzen. So ist z. B. Wasser ein in den Mythen und Religionen aller Völker verbreitetes Symbol und hat, mit Variationen, überall ähnliche Bedeutung, auch in der christlichen Taufe. Der Religionswissenschaftler Mircea Eliade sieht diese so:

>*Die vom Wasser Gebrauch machenden rituellen Waschungen und Reinigungen ... sind symbolische Wiederholungen der Geburt der Welten – oder des >neuen Menschen<.«*[68]

Die bildhafte Seite dieses Symbols Wasser ist jedem Menschen qua Bewußtsein zugänglich; doch die unanschauliche Seite, die Wiedergeburt, muß erfahren werden, um verstanden zu werden; eine bloß begriffliche Umschreibung nützt da gar nichts. Der unanschauliche Inhalt »Wiedergeburt« kommt in unserer empirisch-geschichtlichen Welt, auch in der Welt der äußeren Natur, nicht vor; dort gibt es nur Geburt. Wiedergeburt ist, wie andere Symbole, auch nicht gebunden an eine bestimmte Entwicklungsphase des Menschen, an ein Lebensalter, wie Geburt. Das Symbol ist vielmehr, wie das kollektive Unbewußte, aus dessen Tiefen der unbekannte Teil von ihm aufsteigt, zeitlos und daher zeitüberdauernd.

Ein weiteres Moment unterscheidet das Symbol vom bloßen Bild. Ein Symbol existiert nicht an sich, sondern nur in Verbindung mit der Einstellung von Menschen zu ihm. An einem einfachen Beispiel, einem eigenen liturgischen Erlebnis, läßt sich das erklären. Wenn in der Osternachtfeier ein Mann seine Kerze mit dem Feuerzeug anzündet statt an der Osterkerze, so ist für ihn das Symbol des in der dunklen Nacht aufstrahlenden großen Lichtes, das sich auf alle ausbreitet, offenbar leer, d. h. das Symbol hat für ihn seinen symbolischen Charakter eingebüßt, diesen eventuell auch nie besessen, es wird als bloße Zeremonie vollzogen. Wie jeder engagierte Teilnehmer an einer guten Osternachtliturgie bestätigen wird, weckt diese intensive Gefühle, die an den symbolischen Vollzug von Tod und Auferstehung Jesu gebunden sind. Das Symbol kann daher als ein emotionsgeladenes Bild bezeichnet werden. Es hat für den Menschen einen Gefühlswert, an dem die Bedeutungen des Symbols zu erkennen sind. Das Symbol ist so lange lebendig, sagt Jung, als es »bedeutungsschwanger«[69] ist. Die Besetzung des Symbols mit Gefühlen führt zu dessen mächtiger Ausstrahlung einerseits, andererseits zum Fasziniertsein der Menschen durch eben das Symbol. Jung erläutert dazu:

>*Ein bloßes Bild ist nur eine Wortillustration ohne besondere Folgen. Wenn das Bild aber mit Emotion aufgeladen ist, gewinnt es an Numinosität (oder psychischer Energie); es wird dynamisch und hat zwangsläufig Wirkungen.*«[70]

Im Verkennen dieses Sachverhalts könnte ein wichtiger Grund liegen für die zunehmende Unwirksamkeit oder gar Bedeutungslosigkeit christlicher Symbole, einschließlich der Dogmen, die in dem hier erörterten Sinn als Symbole zu verstehen sind. G. Voss kommt durch die Anwendung Jungscher Kategorien auf die Reflexion christlicher Glaubensaussagen zu dem Schluß:

>*Das Dilemma abendländischer Theologie liegt darin, daß im Zuge objektivierenden und diskursiven Denkens aus Bildern des Heils Informationen über Heilstatsachen geworden sind. Glaubenswahrheiten wurden zu wenig als emotional wirksame Urbilder ... und zu einseitig als (emotional unwirksame) Deutungen von Fakten tradiert ...*«[71]

Gerade auch die biblische Botschaft ist diesem Prozeß erlegen durch die nahezu ausschließliche Auslegung mittels historischer Kritik. Allerdings wäre die Lebenskraft christlicher Symbole durch noch so rationalistische Interpretationsverfahren kaum entscheidend vermindert worden, wäre sie nicht schon an sich einem Prozeß der Entleerung unterworfen gewesen. Denn Symbole können auch absterben bzw. zu einer leeren Hülse entarten; und zwar geschieht das dann, wenn sie nicht mehr »ein best- und höchstmöglicher Ausdruck des Geahnten und noch nicht Gewußten«[72], also der von ihnen ausgedrückten unbekannten, d. i. unbewußten Wirklichkeit sind. Ein solches Verblassen von Symbolen kann sowohl dem einzelnen als auch Gruppen oder Gemeinschaften, wie einer Religionsgemeinschaft oder Kirche, widerfahren. Verliert nun ein Symbol seine Aussagefähigkeit, so werden auch die Gefühle von ihm abgezogen, und damit schwindet seine Faszinationskraft. Die psychischen Energien, Emotionen, Affekte, die an ein Symbol gebunden waren, gehen aber nicht verloren, vielmehr schweifen sie gleichsam umher auf der Suche nach einem neuen angemessenen Objekt. Bei der Sinnentleerung von religiösen Symbolen können dann in das so entstehende Vakuum religiöse Pseudo-Symbole bzw. pseudo-religiöse Symbole einströmen und die Gefühle auf sich ziehen. Solche Pseudo-Symbole können Menschen zwar psychisch binden, aber sie können nicht erfüllen, was sie versprechen; das läßt sich am Beispiel der sogenannten neuen Jugendreligionen erkennen. Pseudo-Symbole haben immer dann Anziehungskraft, wenn sich an Stelle der alten noch keine neuen echten Symbole gebildet haben.

Um den Vorgang des Veraltens oder Ungültigwerdens von Symbolen und ihren eventuellen Ersatz durch Pseudo-Symbole besser verstehen zu können, ist eine Kenntnis davon notwendig, was inhaltlich Menschen an einem Symbol fasziniert, d. h., was inhaltlich ein Symbol zum Symbol macht. Dafür läßt sich anknüpfen an die Definition des Symbols bei Jung als der Verbindung von etwas Bekanntem, der Bildseite, mit etwas Unbekanntem, der unanschaulichen Seite. Tiefenpsychologisch bedeutet dies, das Symbol stellt eine Gegensatzvereinigung dar von der Art, wie es sie in der bewußten Welt nicht geben kann: denn sobald das Bewußtsein den unbekannten Inhalt eines Symbols kennt, d. h. sich angegliedert hat, ist der Gegensatz aufgehoben und bedarf das Bewußtsein für diesen Sachverhalt keines Symbols mehr, da es ihn nun auf andere Weise ausdrücken kann. Nun gibt es aber Gegensätze, die sich nie ganz zugunsten von Bewußtseinsinhalten auflösen lassen wie der zwischen Bewußtsein und Unbewußtem. Solange es Menschen gibt, wird es daher auch Symbole geben und werden Symbole zur Daseinsbewältigung notwendig sein, weil sie ja ein Stück anders nicht darzustellender Wirklichkeit beinhalten. Der den Menschen am stärksten bewegende Gegensatz dürfte der zwischen Sein und Noch-nicht-Sein, zwischen gebrochener empirischer Realität und möglicher zu erlangender Ganzheit sein. Auf diesem Gegensatz beruht jede Entwicklung; weil es ihn gibt, ist der Mensch gezwungen, bis an sein Ende er selbst zu *werden*. Ein Symbol hat nun immer mehr oder weniger Anteil an dieser grundsätzlichen Gegensatzspannung. Mircea Eliade sieht, wie Jung, in der Vermittlung von Gegensätzen, die im Bewußtsein allein unvermittelbar sind, den eigentlichen Inhalt und die Funktion des Symbols:

> *»... so ist ... das Miteinander-Einswerden der Gegensätze, das so überaus oft ... in Symbolen seinen Ausdruck fand, nirgendwo im Weltall wirklich gegeben – und weder dem unmittelbaren Erleben des Menschen noch dem diskursiven Denken ist es zugänglich.«*[73]

Das Symbol ist somit eine Wirklichkeit eigener Art – nicht: es bildet sie ab –, die zum Menschsein gehört, dem Menschen aber auf keine andere Weise als im Symbol sich erschließt. Jung formuliert den Sachverhalt auch im Hinblick auf die Entstehung religiöser Symbole:

> *Das Rad führt uns vielleicht zu dem Begriff einer ›göttlichen‹ Sonne, aber hier muß der Verstand seine Unzulänglichkeit eingestehen; der Mensch ist außerstande, ein ›göttliches‹ Wesen zu definieren. Wenn wir in unserer intellektuellen Beschränktheit etwas ›göttlich‹ nennen, so haben wir ihm damit nur einen Namen gegeben, der vielleicht auf Glauben basiert, aber nie auf faktischem Augenschein.*
>
> *Auch die Religionen verwenden für das, was über den menschlichen Verstand hinausgeht, eine symbolische Sprache.*«[74]

So gesehen gibt es Aussagen über Gott bzw. Göttliches überhaupt nur in symbolischer Form. Könnten wir reine Bewußtseinsaussagen, das sind solche rationaler Logik, über Gott machen, so wäre Gott lediglich eine Größe in der Welt bewußter Erkenntnisse. Offenbarung, die vom Begriff her über das hinausreicht, was unser Bewußtsein erdenken kann, wäre dann nicht möglich.

Wie eine Aussage über Göttliches zum »höchstmöglichen Ausdruck des Geahnten«[72] im Symbol werden, wie es seine symbolische Ausstrahlung aber auch wieder verlieren kann, läßt sich an einer zentralen christlichen Glaubenswahrheit – in kirchlich-theologischer Hinsicht allerdings einem heiklen Beispiel – demonstrieren, der Gottessohnschaft Jesu. Die Formel »Sohn Gottes« macht eine allumfassende Aussage, in der äußerste Gegensätze – der Mensch Jesus von Nazaret und Gott – vereint sind. Nun wurde um die rechte Ausbalancierung der beiden Gegensatz-Seiten, der »Thesis und Antithesis«[75], wie Jung sie nennt, lange und heftig gerungen, was darauf schließen läßt, daß die psychische Anziehungskraft der beiden Seiten des Symbols auf die Menschen in der jungen Kirche über lange Zeit hin unausgeglichen war. Das Konzil von Chalcedon brachte dann schließlich die Hochform des Symbols hervor mit der völlig ausgewogenen Verbindung der Gegensätze: »Wahrer Gott und wahrer Mensch, zwei Naturen in einer Person.« Thesis und Antithesis sind vollkommen miteinander ausbalanciert und in einer größeren Einheit jenseits des Gegensatzes der Naturen – in der Person – aufgehoben. Dies ist im Sinne Jungs ein religiöses Symbol in Reinform, und das hat dem Dogma seine allgemeine und langdauernde lebendige Wirkung bei den Christen verliehen. An diesem Beispiel eines Teils des christlichen Symbolums (= Glaubensbekenntnisses) läßt sich die finale Bedeutung eines Symbols gut erkennen[76]. Es spricht ein Ziel für den Menschen und seine Welt aus – »Ihr seid alle durch den Glauben Söhne Gottes in Christus Jesus«, Gal 3, 26; auch Gal 4, 4–7 –, das tief in dessen Sehnsucht und Erwartung verwurzelt ist, dem er sich in der geschichtlich-endlichen Existenz jedoch nur im Symbol annähern kann. Das Symbol spricht also nicht nur eine gegenwärtige oder, wie nach Freuds Theorie, eine vergangene, sondern für den jeweils gegenwärtigen Bewußtseinsstand auch eine zukünftige Wirklichkeit aus; im Symbol werden Utopien vom vollständigen Menschsein entworfen. In der christlichen Tradition ist das vollendete Beispiel dafür das Symbol von Jesus dem Sohn Gottes.

In tiefenpsychologischer Sicht kann nun aber vermutet werden, daß in der chalcedonensischen Formel auch schon der Keim zum heutigen Nachlassen der Anziehungskraft des Glaubenssymbols »Sohn Gottes« mitgelegt worden ist. An der Formel des Konzils zeigen sich meiner Meinung nach stark rationale Züge in der ausgefeilten Differenzierung der beiden Seiten. Der Symbolkraft eines Bildes ist solche Einmischung des Bewußtseins – hier von Theologen und Kirchenmännern – nicht förderlich; die Formel hat als solche der Vorstellungsfähigkeit eventuell von Anfang an zuwenig Nahrung geboten und darum vielleicht auch zuwenig Gefühle auf sich gezogen. Es ist wohl kaum zu bestreiten, daß heute, und auch schon früher, in breiten Schichten des Kirchenvolkes unter dem Glaubenssatz vom Sohn Gottes mit viel stärkerem Akzent die Gottheit Jesu als seine Menschheit vorgestellt wird. Wie bald nach Chalcedon diese Akzentverschiebung eingesetzt hat, ob sie kontinuierlich bis heute durchgelaufen ist, ob nicht auch kirchliche Verkündigung und Theologie ursächlich an ihr beteiligt waren, kann hier nicht erörtert werden. Wichtig ist vielmehr, daß die Akzentverschiebung auf *eine* Gegensatz-Seite so lange dem Symbol nicht abträglich war, als sie dem Weltbild der Menschen, die auf die göttliche Seite des Symbols ihre Gefühle verlagert hatten, kongruent war. Für uns heute ist das offensichtlich anders geworden; die Vorstellung von der Göttlichkeit eines Menschen ist für uns nicht mehr weltbildkonform; sie bindet daher immer weniger psychische Energien, und so büßt das Symbol vom Sohn Gottes seine Lebendigkeit ein. Die oft kritisierte andere Akzentverlagerung in der Beschäftigung mit der Gestalt Jesu in den letzten Jahrzehnten, nämlich auf ihre menschliche Seite, ist wohl ein vor dem skizzierten Hintergrund notwendiger Versuch, die vernachlässigte Gegensatz-Seite des Symbols vom Sohn Gottes, das Menschsein, zum Zuge kommen zu lassen. Auf diesem Wege besteht die begründete Hoffnung, die Synthese des Gegensatzes von Gottheit und Menschheit in Jesus wiederzugewinnen und eventuell ein neues lebendiges Symbol der Einheit zu finden.

Wenden wir nun die bisherigen Überlegungen auf die Bibel an, so dürfen wir die biblischen Symbole, von Jungs Symbolauffassung aus beurteilt, nicht verstehen als nachträgliche Deutung eines Vorgangs bzw. einer Erfahrung durch ein Bild. Nehmen wir z. B. das alttestamentliche Symbol des Exodus, so ist in dessen Überlieferung deutlich als Grundlage eine geschichtliche Erfahrung zu erkennen, die Bewußtseinsseite des Symbols. Das Verständnis des Exodus: Gott hat uns durch das Schilfmeer geführt und gerettet, die unanschauliche Seite des Symbols, ist dem geschichtlichen Vorgang nicht als nachträgliche Deutung angeheftet worden. Selbst wenn die kleine Gruppe, die das Ereignis erlebte, dies gar nicht so dargestellt haben sollte, so ist das historische Geschehen des Exodus von den späteren Generationen nur in symbolischer Aussage verstanden und tradiert worden. Ohne Symbolbildung wäre das historische Ereignis höchstwahrscheinlich gar nicht überliefert worden, sondern im Dunkel der Geschichte verschwunden. Das bedeutet, daß für die Israeliten vieler Generationen der Exodus ein lebendiges, unmittelbar evidentes Symbol war, das sie nicht zu interpretieren brauchten. Jung sagt zu diesem Aspekt des Symbols:

> *In früheren Zeiten dachten die Menschen kaum über ihre Symbole nach; sie lebten sie und wurden unbewußt von ihrem Gehalt angeregt.*[77]

Die uns in der Bibel überlieferten Symbole haben bei den damaligen Hörern ihre Wirkung entfaltet, obwohl sie deren Sinn gewiß nicht, vom symbolischen Bild abstrahierend, hätten aussprechen können. Wir können uns den Vorgang verdeutlichen an der Funktion von Träumen, die auch bei modernen Menschen[78] weitgehend symbolische Bedeutung haben. Träume stellen normalerweise, d. h. wenn sie nicht einen krankhaften psychischen Prozeß anzeigen, das psychische Gleichgewicht, das oft zugunsten der Bewußtseinsseite verschoben ist, wieder her, und zwar auch dann, wenn der Träumer sich ihren Sinn nicht bewußtzumachen vermag. Bei der Begegnung von Menschen in der Zeit rationaler Aufklärung mit symbolischen Überlieferungen früherer Völker, also auch mit der Bibel, funktioniert nun dieser autonome psychische Mechanismus nicht mehr, denn sie haben weithin die Fähigkeit verloren, jene alte Symbolsprache intuitiv zu verstehen, ein Phänomen, das sich etwa an der Schwierigkeit, kultische Symbole noch unmittelbar erleben zu können, zeigt[79]. Moderne Menschen können im allgemeinen die alten Symbole nur auf dem Wege über Bewußtmachen, durch Interpretieren verstehen. Einen Weg zurück zu naivem, d. h. ursprünglich-unmittelbarem Verstehen der Bibel kann es meines Erachtens nicht geben, bzw. der Versuch dazu wäre ein Irrweg; denn die einmal erwachte kritische Vernunft kann nicht einfach wieder außer Kraft gesetzt werden, auch der Bibel gegenüber nicht. Der Weg vorwärts zu einem ganzheitlichen Erfassen der biblischen Symbolsprache, gewissermaßen durch die kritische Vernunft hindurch, ist jedoch eine echte Chance dafür, den Lebenswert biblischer Überlieferungen für uns zu aktivieren. Auf diesem Weg haben wir heute sogar die Möglichkeit, biblische Überlieferungen vollständiger zu verstehen, als die Hörer zu ihrer Entstehungszeit dies vermochten; ja, uns kann die Bibel Sinnaspekte bieten, die von den Autoren bewußt gar nicht intendiert waren, im symbolisch vermittelten Sachverhalt aber dennoch enthalten sind. Eine Erkenntnis in dieser Richtung scheint sich, mindestens punktuell, auch bei Theologen anzubahnen. So sagt H. Leroy in einer Replik zur historisch-kritischen Methode:

»Darf der Exeget ... achtlos an der Tatsache vorbeigehen, daß ein Symbol möglicherweise weitere Wirkungen entfaltet, die der Autor vielleicht nicht intendiert, aber durch das Aufgreifen des Symbols immerhin ermöglicht hat? Es könnte sich auf diese Weise mehr ergeben, als der Verfasser anstrebte.«[80]

Daß wir ein »Mehr« an Aussage erfassen können, ergibt sich aus der Möglichkeit, mit Hilfe tiefenpsychologischer Auslegungsverfahren die Tiefenschichten der Texte, aus denen das kollektive Unbewußte durch die biblischen Autoren und Tradenten spricht, dem Bewußtsein zu erschließen, während bei den damaligen Hörern das Unbewußte biblischer Aussagen lediglich zu ihrem Unbewußten sprach. Den Zusammenhang zwischen bewußten Intentionen der biblischen Verfasser, der daraus resultierenden biblischen Selbstauslegung des Glaubens und der sich aus dieser Beschränkung auf die bewußte Glaubensaussage ergebenden Aufgabe für uns heute, den über das Selbstverständnis der Bibel hinausreichenden Sinn des Glaubens zu eruieren, stellt K. Niederwimmer dar, einer der ersten, die sich an tiefenpsychologische Bibelauslegung gewagt haben. Als Quintessenz unserer gegenüber denen der biblischen Autoren überschießenden Möglichkeiten kann Niederwimmers Satz verstanden werden:

»Der Grundsatz jeder Sachkritik lautet: man muß den Text besser verstehen, als er sich selbst versteht.«[81]

Einen Überschuß an Sinn haben biblische Aussagen aber nur kraft ihrer aus dem Unbewußten hervorgegangenen Symbolik. Es ist sogar so, daß weite Partien der Bibel ihren Sinn, und d. h. ja auch ihre Verbindlichkeit, einbüßen (müssen), wenn sie nicht als symbolische Aussage verstanden werden. Denn es gibt sehr viele Stoffe in der Bibel, in denen es entweder gar nicht um eine historische bzw. empirisch-faktische Situation geht oder in denen das historisch Einmalige gegenüber dem symbolisch Allgemeinen nebensächlich ist[82]. Im Alten Testament gehören dazu z. B. die Urgeschichte von der Entstehung der Welt und des Menschen, die Endzeitvorstellungen in apokalyptischen und prophetischen Schriften, die Bücher Hiob, Jona, das Hohelied; in gewisser Weise auch die Vätergeschichten und die Mosezeit u. a. m. Auch im

Neuen Testament, den Evangelien beispielsweise, finden sich solche Stoffe, wie die Auferstehungserzählungen, Epiphanie- und Wundergeschichten, die Kindheitsgeschichten des Mattäus und Lukas. Erzählungen z. B. von der Erscheinung des Auferstandenen, wie etwa die vor den Jüngern im Saale nach Lk 24, 36–43, geben ihre Glaubensaussage nur her, wenn sie auf der Ebene symbolischer Wirklichkeit verstanden werden. Wird die Geschichte dagegen naiv historisch, nämlich auf wörtliche Faktizität hin, aufgefaßt, so ist sie für den modernen Menschen eine Zumutung, denn ein materiell-leibhaft erscheinendes Geistwesen ist disparat zum heutigen Weltbild. Insofern bleibt meiner Meinung nach die von Bultmann kolportierte Aussage gültig: der moderne Mensch könne nicht zugleich durch Knopfdruck elektrisches Licht anschalten und an Dämonen glauben. Bei Menschen, die eine solche naive Erklärung der biblischen Erzählung für einzig verbindlich nehmen, wird die von derartigen Bildern gespeiste religiöse Einstellung sich vom übrigen Menschsein abspalten und eine Sonderentwicklung nehmen; denn schon die Bewältigung des alltäglichen Lebens verlangt heute von ihnen einen hohen Grad von Bewußtheit; und diesen lassen sie in ihrer religiösen Welt gerade nicht zu. Der Glaube wird so nicht zu größerer Integration aller menschlichen Kräfte und Fähigkeiten führen, sondern diese geradezu blockieren.

Wird die Geschichte im andern Extrem *nur* historischkritisch beurteilt, so wird sich ihre an das damalige Weltbild gekoppelte Glaubensaussage verflüchtigen; ihre kritisch aufgelöste Bildhaftigkeit wird kaum noch Gefühle an sich binden und deshalb auch kaum eine menschliche Entwicklung bewegen können. Während jedoch in der naiv historischen Betrachtungsweise wegen ihres Festsitzens in einem überholten Weltbild meines Erachtens keine Chancen liegen, über sie hinaus zu einem menschliches Leben befruchtenden Verstehen biblischer Texte zu gelangen, sind solche Chancen bei der historisch-kritischen Betrachtungsweise sehr wohl gegeben, denn sie legt den Leser nicht auf ein bestimmtes vergangenes Bildverständnis fest. So läßt sie, nach der Aufklärung über Herkunft und weltbildhaften Kontext der biblischen Bilder, den Weg offen, deren symbolische Kraft durch eine andere Auslegungsmethode wieder zu beleben.

Auf der Symbolauffassung Jungs, die ganz eng mit seiner Theorie vom kollektiven Unbewußten zusammenhängt, basiert nun auch die Archetypenlehre im engeren Sinn. Ohne gewissermaßen einen Sensus für symbolisch ausgedrückte Lebenswirklichkeit dürfte daher ein Zugang zum Verständnis der Jungschen Archetypen kaum zu finden sein. Die folgenden Ausführungen über Archetypen bauen deshalb direkt auf dem hier dargelegten Symbolverständnis auf.

3.2 Archetypen und archetypische Bilder

In einer der bekanntesten Geschichten des Alten Testaments, der Erzählung von David und Goliat (1 Sam 17), wird ein für die menschliche Vernunft unwahrscheinliches Geschehen berichtet, das auch märchenhafte Züge hat: David, der jüngste, unbedeutendste und schwächste in der Familie und unter den Kriegern, besiegt, ohne Rüstung und Waffen, mit einem Spielzeug den riesigen schwerbewaffneten, von kriegerischen Ambitionen strotzenden Goliat – ein Heldenmythos von klassischer Form, was immer an historischer Reminiszenz in ihn eingegangen sein mag. In symbolischer Verdichtung hat Israel in dieser Geschichte offenbar die Erfahrung von David als dem Retter aus der Philistergefahr ausgesprochen. Es ist die Erfahrung, daß in höchster Bedrängnis, aus der ein Mensch bzw. ein Volk mit den ihm bekannten Hilfsmitteln, hier den herkömmlich militärischen, keinen Ausweg mehr sieht, plötzlich sich eine Rettungsmöglichkeit zeigt, auf die der Verstand bzw. das Bewußtsein bei aller Anstrengung nicht gekommen wäre. Solch eine Konstellation ist archetypisch. Charakteristische Merkmale beim Auftauchen eines Archetypus sind an der Geschichte von David und Goliat abzulesen: der Archetypus erscheint in einer ausweglosen Krisensituation, er bringt durch eine unerwartete konstruktive Lösung die festgefahrene Lage in Bewegung, er ermöglicht so einen Entwicklungsprozeß zu einem positiven Ziel hin, und er manifestiert sich in einem eindringlichen, die Gefühle der Menschen auf sich ziehenden Bild, einem Symbol. Sowohl das aus der Bewußtseinsperspektive Überraschende als auch das Schöpferische an der gefundenen Lösung weisen diese als eine Produktion des kollektiven Unbewußten aus. Zwar hat sich in der Geschichte der junge David die Lösung ausgedacht; es wäre auch kein anderer aus dem Soldatenkollektiv dazu in der Lage gewesen, weil die Männer viel zu sehr in den Denkmustern des Bewußtseins be- und gefangen waren, neue Möglichkeiten deshalb nicht nur nicht sehen konnten, sondern die sich anbietende Lösung auch zurückwiesen. Der junge David dagegen ist für die in den Tiefen des Unbewußten »vorgedachten« Möglichkeiten der Krisenbewältigung noch offen. Seine Idee und ihre erfolgreiche Ausführung reichen auch weit über das menschliche Maß des jugendlichen David hinaus, er handelt erkennbar in der Kraft eines Größeren. Es ist somit nicht von ungefähr, daß sich dem Volk Israel als Symbol für das, was es als exemplarisch an seinem König David erfahren hat, der Archetyp des jugendlichen Helden aufgedrängt hat.

An dieser Geschichte tritt deutlich zutage, was an

Jungs Konzeption des Unbewußten anders ist gegenüber der von Freud. Nach Jung ist das Unbewußte nicht nur Sammelbecken abgesunkener und verdrängter Lebensinhalte, sondern mehr noch Ursprung und Quell von neuen zukünftigen Lebensmöglichkeiten, die der Mensch mit den bloßen Bewußtseinsaugen nicht zu sehen vermag. Diese Möglichkeiten sind nach Jung Kollektiveigentum der Menschheit, an dem jeder einzelne Mensch in *seinem* kollektiven Unbewußten Anteil hat. In archetypischen Lebenskonstellationen wird dieser schöpferische psychische Urgrund aktiv. Doch führt diese Aktivität nicht automatisch zu konstruktiven Entwicklungen, wie in der Geschichte von David und Goliat symbolisiert. Grundlegendes Merkmal der archetypischen Kräfte ist zunächst ihre ungeheure Energie, die sich sowohl konstruktiv als auch destruktiv auswirken kann. David ist im Alten Testament als der gekennzeichnet, der die Tiefenenergie seiner Gesamtexistenz integriert und sie so zum »Guten« gelenkt hat. Sein Vorgänger und Gegenspieler Saul dagegen ist ein Symbol dafür, wie ein Mensch von den archetypischen Mächten verschlungen und zerstört wird. Zwar hat Saul Zugang zu den archetypischen Tiefenkräften – er wehrt sie nicht ab –, doch vermag er es nicht, sie in eine höhere Einheit seiner eigenen Existenz und der seines Volkes einzubinden. Er anerkennt sie nicht als seine eigene zu integrierende Tiefe, vielmehr veräußert er sie im wahren Sinn des Wortes, nämlich in die Feindschaft gegen David. Indem er aber die Mächte der Tiefe nach draußen projiziert, kann er sie nicht mehr lenken, sondern sie bemächtigen sich seiner, überwältigen sein Ich-Bewußtsein. Durch die Wahr-Sagerin erfährt er vom Geist des toten Propheten – dem wissenden Unbewußten – seine eigene Wahrheit, der er nun nicht mehr entgehen kann, nämlich seinen Untergang (1 Sam 28). In dieser archetypischen Konstellation ist es folgerichtig, daß Saul sich angesichts seiner Niederlage selbst den Tod gibt (1 Sam 31). Da er die Tiefenmächte nicht in seine Gesamtperson zu integrieren und so als Mensch zu wachsen vermochte, ist er an seinem psychischen Zerfallensein, an sich selbst zugrunde gegangen. Der erbärmliche physische Tod mitsamt der Schändung des Leichnams ist die sichtbare Seite des psychischen Zerfalls.

In der Symbolik der beiden alttestamentlichen Gestalten Saul und David sind alle Momente enthalten, welche die Archetypen im Verständnis Jungs kennzeichnen. Im Anschluß an ihre Vorstellung in erzählten Bildern sollen sie nunmehr begrifflich geklärt werden.

Auszugehen ist von der Unterscheidung Jungs zwischen Archetypen und archetypischen Bildern oder Vorstellungen[83]. In den biblischen Erzählungen, wie in den mythischen und religiösen Traditionen der Völker überhaupt, stoßen wir nur auf die archetypischen Bilder. Die Archetypen selbst sind das unanschauliche psychische Substrat dieser Bilder. Da das kollektive Unbewußte, dem die Archetypen zugehören, die bewußtseinsfernste Schicht der Psyche ist, zu der das Bewußtsein mit den ihm eigenen Funktionen – rationalem Erkennen und willensmäßigem Gestalten – keinen Zugang hat, lassen sich Archetypen nur auf doppelt indirekte Weise erschließen: durch ihre Manifestation in den symbolischen Bildern und, wenn sie sich dem Bewußtsein autonom kundgeben, eben in den archetypischen Bildern, die im Bewußtsein dann geschaut werden können. Jung bedient sich als Mediziner zur Beschreibung der Archetypen gern naturwissenschaftlicher Kategorien, so beispielsweise für die Unanschaulichkeit des Archetypus:

> *»Der Archetypus an sich ... (gehört) sozusagen zu dem unsichtbaren ultravioletten Teil des psychischen Spektrums ... Er scheint als solcher nicht bewußtseinsfähig zu sein ..., weil alles Archetypische, das vom Bewußtsein wahrgenommen*

*wird, Variationen über ein Grundthema darzustellen scheint.
... so erscheint es mir wahrscheinlich, daß das eigentliche
Wesen des Archetypus bewußtseinsunfähig, das heißt transzendent ist ... Überdies ist jede Anschauung eines Archetypus
bereits bewußt und darum in unbestimmbarem Maße verschieden von dem, was zur Anschauung Anlaß gegeben
hat.«*[84]

Anlaß zum Rückschluß auf die ›per definitionem‹ unanschaulichen Archetypen fand Jung durch die auffal-
lende Analogie zwischen den Traumbildern seiner Patienten und mythischen Symbolen einerseits sowie durch
den »sozusagen universale(n) Parallelismus mythologi-
scher Motive«[85] andererseits. Dieser sowohl synchrone als
auch diachrone Parallelismus in den bildnerischen Produktionen der menschlichen Psyche ist nicht durch gegenseitige Abhängigkeit zu erklären, sondern nur durch naturgegebene Komponenten[86] der Psyche, die Unterschiede
und Veränderungen geschichtlich-kultureller Art übergreifen. Diese Komponenten nennt Jung Archetypen. Es
ist angebracht, hier verschiedene Formulierungen Jungs
zur Erklärung der Archetypen anzuführen, um Unklar-
heiten zu vermeiden. Er spricht von den »vererbten Möglichkeiten menschlichen Vorstellens«[87], von *Formen ohne
Inhalt*, welche bloß die Möglichkeiten eines bestimmten
Typus der Auffassung und des Handelns darstellen«[88],
von »unbewußten psychischen Dispositionen, vermöge
welcher der Mensch in menschlicher Art zu reagieren
imstande ist«[89], von einer »Art Bereitschaft, immer wieder
dieselben oder ähnliche mythische Vorstellungen zu re-
produzieren«[90], von »Einprägungen immer wiederholter
typischer Erfahrungen«, und Archetypen verhalten sich
zugleich »wie *Kräfte* oder *Tendenzen* zur Wiederholung
derselben Erfahrungen«[90], sie »stellen den Niederschlag
des psychischen Funktionierens der Ahnenreihe dar, d. h.
die durch millionenfache Wiederholung aufgehäuften und

zu Typen verdichteten Erfahrungen des organischen Daseins überhaupt. In diesen Archetypen sind daher alle Erfahrungen vertreten, welche seit Urzeit auf diesem Planeten vorgekommen sind. Sie sind im Archetypus um so deutlicher, je häufiger und je intensiver sie waren.«[91] Diese wie manche weiteren vergleichbaren Formulierungen geben zwar keinen völlig einheitlichen Eindruck von der Eigenart der Archetypen, tendieren jedoch zu einer bestimmten Sicht von ihnen. Archetypen lassen sich danach verstehen als Strukturen des kollektiven Unbewußten, der allen Menschen in identischer Form eignenden tiefsten Schicht der Psyche. Die Theorie von in der ganzen Menschheit gleichen psychischen Strukturen erklärt meines Erachtens am überzeugendsten die Ähnlichkeit symbolischer Hervorbringungen bei allen Völkern. Die Tiefenpsyche aller Menschen hat gewissermaßen vorgeprägte – daher der Name »Archetypus«[92] = die Urprägung – Aktions- und Reaktionsmuster, die sich in analogen Bildproduktionen manifestieren.

Die Entstehung archetypischer Strukturen führt Jung auf Vererbung bzw. Angeborensein zurück – nur deshalb können sie zur Natur des Menschen gerechnet werden –, und zwar stellt er die Archetypen in große Nähe zu den Instinkten, ja er betrachtet die Archetypen geradezu als »die unbewußten Abbilder der Instinkte«[93]. Diesen engen Zusammenhang zwischen physischen und psychischen Funktionen kann Jung deshalb herstellen, weil er überzeugt ist, daß die psychisch-geistige Entwicklung des Menschen der Stammesentwicklung des Körpers vergleichbar verlaufen ist. Das kollektive Unbewußte enthält demnach alle psychischen »Funktionsmöglichkeiten aller vorangegangenen entwicklungsgeschichtlichen Epochen«[94]; und diesen Tatbestand führt Jung wiederum auf die Physiologie und Differenzierung des menschlichen Gehirns zurück, die ja ebenfalls nicht individuell erworben wird, sondern ererbt ist. Als Schlußfolgerung ergibt sich daraus:

»Die universale Ähnlichkeit der Gehirne ergibt eine universale Möglichkeit einer gleichartigen Geistesfunktion. Diese Funktion ist die Kollektivpsyche.« [95]

Der Ausflug in die Biologie des Menschen – die bei Jung allerdings die Grundlage all seiner psychologischen Überlegungen ist – hat auch für das theologisch-anthropologische Interesse seine Bedeutung. Bei Jung ist nach meiner Meinung überzeugend die Einheit von Leib und Seele des Menschen beschrieben und begründet, und zwar nicht eine additive, sondern eine wesensmäßige Einheit. Aus dieser Auffassung folgt für den Menschen, daß alle psychischen Vorgänge sich auch körperlich ausdrücken, daß der Körper psychische Eindrücke speichert und daß alles Körperliche eine psychische Wurzel hat. Somit ist auch Glaube, als die ›fides qua‹, eine psychische Dynamik, ohne leibliches Äquivalent, ohne Bindung an die Vitalbasis psychologisch gesehen nicht vollmenschlich. Den Glauben aus archetypischen Kräften, in denen die physische und die psychische Komponente wirksam ist, zu leben, bedeutet deshalb, ihn in ganzheitlichem Menschsein zu leben. In archetypisch relevanten Bibeltraditionen werden oft sogar mit Vorrang menschliche Lebensprozesse dargestellt, deren religiöse oder Glaubensdimension erst sichtbar wird, wenn ihre Tiefenstruktur sich erschließt.

Anziehend für uns heute noch macht die alten Überlieferungen nicht so sehr die eine oder andere darin ausgesprochene Glaubenswahrheit, sondern die menschliche Allgemeingültigkeit der Erfahrungsstrukturen des Überlieferten. Archetypische Funktionsformen der Psyche bedeuten nichts anderes, als daß das kollektive Unbewußte uns Möglichkeiten anbietet, typische Lebenssituationen im Sinne des Fortschritts der menschlichen Entwicklung zu bewältigen. Wenn Archetypen der Niederschlag grundlegender menschlicher Lebenserfahrungen im kollektiven Unbewußten sind, dann werden mit der Aktivierung von Archetypen auch die Muster solcher Erfahrungen wieder präsent, drängen sich die uralten »patterns of behaviour«[96], wie Jung sie auch nennt, zur Lebensorientierung auf. Archetypische Aktivitäten, welche die Notwendigkeit zur Gestaltung einer typischen Lebenssituation anzeigen, ereignen sich sowohl im Leben des einzelnen Menschen als auch in dem von Menschengruppen oder Völkern.

Im individuellen Leben interessant ist die besondere Nähe von kleineren Kindern zu archetypischer Wirklichkeit, die der von archaischen Menschen entspricht und sich auch ähnlich äußert: in ängstigenden Träumen, in magischen, das sind die dunklen Mächte bannenden Verhaltensweisen, im Glauben an Zauberer, in der Faszination durch Märchen, die Kindern nicht erklärt zu werden brauchen, weil hier das kollektive Unbewußte unmittelbar mit dem Unbewußten des Kindes kommuniziert. Zu erklären ist diese Nähe von Kindern zu den Archetypen durch die noch geringe Ausbildung und Festigung des Bewußtseins; daher ihre berechtigte Angst vor all dem dunklen Unbekannten, dem Unbewußten in ihrem Leben, daher aber auch die Fähigkeit zu spontanem schöpferischen Verhalten und Tun etwa im Spiel oder in den Beziehungen zu Menschen. Kinder finden deshalb auch leicht einen unmittelbaren Zugang zu symbolischen Aussagen der Bibel. Unwiderruflich zerbricht jedoch diese gewissermaßen naturhafte Einheit mit dem Unbewußten beim Erwachen der kritischen Vernunft in der Vorpubertät. Von da an beginnt auch die Abwehr des Bewußtseins gegenüber den Einmischungen des Unbewußten. Solche Einmischungen finden später meistens im Übergang von einer Lebensphase in eine andere statt: z. B. in der

Pubertät, wenn das selbstverantwortliche Ich sich herausbilden und eine soziale Rolle übernehmen muß; in der Lebensmitte, wenn die Lebenserweiterung nach außen an ihre Grenzen gekommen ist und die Weiterentwicklung sich mehr nach innen wenden muß; im Alter oder auch bei schwerer Krankheit, wenn das physische Sterben sich vorbereitet. Im gesellschaftlichen Bereich können Archetypen aktiv werden bei unbefriedigender politischer Lage, durch starke Beeinträchtigung von sozialen, religiösen, politischen Gruppen. Konstelliert werden archetypische Situationen somit eigentlich durch das Leben selbst, d. h. aber, sie sind für jeden Menschen unausweichlich, ob er sich dessen bewußt ist oder nicht. Entscheidend für den Menschen ist nicht, *daß* Archetypen sich in seinem Leben zur Geltung bringen, entscheidend ist vielmehr, *wie* ein Mensch mit den archetypischen Manifestationen umgeht, welche Einstellung er zu ihnen findet.

Ganz allgemein läßt sich sagen, daß Archetypen nach einer Gestaltung im Leben verlangen[97]. Ausdruck einer solchen Gestaltung sind Träume und mythische, religiöse, künstlerische Produktionen; Jung rechnet auch »wissenschaftliche, philosophische und moralische Zentralbegriffe«[98] dazu. In überlieferten archetypischen Motiven, wie in denen der Bibel, begegnen wir daher Aspekten eines Welt- und Menschenverständnisses und einer daraus abgeleiteten Lebensgestaltung, welche die geschichtlich einmaligen Situationen übergreifen. Wegen dieser Eigenschaft werden Archetypen auch als ungeschichtlich oder außergeschichtlich bezeichnet[99]. Doch scheint mir diese Charakterisierung mißverständlich zu sein, da sie nahelegen könnte, die Archetypen hätten keinen Bezug zur jeweils geschichtlich verschiedenen Form menschlicher Existenz. Für den prinzipiell unanschaulichen Aspekt des Archetypus trifft das Ungeschichtlichsein auch zu, nicht aber auf seine Wirkungsformen; diese reichen immer ins Geschichtliche hinein, sonst könnten sie gar nicht wahrgenommen werden. Alle archetypischen Manifestationen ereignen sich im Raum der Geschichte, die mythischreligiösen Traditionen der Völker sind der Niederschlag davon. Archetypische Äußerungen haben daher auch Anteil an der Veränderbarkeit und Veränderung alles Geschichtlichen[100]. Hier kommt es nun darauf an, die Archetypen von den archetypischen Vorstellungen genau zu unterscheiden[101]. Wandeln können sich die archetypischen Bilder; als archetypisch zu erkennen sind sie jedoch durch die weitgehende Konsistenz ihrer Bedeutung sowohl bei den vielen gleichzeitig lebenden Menschen als auch über die geschichtlichen Zeiträume hinweg. Die Urgestalt des Bildes schimmert gleichsam durch alle seine Abwandlungen hindurch, daher auch die Bezeichnung »Urbilder«. Diese zeigen dem Menschen immer und überall gleichbleibende, eben archetypische Phänomene, wie z. B. das Wasser, das in verschiedenen Formen erscheinen kann wie als Meer oder Flußübergang oder auch als Regenfluten, die aber alle einen gleichen Symbolkern enthalten. Die symbolisch ausgedrückte Wirklichkeit des Archetypus kann sich als Folge veränderter Lebensbedingungen und Umweltfaktoren auch ganz neue Bilder assimilieren. So präsentierte sich das Urbild »Höhlung«, ein Archetyp der Mutter, früher etwa im Bild des Fischbauches (vgl. die Jonasgeschichte im Alten Testament) oder des Schiffsrumpfs oder des Backofens (vgl. die Märchen »Hänsel und Gretel« und »Frau Holle«); in unserer industriell-technisch geprägten Welt kann an deren Stelle durchaus ein Jumbo-Jet oder ein Weltraumschiff treten. Und warum sollte sich ein Archetyp der Wandlung nicht in dem beliebtesten Fortbewegungsmittel unserer Zeit, dem Auto, abbilden können? Der Archetypus, der sich in diesen modernen Bildern ausspricht, bleibt derselbe wie in den alten Bildern. Ausschlaggebend für die Symbolkraft des modernen archetypischen Bildes wird immer die Frage sein, wie viele und wie starke Gefühle es auf sich zu ziehen vermag. Da viele Objekte der technischen Zivilisation einen hohen Gefühlswert für viele Menschen haben, können sich solche Objekte durchaus als archetypische Bilder eignen. Doch verhält sich das kollektive Unbewußte, das die Bilder wählt, offenbar recht konservativ; denn in den Träumen heutiger Menschen tauchen immer wieder die alten Bilder auf, z. B. das der Schlange, für das es offensichtlich (noch?) keinen modernen Ersatz gibt; Jung ist ja gerade durch diese Beobachtung dazu gedrängt worden, den Bildern zugrundeliegende Archetypen anzunehmen.

Für die archetypische Bibelauslegung ist das Problem von übergeschichtlicher Identität der Archetypen und geschichtlicher Wandelbarkeit der archetypischen Bilder insofern wichtig, als wir zu reiner historischer Einmaligkeit, die mit dem gelebten Augenblick vergangen ist, gar keinen Zugang mehr haben könnten. Gerade bei den alten Bibeltexten erhebt sich zunächst die Schwierigkeit, daß ihre Entstehungssituation wie ihr Inhalt historisch einmalig und daher unwiederholbar sind. Von dem Einmaligen und Unwiederholbaren eines vergangenen Geschehens als solchem können wir aber kein Vorverständnis haben, das für den hermeneutischen Prozeß jedoch unerläßlich ist. Das bloß historisch Einmalige ist uns nur fremd, wie wir das bei Bibeltexten ja auch oft genug spüren. Wenn sich aber in den alten Bibeltexten der Menschheit gemeinsame Grunderfahrungen als archetypische Wirkungen konkretisiert haben, können wir auch heute noch ein Vorverständnis von ihnen haben trotz der häufigen Fremdheit ihrer Bilder. Das Vorverständnis für die Manifestationen archetypischer Lebenssituationen hängt nicht davon ab, ob der einzelne schon ähnliche wie in der Bibel vermittelte Erfahrungen in seinem individuellen Leben gemacht hat; denn die kollektiven Erfahrungen der Menschheit haben sowohl ihren Ausdruck in biblischen Überlieferungen gefunden als auch ihren Eindruck in der Psyche des einzelnen Menschen hinterlassen. Und in der Berührung beider ist Verstehen möglich auch durch die Fremdheit des historisch Einmaligen und Vergangenen hindurch. Dieser Verstehensprozeß setzt die an früherer Stelle[102] erörterte Hermeneutik archetypischer Identitätsfindung voraus.

Wie beim kollektiven Unbewußten ist auch bei den Archetypen der Gesichtspunkt der Autonomie und Numinosität zu beachten; es ist der Punkt, an dem der Zusammenhang zwischen Archetypen und religiöser Erfahrung erkennbar wird. Zu betonen ist bei diesem Aspekt, daß hier keine metaphysische, sondern eine psychologische Aussage gemacht wird; das bedeutet, es wird hier nicht von einer an sich existierenden numinosen Macht gesprochen, sondern von menschlicher Erfahrung, die nachträglich auf den (psychologischen) Begriff gebracht wird. Das Phänomen, um das es geht, kann überall und immer beobachtet werden – am schwersten allerdings bei sich selbst –, daß nämlich Menschen ergriffen werden oder sind von einer Idee, einer religiösen Vorstellung, einem Menschen, einem Ding, einem politischen oder beruflichen Ziel, einer Leidenschaft, und sei es für den Fußball, von deren Verwirklichung sie Großes, ja das Größte im Leben erhoffen, wobei ihnen ihr Ergriffensein meist unbewußt ist. Ergriffen sind solche Menschen von einem Archetypus, dessen ergreifende Macht vom Menschen oft als nicht aus ihm selbst stammend erlebt wird. Aus der Bewußtseinsperspektive gesehen – und das ist die einzige, aus der archetypische Manifestationen gesehen werden können –, greift der Archetypus auch tatsächlich von außen, von jenseits des Bewußtseins ins Leben des Menschen ein. Und da er nicht durch bewußte Unternehmungen aktiviert werden kann, ist auch verständlich, daß er als autonom wirkend und dem Bewußtsein überlegen erlebt wird. Jung sagt, daß »die Archetypen regulierend, modifizierend und motivierend in die Gestaltung der Bewußtseinsinhalte eingreifen«[103], und: »... der Archetypus ... wirkt faszinierend, er tritt in wirksamen Gegensatz zum Bewußtsein, ja er formt auf lange Sicht Schicksale durch unbewußte und erst viel später erkannte Beeinflussung unseres Denkens, Fühlens und Handelns.«[104]

Zur Schicksalsmacht kann ein Archetypus auch für Gesellschaften, ja ganze Völker werden, wenn Massen von ihm ergriffen sind – es braucht nur an die Kriegsbegeisterung noch in unserm Jahrhundert erinnert zu werden. Auch die ungeheure Kraft, die z. B. der Exodus einer kleinen Gruppe israelitischer Ahnen für das Selbstverständnis des Volkes über Jahrhunderte hin und für seine Traditionsbildung entfaltet hat, stammt aus der archetypischen Numinosität. Es läßt sich sogar behaupten, daß Glaubenswahrheiten, Aussagen über Gott gar nicht gemacht und nicht aufgenommen werden könnten, wenn der Mensch nicht in seiner eigenen Psyche offen wäre zu archetypischer Numinosität hin; denn das Bewußtsein ist wegen seiner individuellen Begrenztheit als Aufnahme- und Sendeorgan für Numinoses unbrauchbar.

Das archetypisch Numinose, an dem jeder Mensch aufgrund seines Menschseins, d. h. von Natur aus Anteil hat, ist in tiefenpsychologischer Sicht dasselbe, was theologisch die Gottebenbildlichkeit des Menschen, das Abbildsein des Menschen zu Gott ist (Gen 1, 27). In der tiefenpsychologischen Perspektive Jungs ist dieser Sachverhalt nur streng anthropologisch gedacht, nicht von einem an sich existierenden Gott aus, sondern von der Basis des Menschseins aus. Der Jung-Schüler E. Neumann nennt die Archetypen wegen ihrer Autonomie

»transpersonale Faktoren«[105]; im Unterschied zu den personalen Faktoren, die nur je einem einzelnen Individuum eigen sind, liegt das Transpersonale der Archetypen im Kollektiven und wird deshalb vom einzelnen Menschen als von außen kommend erlebt.

Mit der autonomen Numinosität der Archetypen hängt es zusammen, daß ihre Äußerungen im allgemeinen nicht an die eigene Psyche gebunden erlebt, sondern als an äußeren Objekten haftend wahrgenommen werden, was bedeutet: Archetypen werden meistens projiziert. Da Archetypen im allgemeinen aktiviert werden durch Lebenssituationen, also Einflüsse der äußeren objektiven Welt, gibt es eine reale Verbindung zwischen den archetypischen Kräften und der Außenwelt; dennoch beruht die Identifizierung des Objektes mit dem Archetyp auf Projektion. Am Beispiel verdeutlicht: Wenn ein Mann sich in eine Frau verliebt, so geht dazu sicher ein Impuls von der realen Person der Frau aus; wenn er aber so von ihr fasziniert ist, daß sie für ihn zu einem geheimnisvollen, nahezu göttlichen Wesen wird, von dem er die Erfüllung all seiner Sehnsüchte erhofft, so hat er das »Ewig-Weibliche«, das ihn »hinanzieht« (Goethe: Faust II), den Archetypus der Anima, auf die Frau projiziert. Eine solche Konstellation kann dem Mann unter Umständen zu einem großen Fortschritt in seiner Entwicklung verhelfen, wie es z. B. Goethe an dem heilenden und humanisierenden Einfluß der Iphigenie auf Bruder und König darstellt, kann ihn aber auch zugrunde richten, wie es etwa in dem Film »Der blaue Engel« (mit Marlene Dietrich und Heinrich George) realisiert ist, oder als biblischem Beispiel, wie es dem Assyrer Holofernes durch Judit geschieht (vgl. das Buch Judit besonders 13, 16). Auf Dauer jedoch kann eine solche Projektion für die Beziehung zwischen Mann und Frau nie gedeihlich sein; denn die Frau als ein begrenztes endliches Wesen muß hinter den Verheißungen des numinosen Archetypus immer zurückbleiben. Nur indem die in der Psyche des Mannes abgebildete Imago der Frau von der realen Frau getrennt wird, wird eine solche Beziehung ihr menschliches Maß finden können[106]. Beim Problem des »Bösen« ist die Projektion des Archetypus zu jeder Zeit und in jeder Kultur besonders brisant; denn dabei sind immer Zerstörungen das Ergebnis, seien sie rein psychischer Art bei einem Menschen, der zum Objekt des Bösen gemacht wird, seien es gesellschaftliche Diskriminierungen, oder seien es physische Zerstörungen wie bei kriminellen oder kriegerischen Aktionen, die aus Projektionen hervorgehen[107].

Am Problem der Projektion archetypischer Kräfte wird am besten die Ambivalenz der Archetypen sichtbar. Archetypen sind zwar schöpferische Lebensmächte, ohne deren Einfluß menschliches Leben bewußtseins-eindimensional, eng und dürr werden müßte. Zum Schöpferischen gehört aber als Gegenpol das Zerstörerische, Auflösende; beide Aspekte sind den Archetypen gleich eigentümlich. Sie können auch nicht mit ethischen Kategorien gegeneinander gewichtet werden, moralisch betrachtet sind sie weder gut noch böse. Archetypen fallen unter existentielle oder ontische Kategorien. Darüber, ob sie sich lebenfördernd oder lebenzerstörend auswirken, entscheidet letztlich der Mensch selbst durch seine Einstellung zu ihnen bzw. sein Umgehen mit ihnen. Erst dadurch werden Archetypen auch zu einem ethischen Sachverhalt. Die archetypische Struktur ist zwar ein autonomer Faktor der menschlichen Psyche. Jung sagt, der Archetypus setze sich durch »mit der bewußten Persönlichkeit, ohne oder gegen sie«[108]; aber als ein Teil der menschlichen Natur stellen die Archetypen dem Menschen eine Aufgabe. Menschlich ist der Umgang mit den Archetypen nur, wenn die bewußte Person archetypische Manifestationen nicht ignoriert, sondern sich assimiliert, ihre Energie an sich bindet. Den Prozeß, in dem dies geschieht, bezeichnet Jung als Individuation, mit einem uns geläufigeren Begriff: Identitätsfindung oder -bildung.

3.3 Archetypen und Identitätsfindung [108a]

Individuation ist einerseits ein Vorgang, dem jeder Mensch unterworfen ist durch den Zwang, verschiedene Lebensphasen zu durchlaufen; dies ist der Naturaspekt des Menschwerdungsprozesses. Individuation ist aber andererseits eine vom Menschen lebenslang zu erfüllende Aufgabe, denn bei ihm laufen die natürlichen Lebensphasen nicht überwiegend vorprogrammiert ab wie beim Tier, sondern müssen psychisch und sozial gesteuert und gestaltet werden; das ist der kulturell-geistige oder ethische Aspekt. Archetypisch gesprochen, wird Individuation im Sinne Jungs mit dem durchaus nicht tautologischen Satz zutreffend gekennzeichnet: Der Mensch muß das werden, was er ist [109]. Der Satz ist als These gemeint und besagt, daß der Mensch das Ziel seines Werdeprozesses vom Anfang seines Lebens an gewissermaßen als Wesenskern in sich trägt; es ist die Potenz, ein umfänglicheres menschliches Volumen zu erlangen, als im jeweiligen Status quo verwirklicht ist [110]. Daß ein Mensch überhaupt keinen Werdeprozeß durchläuft, ist von daher gesehen unmöglich – darauf ist er programmiert bzw. genetisch festgelegt; aber *wie* sein Werdeprozeß verläuft, ist – außer von den äußeren Lebensumständen, den kulturgeschichtlichen, gesellschaftlich-sozialen, familiären Bedingungen – weitgehend von seiner eigenen Gestaltungsfähigkeit abhängig. An diesem Gesichtspunkt, dem naturgegebenen Zwang zur Entwicklung, die aber im vollen menschlichen Sinn nur durch bewußte Selbstentfaltung geschieht, ist deutlich die Verschmelzung von biologisch-physischen und psychischen Komponenten in Jungs Menschenbild zu erkennen. Zwar wird nach diesem Modell die naturgegebene Anlage sich immer bis zu einem gewissen Grade durchsetzen; z. B. ist ein völlig infantiler gesunder Erwachsener nicht denkbar, wir können ihn uns nur als Kranken vorstellen, d. h. als einen Menschen, bei dem der naturhaft ablaufende Teil des Individuationsprozesses entgleist, ein Vorgang, dem häufig organische Entgleisungen zugrunde liegen. Wohl vorstellbar und erfahrbar ist jedoch ein auf bestimmte dem Kind gemäße Einstellungen und Verhaltensweisen fixierter Erwachsener; bei ihm ist ein Defizit an bewußter Gestaltung des Individuationsprozesses vorhanden. Eine sinnvolle psychisch-soziale Anpassung an die biologisch erreichte Lebensphase ist hier nicht gelungen. Bei Menschen, die ihr Bewußtsein gegen die aus dem Unbewußten aufsteigenden Lebensimpulse weitgehend abgedichtet haben, d. h., die in einem einseitigen Bewußtseinsstatus festgefahren sind – eine Situation, in der im Sinne Jungs keine Individuation (mehr) möglich ist –, rebelliert auch wohl die Natur, durch eine schwere Krankheit oder einen selbstverursachten Unfall etwa, um den Individuationsprozeß wieder in Gang zu bringen. Was im Hinblick auf den bisherigen Lebensverlauf eines solchen Menschen eine Katastrophe ist, kann für seine noch ausstehende Lebenszeit zu einem neuen Anfang mit bislang ungelebten Möglichkeiten werden, allerdings nur, wenn er die ihm von der Natur gebotene Chance *bewußt* ergreift. Möglich ist aber auch, daß die Situation eines Menschen im Hinblick auf seine Individuation so verfahren ist, daß die Natur sozusagen als Ausweg nur noch den Tod anzubieten hat[111]. Von außen betrachtet, mag es dabei scheinen, als sei ein solches Leben plötzlich abgebrochen oder gar gescheitert. Für die uns empirisch nur zugängliche innergeschichtliche Existenz des Menschen mag das auch zutreffen[112], dennoch kann kein zutreffendes Urteil über Gelingen oder Scheitern der Individuation eines solchen Menschen gefällt werden; denn was im Sterben sich für einen Menschen ereignet, erfährt nur er selbst und ist im letzten für die im Leben Zurückbleibenden wohl nicht mehr vermittelbar. Nach Jungs Strukturmodell von der menschlichen Psyche wäre durchaus denkbar, daß ein Mensch im Sterben *das* an seiner Individuation erfüllt, was er im Leben nicht zu leisten vermochte[113]. Jesus hat den Glauben, daß ein definitives Urteil über den Menschen und auch die Welt in der Zeit geschichtlicher Existenz unmöglich und dem Menschen deshalb auch nicht erlaubt ist, besonders hervorgehoben, z. B. im Gleichnis vom Unkraut unter dem Weizen (Mt 13, 24–30); nach seiner Bildrede kann nur Gott am Ende, in der Vollendung, dieses Urteil fällen. Archetypisch gesehen heißt das: Individuation bleibt für den Menschen bis in den Tod hinein möglich, aber das Ziel bzw. Ergebnis des Prozesses bleibt bis dahin verborgen. Es ist überhaupt nur von einem »höheren«, d. h. einem überindividuellen oder transpersonalen Standort aus, der dem des kollektiven Unbewußten analog ist, zu erkennen. Möglicherweise gelangt der Mensch im Tode aus seiner individuellen Subjektivität hinüber in eine alles Seiende umfassende Objektivität, an einen solchen »höheren« Standort, theologisch gesprochen: er geht ein in Gott oder in das Reich Gottes[114].

Natur- und ethischer Aspekt sind der in allen Zeiten gleichbleibende Ausgangspunkt für das Verständnis von Individuation. Für den Menschen in einem psychischen Entwicklungsstand, welcher der wissenschaftlich-technischen Zivilisation entspricht, ergibt sich an diesem Punkt jedoch eine Komplikation. Die Bewußtseinsentwicklung ist beim modernen Menschen so weitgehend differenziert und mit der Psyche schlechthin gleichgesetzt, daß der Abstand zwischen bewußten und unbewußten psychischen Teilbereichen ungemein zugenommen hat. Je stärker aber das Bewußtsein differenziert und individualisiert ist, um so weiter entfernt es sich von seinen kollektiven Naturgrundlagen. Die in der modernen Zivilisation offenbar unausweichliche Rationalisierung des Lebens führt ebenso unweigerlich zu einer Lockerung oder gar dem Verlust der Verbindung zu den natürlichen Lebensquellen, archetypisch gesprochen: das Bewußtsein verliert mehr und mehr den Zugang zum Unbewußten. Jung beurteilt diese Situation scharf negativ und zeigt ihre Konsequenzen auf:

»Die Welt der Archetypen muß, ob er sie begreift oder nicht, dem Menschen bewußt bleiben, denn in ihr ist er noch Natur und mit seinen Wurzeln verbunden. Eine Weltanschauung oder Gesellschaftsordnung, welche den Menschen von den Urbildern des Lebens abschneidet, ist nicht nur keine Kultur, sondern in zunehmendem Maße ein Gefängnis oder ein Stall. Bleiben die Urbilder in irgendeiner Form bewußt, so kann die Energie, welche diesen entspricht, dem Menschen zufließen. Wenn es aber nicht mehr gelingt, den Zusammenhang mit ihnen aufrechtzuerhalten, dann fällt die Energie, die sich in jenen Bildern ausdrückt und jene verhaftende Faszination ... verursacht, zurück ans Unbewußte. Damit erhält dieses eine Ladung, welche sich als beinahe unwiderstehliche vis a tergo (Macht vom Rücken her, d. V.) jeder Anschauung oder Idee oder Tendenz leiht ... Es liegt mir ferne, das Gottesgeschenk der Vernunft, dieses höchsten menschlichen Vermögens, zu entwerten. Als Alleinherrscherin hat sie aber keinen Sinn, sowenig wie Licht in einer Welt, in der diesem das Dunkle nicht gegenübersteht.«[115]

Mit einer gewissen Berechtigung läßt sich die Kritik Jungs auch an die gängige Bibelwissenschaft richten, insofern nämlich, als sie den Christen von der Kraft der biblischen Urbilder abschneidet und ihn dadurch in ein religiöses Bewußtseinsgetto sperrt. Für eine gelingende Individuation, eingeschlossen die religiöse Entwicklung, des in der Industriegesellschaft verkopften Menschen gibt es nur den Weg über deren bewußte Gestaltung. Für Menschen mit einer noch geringeren Fixierung auf die rationalen Fähigkeiten konnte der Individuationsprozeß – und bei einzelnen Menschen wird das sicher auch heute noch möglich sein – weitgehend auf der Naturbahn, also unbewußt ablaufen, weil noch eine größere Durchlässigkeit der psychischen Schichten gegeben und das Bewußtsein noch nicht zur Alleinherrschaft gelangt war. Für den modernen Menschen aber bedarf es bewußter Anstrengungen, um die zerspaltene Psyche zu ihrer Ganzheit zu bringen[116]. Das bedeutet, daß der geistige oder ethische Aspekt der Individuation von uns heute viel stärker berücksichtigt werden muß als früher. Für den Bereich des christlichen Glaubens folgt daraus, daß wir ohne bewußte Arbeit am Verstehen der unbewußten Intentionen der Glaubenstraditionen einerseits und an der eigenen psychischen Entwicklung andererseits wohl keinen Glauben im vollmenschlichen Sinn mehr leben können.

Nach den Überlegungen zum Verlauf des Individuationsprozesses ist nun zu fragen nach seiner psychischen Gestalt, nach seiner inhaltlichen Determinierung. Dem Begriff nach besagt Individuation das Werden des einzelnen, des Individuums[117]. Der bewußt gelebte Individuationsprozeß bewirkt durchaus eine Art von Vereinzelung, kann sogar in Einsamkeit führen, denn er verlangt die geschichtlich einmalige Ausprägung des Wesenskerns einer einzelnen Psyche. Die Impulse dazu gehen zwar vom überpersönlichen kollektiven Unbewußten aus; dieses meldet sich beim einzelnen aber nur in der Form von dessen spezifischem Lebenskontext zu Wort. Der vermeintliche Widerspruch, daß das im kollektiven Unbewußten, näherhin den Archetypen, bewahrte und tradierte allgemein Menschliche zu individueller Ausprägung drängt, ist gerade das Charakteristikum menschlicher Individuation. Für den einzelnen Menschen verlangt das, in der eigenen psychischen Tiefe das Gesetz seines Werdens zu finden und es sich nicht von außen – der Familie, der Gesellschaft etc. – vorgeben zu lassen. Die Wendung nach innen geht zwangsläufig einher mit einer Distanzierung von den in einer Gesellschaft geltenden Kollektivnormen[118] für die Entwicklung von Menschen bzw. vom vorherrschenden Menschenbild, z. B. dem des allseitig potenten, keine Schwäche und Gefühle zeigenden, erfolgreichen und über die Frau dominierenden Mannes und dem Bild der für die Gefühlswelt, aber nicht die rationale Vernunft zuständigen, das Haus pflegenden, der Familie einen Schutzraum gewährenden und hinter dem Manne zurücktretenden Frau. Die gesellschaftlichen Normen – beim einzelnen widergespiegelt im Über-Ich (nach Freud), in der Persona (nach Jung)[119] – tendieren auf die Kollektivierung der individuellen Lebensgestalten: man denke nur an den geringen Spielraum, den die Mode dem persönlichen Ausdruck in der Kleidung läßt; die vom kollektiven Unbewußten in Gang gesetzte Individuation tendiert hingegen auf das Einmalige und Besondere des einzelnen Menschen. M.-L. von Franz spricht hier von »jenem Drang zu schöpferischer Einmaligkeit, wobei man herausfinden muß, was noch nie gewußt wurde«[120].

Daß schöpferisches Hervorbringen, in diesem Falle des Menschen an sich selbst, niemals zu einem Ergebnis kollektiver Art führen kann, vielmehr immer einmalig Unwiederholbares schafft, liegt auf der Hand. Gelingende Individuation entfaltet somit die Einzigartigkeit und Unaustauschbarkeit des einzelnen Menschen. Gerade deswegen kann sie den Menschen auch in Konflikt bringen mit den Kollektivnormen. Für die christliche Glaubenstradition spielt dieser Gesichtspunkt eine herausragende Rolle, denn diese hat, anthropologisch betrachtet, ihren Ursprung in einem integrierten Menschen, Jesus, von dem uns die Überlieferung sagt, daß er seine gelungene Individuation, seine Einzigartigkeit durch den Konflikt mit den Kollektivnormen seiner Zeit mit dem Leben bezahlt hat. Es kann daher berechtigterweise gefragt werden, ob die Kirche, die seine Gegenwart in unserer Zeit verbürgt, die Nachfolge – nicht Nachahmung – Jesu, statt sie zu fördern, hemmt oder teilweise sogar unmöglich macht, indem sie kirchlich-religiöses Leben verstellt mit Normen und Vorschriften. Authentische religiöse Erfahrung kann, in der Perspektive archetypischen Menschenverständnisses, auch in einer religiösen Gruppe oder Gemeinde nur im Prozeß einer jeweils einzelnen und einmaligen Individuation gemacht werden. Zwar wird der Prozeß von den Symbolen des kollektiven Unbewußten, den archetypischen Bildern, gelenkt, aber diese kommen, auch bei der religiösen Erfahrung, stets in der Färbung der individuellen Lebensgeschichte vor. So kann auch kirchliche (Kult-)Symbolik für den Glauben nur fruchtbar werden, wenn sie beim einzelnen in seine individuelle Lebensdynamik umgesetzt, d. h. seiner Subjektivität assimiliert wird. Für den Individuationsprozeß allgemein sagt Jung zu diesem Punkt:

»Deshalb ist es unmöglich, einem Archetyp eine willkürliche (oder allgemeingültige) Deutung zu geben. Man muß ihn so deuten, wie es der Lebenssituation des betreffenden Menschen angemessen ist.«[121]

Die Individuation umfaßt sowohl ganz subjektive als auch höchst objektive Komponenten. In der Verbindung von Inhalten des kollektiven Unbewußten mit solchen der individuellen Lebenssituation vollzieht sich Selbstwerdung.

Das Ergebnis des Individuationsprozesses ist eine voller entfaltete menschliche Person, eine höhere Ganzheit der Psyche. In der gelingenden Individuation werden immer mehr bewußtseinsferne psychische Anteile in eine integrative, nicht nur additive Ganzheit der Person eingebracht, angestoßen durch die kollektiven, von allen Menschen zu bewältigenden Lebensvorgänge. Nach Jung ist das »Problem der Individuation«, daß »die Psyche ... aus zwei inkongruenten Hälften, die zusammen ein Ganzes bilden sollten«[122], besteht. Aber die beiden Hälften »Bewußtsein und Unbewußtes ergeben kein Ganzes, wenn das eine durch das andere unterdrückt und geschädigt wird«[122]. Tiefenpsychologisch betrachtet, wird die Inkongruenz von Bewußtsein und Unbewußtem überwunden durch Bewußtmachen oder Bewußtwerden. Dieser Begriff ist jedoch einem Mißverständnis ausgesetzt, als gehe es bei der Individuation um eine noch stärkere Ausprägung des Bewußtseins oder seines Zentrums, des Ich. Bewußtwerden meint hier nicht eine Festigung oder Ausweitung der Ich-Position in der Psyche, was nach Jung »zu bloßem Egozentrismus und Autoerotismus«[123] führen würde, sondern meint gerade die Relativierung des dominanten Ich. Herausgerückt aus seiner beherrschenden Stellung wird das Ich dadurch, daß die unbewußten, vor allem kollektiven Inhalte der Psyche verstanden, d. h. aus der Unterdrückung oder Verdrängung heraufgeholt werden und auf diese Weise die Möglichkeit erhalten, gelebt zu werden. Die Relativierung des Ich bedeutet daher nichts Negatives, vielmehr eine Erweiterung der Bewußtseinsseite um Bereiche, deren schöpferische Möglichkeiten bis dahin brachlagen.

Carl Gustav Jung gibt einmal eine sehr anschauliche Beschreibung von diesem Zustandekommen des psychischen Gleichgewichts, und zwar von dessen Naturaspekt aus gesehen:

»*Alle jene Augenblicke des individuellen Lebens, wo die allgemeingültigen Gesetze menschlichen Schicksals die Absichten, Erwartungen und Anschauungen des persönlichen Bewußtseins durchbrechen, sind zugleich Stationen des Individuationsprozesses. Dieser Vorgang ist nämlich die spontane Verwirklichung des ganzen Menschen. Der ichbewußte Mensch bedeutet nur einen Teil des lebenden Ganzen, und sein Leben stellt noch keine Verwirklichung des Ganzen dar. Je mehr er bloßes Ich ist, desto mehr spaltet er sich vom kollektiven Menschen, der er auch ist, ab und gerät sogar in einen Gegensatz zu diesem. Da aber alles Lebende nach seiner Ganzheit strebt, so findet gegenüber der unvermeidlichen Einseitigkeit des Bewußtseinslebens eine beständige Korrektur und Kompensation von seiten des allgemeinen menschlichen Wesens in uns statt, mit dem Ziele einer schließlichen Integration des Unbewußten im Bewußtsein oder besser, einer Assimilation des Ich an eine umfangreichere Persönlichkeit.*«[124]

In diesem Prozeß kann das Ich eigentlich nie verlieren, sondern nur gewinnen; denn seine individuelle Enge partizipiert bei gelungener Individuation an der Weite und größeren Fülle der psychischen Ganzheit.

Das Charakteristische des Individuationsprozesses macht seine bewußte Förderung zur spezifischen Aufgabe der Identitätsfindung in der zweiten Lebenshälfte. Zwar ist Individuation als Bewältigung grundlegender Lebenssituationen auf spezifisch menschliche Art in jedem Lebensalter notwendig; und Archetypen, welche der Entfaltung menschlicher Individualität die Energie liefern, sind jederzeit wirksam. Doch ist der Selbstwerdungsprozeß in den verschiedenen Lebensphasen jeweils anders akzentuiert. Die prinzipielle Identitätsfindung ist vorrangig Thema der ersten Lebenshälfte; sie könnte in einfacher Form auch beschrieben werden als die Aufgabe, das Erwachsenwerden zu lernen. In unserer geistesgeschichtlich westlichen Zivilisation wird diese Identitätsbildung im Erziehungsverhalten bewußt gefördert – als

Beispiel möge die in vielen Curricula formulierte Aufgabe für den Religionsunterricht bei Pubertierenden »Hilfe zur Selbstfindung« dienen. Die in unserer Zivilisation erzieherisch unterstützte Identitätsfindung in der ersten Lebenshälfte besteht, tiefenpsychologisch gesehen, in der Herausbildung eines gefestigten unabhängigen Ich, das in der Lage ist, Identität als Übereinstimmung mit sich selbst kontinuierlich zu wahren, und zwar sowohl gegenüber der amorphen eigenen Triebwelt als auch gegenüber der vielfache Ansprüche stellenden Objektwelt, insbesondere der Gesellschaft. Die Bildung und Erhaltung dieser Ich-Identität ist keineswegs mit der Pubertät abgeschlossen, sondern zieht sich weit ins Erwachsenenleben hinein, umfaßt die Zeit des Eingehens geschlechtlicher Partnerbeziehung und Familiengründung wie der Stabilisierung in der Berufsausübung[125]. Sie nimmt in unserer Zivilisation mehr und mehr die Gestalt einer übersteigerten Entwicklung der psychischen Bewußtseinsseite an und wird weithin als die einzige Form der Identitätsbildung im Laufe eines Menschenlebens angesehen. Da sie mit einer Ausweitung des Lebens nach außen einhergeht und oft sogar mit dieser in eins fällt, muß die reine Ich-Identität unweigerlich in die Krise geraten, wenn diese Ausweitung – in beruflicher und familiärer Hinsicht z. B. – infolge des biologischen Lebensrhythmus an ihre Grenzen stößt bzw. sich ins Gegenteil umkehrt. Im Rahmen seines psychischen Strukturmodells sieht Jung diesen Prozeß so:

»... alles, was er (= der Erwachsene, d. V.) an Illusionen in die Welt und in die Dinge projizierte, kehrte allmählich zu ihm zurück, ermüdet und ausgeleiert. Die aus allen diesen Beziehungen zurückströmende Energie verfällt dem Unbewußten und belebt dort all das, was er bisher zu entwickeln unterlassen hatte.«[126]

So betrachtet, ist die Notwendigkeit, sich in der zweiten Lebenshälfte von außen nach innen umzuorientieren, die Chance für den Menschen, ein neues, ihm bis dahin unbekanntes Stück Leben zu verwirklichen. Man könnte sagen, Individuation ist zwar eine lebenslange Aufgabe, aber die Voraussetzungen, in ihr die unverwechselbare persönliche Form von Individualität durch bewußtes Einbeziehen von Energien des kollektiven Unbewußten herauszubilden, sind in der zweiten Lebenshälfte besser gegeben als in der ersten. Das heißt aber auch, von der Mitte des Lebens an bedarf der Mensch einer gewandelten Identität, weil die alte, am Ich orientierte für diese Lebensphase auf zu schmaler psychischer Basis ruht und zu sehr an den Normen des kollektiven Bewußtseins ausgerichtet ist, wie die Fähigkeit, eine gesellschaftlich respektierte Existenz aufzubauen, das erfordert. Für die neue Identitätsbildung in der zweiten Lebenshälfte sind nun aber in unserer Zivilisation, anders als für die erste, so gut wie keine »Techniken« bereitgestellt, ein Phänomen, das nicht überrascht angesichts der Ausrichtung des ganzen Lebens nach reinen Bewußtseinswerten und der Verleugnung der Mächte des Unbewußten. Die Fähigkeit, Äußerungen des Unbewußten wahrnehmen, sie gar verstehen und mit ihnen umgehen zu können, wird weder in der Erziehung junger Menschen angezielt, noch ist sie in Konzeptionen von Erwachsenenbildung vorgesehen[127]. Nur in Therapien wird diese Fähigkeit eingeübt; doch ist Individuation nicht nur eine Aufgabe bei psychischen Fehlentwicklungen, sondern für jeden Menschen. Jungs Konzeption von Individuation könnte – nicht nur, aber gerade – für die zweite Lebenshälfte hier eine Hilfe sein, wenn sie in nicht-therapeutische Praxis, d. h. eine Praxis, die nicht dauernd einen Fachmann braucht, umgesetzt würde.

Da religiöse Erfahrung ein integrierender Faktor der Selbstwerdung ist, sollten wenigstens Pastoral und Theologie nach Möglichkeiten suchen, Menschen einen Zugang zu ihrer unbewußten Welt zu erschließen. Hilfen in Form von übertragbaren Beispielen, aber auch von Impulsen zur Förderung eigener Individuation, lassen sich z. B. in Selbstwerdungsprozessen, die in der Bibel erzählt werden, reichlich finden. Die Bibel bietet uns gewissermaßen einen Anschauungsunterricht für die Selbstfindung des Menschen, allerdings meist in uns fremd gewordenen Formen. So läßt sich ein, nach meiner Meinung, für das richtige Verständnis der eigenen Individuation unerläßlicher Aspekt gut an einem biblischen Beispiel demonstrieren. Es handelt sich um den widersprüchlichen Vorgang, daß das Voranschreiten in der Individuation, die Progression, häufig, wenn nicht immer, nur durch Regression möglich ist. Die alttestamentliche Jona-Geschichte ist ein geradezu klassisches Beispiel für diese Seite der Individuation. Jona wird eingeführt als ein Mensch in schwerer Lebenskrise, die dadurch zustande kommt, daß er sein Leben völlig neu orientieren müßte – seine Vorstellung von dem national begrenzten Gott Israels soll sich erweitern in die vom universalen Gott aller Völker und Menschen, in einen Archetyp der Ganzheit, der gelebt werden will –, daß er vor der ihm zu schwer erscheinenden Aufgabe der Wandlung aber flieht. Der aktivierte Archetypus läßt sich jedoch nicht mehr unterdrücken; und da seine Energie nicht dem Bewußtsein angegliedert wird – Jona packt die notwendige Lösung der Aufgabe nicht bewußt an –, fällt der bewußte Jona mehr und mehr den Mächten des Unbewußten anheim: er schläft im untersten Teil des Schiffes, läßt sich ins Meer werfen, gelangt in den Fischbauch. Jona regrediert auf diese Weise immer weiter bis ins tiefste Unbewußte – Jona im Fischbauch ist Symbol für die Psyche im Embryonalzustand –, und es scheint, daß er seinem Untergang entgegenfällt. Da das kollektive Unbewußte, von dem Jona hier quasi eingesaugt wird, ambivalent ist, ist Zugrundegehen durchaus die reale Möglichkeit bei diesem Regredieren. Für Jona ereignet sich hierbei auch wirklich ein Sterben; denn nachdem er in diese Krise geraten ist, kann er auf keinen Fall mehr sein altes Leben weiterleben. Der alte Lebensstatus ist durch den Anstoß zur Entwicklung, ob Jona ihm nun folgt oder nicht, bereits verlorengegangen. Im Fischbauch entscheidet sich, ob Jona neu anfangen wird oder ob er »ewig« im Dunkel des Unbewußten versunken bleibt. Für Jona erweist sich schließlich die Kraft zur Individuation der Macht der Regression überlegen – Gott läßt Jona aus der Tiefe wieder aufsteigen[128]. Doch war das Zurückfallen gewissermaßen auf das psychische Existenzminimum offenbar notwendig; Jona hat aus jener dunklen Tiefe die Kraft gewonnen, den mühseligen Weg der Selbstwerdung anzutreten[129]: dem erneuten Anruf Gottes folgt er, und er läßt sich ein auf die Auseinandersetzung mit dem neuen Gottesbild, das sich in Ninive, dem Symbol menschlicher Widersprüchlichkeit, als gültig erweist. Die Regression, die das Risiko des Untergangs einschloß, war sozusagen der direkte Weg zur Progression des Menschen Jona. Ohne die durchaus gefährliche Energiezufuhr aus der tiefsten Tiefe des Unbewußten hätte er es nie vermocht, in seiner Menschwerdung und seinem Glauben voranzuschreiten. Regression in einen archaischen psychischen Zustand kann die Bedeutung einer Inkubation haben; die durch einseitige Bewußtseinsorientierung verkümmernde Psyche kehrt dabei zurück in den Schoß der Allmutter Natur, um von ihr zu neuem Leben auf höherer psychischer Entwicklungsstufe wiedergeboren zu werden. Für die alte Bewußtseinsebene ist das der Tod; er muß hingenommen werden, noch bevor das Bewußtsein von neuen Lebensmöglichkeiten weiß; deshalb gehen solche Krisen der

Individuation mit großen Ängsten und oft starker Abwehr einher. Das Wiedereintauchen ins Unbewußte kann einen Menschen aber auch ungeheuer faszinieren, weil er in diesem Zustand dem Risiko der individuellen Freiheit und Verantwortung, die an die Bewußtseinsdifferenzierung gebunden sind, enthoben zu sein hofft. In einem solchen Fall kann die Regression zu einer Reise ohne Wiederkehr werden. Die Kräfte des kollektiven Unbewußten wirken heilend, lebenschaffend, ganzheitsfördernd nur, wenn sie in die für den Menschen typische bewußte Existenz eingebracht werden.

Regression als Weg zur Progression umfaßt nach Jung Gefahr und Chance zugleich. Eine anschauliche Schilderung der darin beschlossenen Ambivalenz soll den Gedankengang abrunden:

»Die Lähmung der progressiven Energie hat ... sehr unerfreuliche Aspekte. Sie erscheint als unwillkommener Zufall oder geradezu als Katastrophe, die man selbstverständlich am liebsten vermeiden möchte. Meist bäumt sich die bewußte Persönlichkeit gegen den Anschlag des Unbewußten auf und bekämpft dessen Anspruch.«[130]

»Man gerät anscheinend in die tiefste Finsternis, hat aber dann unerwartete Visionen einer jenseitigen Welt ... Wird diese Schicht (= das kollektive Unbewußte, d. V.) durch die regredierende Libido belebt, so entsteht die Möglichkeit einer Erneuerung des Lebens und zugleich einer Zerstörung desselben. Eine konsequente Regression bedeutet eine Rückverbindung mit der Welt der natürlichen Instinkte, welche ... Urstoff darstellt. Kann dieser vom Bewußtsein aufgefangen werden, so wird er eine Neubelebung und Neuordnung bewirken. Erweist sich das Bewußtsein dagegen als unfähig, die einbrechenden Inhalte des Unbewußten zu assimilieren, so entsteht eine bedrohliche Lage, indem dann die neuen Inhalte ihre ursprüngliche chaotische und archaische Gestalt beibehalten und damit die Einheit des Bewußtseins sprengen.«[131]

Bisher wurde der Individuationsprozeß als ganzer in

seinen prinzipiell möglichen Formen betrachtet. Im Hinblick auf archetypische Bibelauslegung als einer Hermeneutik der Identitätsfindung sind nun noch die wichtigsten Kristallisationspunkte der Individuation ins Auge zu fassen. Sie sind an den archetypischen Symbolen abzulesen, die den Selbstwerdungsprozeß begleiten bzw. seine jeweils aktuelle Thematik anzeigen. Dem Grundsatz gemäß, daß alle Inhalte archetypischer Bilder Teilaspekte der Psyche sind, sind alle in den Bildern vorkommenden Personen, Dinge, Situationen, Ereignisse u. a. m. als psychische Teilfunktionen zu verstehen. Nun gibt es aber zahllose und verschiedenartigste archetypische Bilder, und diese ohne eine Kategorisierung verstehen zu wollen wäre aussichtslos. Jung hat in dem Bildmaterial sowohl seiner Patienten als auch in dem von Mythologien und Religionen den archetypischen Bildern inhärente Kategorien gefunden. Ein erstes grobes Raster ist die Einteilung in archetypische Bilder der Personifikation und der Wandlung[132]. Letztere sind auf den ersten Blick als Symbole der Individuation zu erkennen, denn diese hat es ja immer mit einer Veränderung des psychischen Status quo zu tun. Archetypen der Wandlung können sich ausdrücken in (Übergangs-)Situationen, Orten, Fortbewegung, Ereignissen u. ä. Archetypen der Personifikation zeigen sich in vielerlei Gestalten, die alle eine Facette unserer Psyche darstellen: in Mensch-, aber auch Tier- und Phantasiegestalten, wie Nixen, Zwergen etc. Diese alle hat Jung auf drei archetypische Grundformen zurückgeführt, welche die Hauptstationen des Individuationsprozesses markieren; es sind: der Schatten, Anima und Animus, das Selbst. An diesen Archetypen entwickelt sich der Selbstwerdungsprozeß, wenngleich sie nicht einfach zeitlich aufeinander folgend verstanden werden können. Diese drei Kristallisationspunkte der Individuation sollen nun erläutert werden; ihre Kenntnis ist für die archetypische Auslegung von Bibeltexten unabdingbar, weil in der Bibel nicht allgemein von der Selbstwerdung gehandelt, sondern diese immer unter einer bestimmten archetypischen Konstellation an grundlegenden Lebenssituationen konkreter Personen dargestellt wird.

3.3.1 Der Schatten

Mit der archetypischen Schattenproblematik wird ein umfangreicher anthropologischer Themenkreis angeschnitten, der sich knapp als das Problem des Bösen bezeichnen läßt. Dieses kann hier nicht annähernd in seinen wichtigsten tiefenpsychologischen Aspekten und deren eventueller Relevanz für die theologische Dimension des Problems erörtert werden[133]. In dieser Arbeit soll der Stellenwert des Schattenproblems im und für den Individuationsprozeß untersucht werden. Es wird dabei in erster Linie um die Entwicklung des einzelnen Menschen gehen; daß die Schattenproblematik gerade als sozialpsychologisches Phänomen mit Hilfe von Jungs Strukturmodell der Psyche erhellt werden kann, wird vorausgesetzt, aber nicht als Thema verfolgt.

In der »Archäologie des Subjekts« ist der Schatten die Schicht des Einstiegs in die unterirdischen Regionen. Im ganz strengen Sinn ist der Schatten noch kein Archetypus, vielmehr die Nahtstelle zwischen persönlichem und kollektivem Unbewußten; seine Inhalte sind in besonderem Maße individuell gefärbt, aber auch angereichert mit Energie aus dem kollektiven Unbewußten. Der Schatten ist der bewußtseinsnächste Teil des Unbewußten, und man könnte geneigt sein, anzunehmen, daß er deswegen leicht zugänglich ist. Das ist aber nur relativ zu den noch tieferen Schichten des Unbewußten der Fall; denn wegen seiner Nähe zur bewußten Persongestalt sieht diese sich vom Schatten auch am stärksten in Frage gestellt und wehrt ihn daher heftig ab. Der Schatten ist die Kehrseite dessen, was wir bewußt leben, und die wir uns bemühen, vor uns selbst und der Umwelt verborgen zu halten. Diese Rückseite kennen und akzeptieren zu lernen ist aber Vorbedingung und erster Schritt auf dem Weg zu sich selbst.

»Die Begegnung mit sich selber bedeutet zunächst die Begegnung mit dem eigenen Schatten. Der Schatten ist allerdings ein Engpaß, ein schmales Tor, dessen peinliche Enge keinem, der in den tiefen Brunnen hinuntersteigt, erspart bleibt. Man muß aber sich selber kennenlernen, damit man weiß, wer man ist. ...das, was nach dem Tore kommt, ist unerwarteterweise eine grenzenlose Weite ...«[134]

Jungs poetische Beschreibung des Schattens liest sich wie eine Paraphrase zum Märchen von Frau Holle, in dem die helle und die dunkle Marie durch den Brunnen hinuntersteigen in das weite Land der Selbst-Verwirklichung.

Woher rührt nun aber die »peinliche Enge« des Tores ins Unbewußte? Als Gegenstück zum bewußt gelebten Leben, auch der gesellschaftlichen Rolle, der Persona, sammelt sich im Schatten alles, was wir an uns nicht wahrhaben wollen oder nicht wahrnehmen können. Das sind etwa vom gesellschaftlichen Moralkodex verbotene Verhaltensweisen, zu denen wir eine unbewußte Neigung haben, die wir aber nicht zu leben wagen; als exemplarisch dafür könnten in unserer Gesellschaft bestimmte sexuelle und aggressive Neigungen gelten – der Kriminelle in uns bleibt im Schattendunkel. Es gehören dazu Fähigkeiten und Lebensmöglichkeiten, die wir aus Angst vor dem mit ihrer Realisierung verbundenen Risiko unterdrücken oder verdrängen – in manchem Menschen steckt ein Abenteurer, ein Entdecker von Neuem, der nie zum Zuge kommt. Auch die menschliche Grunderfahrung und Grundtatsache der Endlichkeit gehört zum

Schatten. An diesem Punkt vor allem verbinden sich menschheitliche archetypische Energien mit dem persönlichen Schatten. Das Faktum der Vergänglichkeit des Lebens stellt für jeden Menschen ein zu bewältigendes Grundproblem dar, aber nicht erst mit dem Tod am Ende des Lebens, sondern das ganze Leben begleitend in sich wiederholendem Versagen, in der schmerzhaften Erfahrung der Abhängigkeit und Begrenzung durch sich selbst, durch andere, durch die Lebensverhältnisse, im Schuldigwerden. Diese Dimension des Schattens verfällt unter Umständen am stärksten der Verdrängung, weil sie prinzipiell unaufhebbar ist und die Existenz des Menschen als ganze fragwürdig macht, anders als persönliche Schatteninhalte, die eine überwindbare Infragestellung bedeuten und eventuell verändert werden können. Für die Realität des Schattens ist es gleichgültig, ob etwas durch äußere Umstände oder durch innere Zensur am Leben gehindert wird; denn es geht in jedem Fall um Möglichkeiten, die wir eigentlich auch haben; und da wir sie nicht leben (können), stellen sie den Wert unseres bewußt gelebten Lebens in Frage, sobald wir ihrer ansichtig werden; sie sind uns peinlich. Jung nennt aus diesem Grund den Schatten »den ›negativen‹ Teil der Persönlichkeit«[135] oder den »inferioren Persönlichkeitsteil«[136] oder »jene verhüllte, verdrängte, meist minderwertige und schuldhafte Persönlichkeit«[137]. Bei solchen Inhalten ist es verständlich, daß im Grunde jeder Mensch seinen Schatten mehr oder weniger verleugnet. Meistens erkennen andere Menschen unsere minderwertigen Seiten viel leichter als wir selbst. Dennoch gehört der Schatten unbedingt zum Menschsein. Wird er prinzipiell und konstant abgelehnt, so kann Menschsein nicht voll gelebt werden, ganz davon abgesehen, daß das verleugnete Dunkle an der eigenen Person sich auf irgendeine Weise rächen wird, sei es in Verkümmerung ganzer Lebensbereiche, sei es in psychischer Krankheit oder ähnlichem. Der Schatten kann als die dritte Dimension des Menschen verstanden werden, ohne die er, im wörtlichen Sinn, keine Tiefe hat.

> *»Die ›lebende Gestalt‹ bedarf tiefer Schatten, um plastisch zu erscheinen. Ohne den Schatten bleibt sie ein flächenhaftes Trugbild oder — ein mehr oder weniger wohlerzogenes Kind.«*[138]

In Träumen und archetypischen Erzählungen erscheint der Schatten als gleichgeschlechtliche Person. Das Motiv der feindlichen Brüder z. B. ist in der Literatur weitverbreitet; natürlich gibt es auch das der feindlichen Schwestern. Auch als dunkle Gestalt, als Neger etwa, präsentiert sich der Schatten bei Menschen weißer Hautfarbe, auch als Figur der Geschichte, die durch das Ausleben der minderwertigen Persönlichkeit gewissermaßen archetypisches Maß angenommen hat wie z. B. Hitler. In der Bibel nimmt die Bearbeitung der Konflikte mit dem Schatten einen breiten Raum ein. Da der biblische Gottesglaube es mit dem Ganzwerden des Menschen zu tun hat und die Auseinandersetzung mit dem Schatten sozusagen die Eintrittsbedingung in den Individuationsprozeß ist, überrascht dieser Befund nicht. Alttestamentliche Beispiele finden sich vom Anfang bis zum Schluß: in der Geschichte von Kain und Abel, von Jakob und Esau, von Josef und seinen Brüdern, in der Auseinandersetzung zwischen Mose und Pharao bzw. den Israeliten und Ägyptern; die Reihe läßt sich fortsetzen über die Königsbücher zu den Propheten und ihren Gegenspielern. Auch die Evangelien enthalten viele Aspekte der Schattenproblematik, z. B. in der Konfrontation Jesu mit seinen Widersachern: dem Satan (Versuchungsgeschichte), mit den Gesetzeshütern, aber auch den Jüngern wie Petrus, der ihn vom Leiden zurückhalten will, und Judas, dann auch im Gegensatz von Pharisäern und »Sündern«. Die

Auseinandersetzung mit dem Schatten kann immer nur der einzelne Mensch führen; doch gibt es das Schattenproblem auch als soziales oder gesellschaftliches, wenn eine Schattenkonstellation durch ein normiertes kollektives Verhalten hervorgerufen ist, wie z. B. im Judentum zur Zeit Jesu die von den verschiedenen Gruppen anerkannte Kategorisierung der Menschen in Gesetzestreue und Sünder. Wird nun der Schatten in einer biblischen Darstellung von mehreren Personen verkörpert, so ist jeweils zu fragen, ob es sich hier um eine kollektive Schattenproblematik handelt oder ob die vielen Menschen verschiedene Facetten des Schattens eines einzelnen Menschen abbilden bzw. ob durch die mehrfachen archetypischen Personifizierungen die Dringlichkeit des Schattenproblems bei einem Menschen unterstrichen wird.

Im Hinblick auf die Individuation ist nun zu fragen, wie sich der Schatten normalerweise manifestiert und wie er wahrgenommen werden kann. Da es zum Begriff des Schattens gehört, daß seine Inhalte verdrängt oder unterdrückt sind, der Schatten durch die Verdrängung aber nicht verschwindet, bleibt nur der Ausweg der Projektion. Es ist ein bekanntes Phänomen, daß Verhaltensweisen, Einstellungen, Charakterzüge, ja sogar körperliche Merkmale, die uns an anderen Menschen nicht gefallen, häufig Züge sind, die wir selbst latent besitzen, aber nicht sehen – das ist unser projizierter Schatten. Die Diagnose einer Schattenprojektion ist jedoch nicht so einfach, wie es zunächst erscheint. Denn zum einen ist nicht alles, was uns an andern mißfällt, projiziert, es können auch wirkliche Eigenschaften der andern sein; zum andern erfolgen Projektionen des Schattens nicht willkürlich, sondern haben meistens einen realen Anknüpfungspunkt beim andern. Ein signifikantes Merkmal für Projektionen ist jedoch die Affektbesetzung. Nehmen wir als Beispiel die Hexenverbrennungen; sie wären nicht möglich gewesen ohne die Mobilisierung von stärksten Emotionen, und diese trieben die »Richter« bis zum äußersten, zum Foltern und Töten der Opfer, nach Meinung jener: zur Ausrottung des Bösen. Sie konnten nicht erkennen, daß die »Hexen« gar nicht böse waren, sondern normale Menschen wie sie selbst, und zwar aus Angst vor dem in ihnen selbst sitzenden, aber verleugneten Bösen. Draußen an den andern konnten sie das Böse ohne Gefahr für sich selbst – vermeintlich – beseitigen. Ohne den psychischen Mechanismus der Projektion wäre gar nicht erklärlich, warum wir Menschen bestimmte Züge an andern nicht zu tolerieren vermögen, sondern für böse erklären. Das Beispiel der Hexenverbrennungen ist gewiß ein extremes und weist auch schon hinüber in die noch komplexere archetypische Anima-Problematik – meines Wissens gab es überwiegend weibliche Hexen. Doch wird an ihm etwas Typisches von der Schattenproblematik sichtbar. Derselbe Sachverhalt kann auch an einem uns in unserer Zeit näher angehenden Phänomen verdeutlicht werden, der theologischen Lehre vom Teufel. Vorweg sei festgestellt, daß im Teufel als dem personhaften Bösen etwas von der autonomen, das Individuum übersteigenden Macht des Bösen ausgedrückt ist, die auch in Jungs archetypischer Sicht festgehalten wird. Doch steht dieses Problem hier nicht zur Debatte. Es läßt sich kaum bestreiten, daß der Teufel (auch) eine brauchbare Projektionsfigur ist, die als solche in der traditionellen Theologie und Pastoral wie auch im Bewußtsein der Christen eine Rolle gespielt hat, und daß diese Funktion des Teufels heute keineswegs voll erkannt ist. Ein personaler Böser stellt in archetypischer Sicht für die psychische Ökonomie eine problematische Entlastung dar. Zwar wird, solange der Teufel nicht mit konkreten Menschen identifiziert wird, mit ihm keinem andern weh getan. Aber der Mensch, der auf das unbewußte kirchliche

Angebot zur Projektion seines Schattens auf den Teufel eingeht, wird gehindert, das projizierte Böse als sein eigenes zu erkennen, er wird so gehindert, sich selbst zu begegnen und in seiner Selbstwerdung voranzuschreiten. Die Figur des Teufels kann zum Aufgeben der Verantwortung sowohl für die persönliche dunkle Seite als auch die gesellschaftliche, wozu auch die kirchliche gehört, führen. Vorübergehend mag das eine Entlastung sein und sogar als Glaubenstreue verstanden werden; im Hinblick auf die Gesamtgesellschaft und die Kirche wie auf ein ganzes Menschenleben wird sich das als verhängnisvoll auswirken. Glaube im vollmenschlichen Sinn kann sich, da an die Selbstwerdung des Menschen gebunden, so nicht entfalten. Interessanterweise stellen die zahllosen Beispiele von Schattenproblematik in der Bibel im Ergebnis nie eine Schatten*projektion* als Lösung dar – mir ist jedenfalls solch ein Beispiel nicht bekannt; wohl kennen sie das Scheitern des Menschen an seinem Schatten, wie z. B. bei Saul, eventuell auch Pilatus. Im Umgang mit dem Teufel hat sich die kirchliche Tradition anscheinend hier von ihrem Ursprung entfernt.

In Jungs Erläuterung des Schattens spielen die Auswirkungen der Projektion eine wichtige Rolle, er sagt dazu:

»Der Erfolg der Projektion ist eine Isolierung des Subjekts gegenüber der Umwelt, indem statt einer wirklichen Beziehung zu derselben nur eine illusionäre vorhanden ist. Die Projektionen verwandeln die Umwelt in das eigene, aber unbekannte Gesicht. Sie führen darum in letzter Linie zu einem autoerotischen oder autistischen Zustand ... Je mehr Projektionen zwischen das Subjekt und die Umwelt hineingeschoben werden, desto schwerer wird es dem Ich, seine Illusionen zu durchschauen.«[139]

An der Charakterisierung und den Auswirkungen des Schattens läßt sich schon die Richtung erkennen, in der

eine die Selbstwerdung fördernde Lösung des Schattenproblems zu suchen ist. Die Lösung zielt grundsätzlich
auf Zurücknahme der Projektionen und damit auf die
Aufhebung der Isolierung des Ich. Das bedeutet nichts
weniger, als daß die dunklen, negativen, häßlichen angst-
machenden Seiten bei sich selbst gesucht werden müssen.
Da die Projektion des Schattens mit der Bildung einer
idealen Vorstellung von sich selbst einhergeht – wenn
alles Negative hinausverlagert ist, bleibt ein großartiges
Ich übrig –, wird mit der Zurücknahme der dunklen
Seite ins eigene Innere zugleich das Ich-Ideal demon-
tiert[140]. In dieser Hinsicht müßten die kirchliche Morallehre und auch die Pastoral, wenn sie sich ernsthaft ein-
ließen auf die von der Tiefenpsychologie entdeckten natürlichen Voraussetzungen ethischen Handelns, sich stark
verändern. Denn die kirchliche Morallehre geht prinzipiell von einer dualistischen Trennung von Gut und
Böse aus – wobei hier unter »Böse« der Schatten verstanden werden soll – und nimmt an, der Mensch
könne sich grundsätzlich vom Bösen trennen. Die kirch-
lich-christliche Erziehung auf ein Vollkommenheitsideal
hin, das ursprünglich als ethisches Ziel einer Elite, der
Ordensleute, mit nur geringen Veränderungen auf alle
Gläubigen ausgedehnt und vor allem durch die Beicht-
praxis eingeübt wurde, steht zum Zurückholen des Schattens aus der Projektion konträr, denn dieses Ideal gau-
kelt dem Menschen vor, er könne irgendwann für immer
vom Bösen gänzlich frei werden. Da das Böse aber mit
diesem Glauben nicht verschwindet, bleibt dem Menschen
nichts anderes übrig, als es weiter zu projizieren und bei
sich selbst Schuldgefühle zu produzieren, da er das Ideal
ja nie erreichen kann. Die Vorstellung vom vollkom-
menen Menschen ohne Beimischung eines Schattens ist
auch auf die Deutung der Person Jesu übergegangen, und
das, obwohl die Evangelien ausdrücklich von gefährli-

chen Schattenkonflikten Jesu berichten. Selbst wenn diese nicht bestimmte einzelne Vorkommnisse im Leben des historischen Jesus wiedergeben wie die Versuchungsgeschichte, so haben die Tradenten damit doch eine tiefe Wahrheit vermittelt, daß nämlich Jesus bis in die Auseinandersetzung mit dem Schatten hinein ganz Mensch war. An die Stelle des kirchlichen Vollkommenheitsideals müßte, gewissermaßen anthropologisch richtig, die Vorstellung von der Vollständigkeit, der Ganzheit des Menschen treten. Das Ziel kirchlicher Moralpraxis, den Schatten zu eliminieren durch totale Identifizierung mit dem Guten – wobei dieses als völlige Übereinstimmung mit den kirchlich übermittelten Kollektivnormen verstanden wird –, muß als ebensolche Fehlbewältigung des Schattenproblems gewertet werden wie das Gegenteil, die Identifizierung mit dem Schatten. Jung nennt beides Verfallensein. Daß der Mensch, anstelle von Verdrängung, dem Schatten nicht verfallen darf, ist klar. Jung fügt aber ausdrücklich hinzu:

»Man darf ... überhaupt nicht mehr ›verfallen‹, auch nicht dem Guten ... Jede Form von Süchtigkeit ist vom Übel, gleichgültig, ob es sich um Alkohol oder Morphium oder Idealismus handelt.«[141]

Nach Jungs Modell von der Psyche bedeutet Verfallensein ein Überwältigtwerden vom Unbewußten; das gilt auch beim Vollkommenheitsideal. Dies leugnet nämlich, wenn auch nicht ausdrücklich, daß der Mensch ein begrenztes, gespaltenes, ein endliches Wesen ist. Will der Mensch vollkommen werden, so identifiziert sich sein Ich sozusagen mit einer, der großartigen Hälfte eines Ganzheits-Archetypus, schließt die andere, die dunkle, die Leiden schafft, aus. Das Ich wird dadurch aufgebläht, überheblich, denn es glaubt, ohne Auseinandersetzung mit seiner unangenehmen Kehrseite zum Selbst werden zu können.

Der einzige angemessene Weg, den Schatten aus dem Exil der Projektion zurückzuholen, ist, ihn zu akzeptieren. Das verlangt, ihn als Teil der eigenen Psyche bewußtzumachen, ihn überhaupt an sich selbst sehen zu lernen, statt immer wieder neue Sündenböcke für die eigenen dunklen Möglichkeiten zu finden. Unter Umständen müssen bestimmte Aspekte des Schattens auch direkt gelebt werden, z. B. nicht entwickelte schöpferische Fähigkeiten oder Gefühle, die sich neben der Ratio nie gleichberechtigt ausdrücken durften oder die nur als eine allgemeine Gefühligkeit erlebt wurden, möglicherweise auch verdrängte oder unterdrückte Sexualität. Die zum großen Teil negativen oder destruktiven Schattenseiten können jedoch durch direktes Ausleben nicht integriert werden; im Gegenteil würden sie auf diese Weise die Herrschaft an sich reißen und statt zur Einigung der psychischen Gegensätze zur Aufrechterhaltung der Spaltung beitragen, nur unter umgekehrtem Vorzeichen, unter dem des Unbewußten. Individuation würde so nicht gefördert, sondern gehindert. Dem Schatten eine gleichbleibende Aufmerksamkeit zuwenden, damit er nicht wieder ins Unbewußte abrutscht und aus dem psychischen Untergrund die Selbstwerdung stört, ist die beste Möglichkeit, ihn ans Bewußtsein anzubinden und so zu einer psychischen Ausgewogenheit zu gelangen. Wie schwer das ist, wird klar, wenn wir statt: den Schatten akzeptieren, formulieren: sich selbst akzeptieren als einen versagenden, vielleicht kleinlichen, gar nicht imponierenden, sondern oft recht kläglichen Menschen. Den Schatten zu integrieren heißt deshalb auch, das Leiden am eigenen Unvermögen und der eigenen Enge auszuhalten und davor nicht die Flucht zu ergreifen. Gelingt es, den Schatten – wenigstens teilweise – in die bewußte Person zu integrieren, so wird er in seinen destruktiven Auswirkungen sowohl auf die eigene Person als auch auf die Beziehungen zu anderen Menschen entschärft; der Mensch rechnet dann damit, daß er selber böse handeln kann, und ist wachsam. Er kann destruktive psychische Energien, weil sie ihm bekannt sind, in konstruktive Leistungen umsetzen lernen, z. B. in die bewußte Förderung seiner menschlichen Entwicklung. Dennoch erfolgende, oft unvermeidbare destruktive Schattendurchbrüche kann er, da er sie als solche erkennt, in ihren negativen Auswirkungen auffangen. Ein Mensch mit einem integrierten Schatten wird davor bewahrt, an der Diskrepanz zwischen seinen Wunschbildern von sich und anderen einerseits und der Realität andererseits zu scheitern, denn er braucht nicht dauernd die Illusion aufrechtzuerhalten, er sei ein hervorragender oder wenigstens beinahe hervorragender Mensch.

Erich Neumann sieht noch eine über das Individuum weit hinausreichende Wirkung der Integration des Schattens:

»Meine Schattenseite ist Teil und Exponent der Schattenseite der Menschheit überhaupt, und wenn mein Schatten asozial und gierig, grausam und böse, arm und elend ist, wenn er als Bettler, als Neger und als Tier mich antritt, dann steht hinter der Versöhnung mit ihm die Versöhnung mit dem dunklen Bruder der Menschheit überhaupt, und indem ich ihn und in ihm mich selber annehme, nehme ich mit ihm auch den ganzen Teil der Menschheit an, die als mein Schatten »mein Nächster« ist.« [142]

Diese Überlegung Neumanns macht meines Erachtens verständlich, inwiefern die Annahme des andern Menschen Selbstannahme voraussetzt. Einfühlung in den andern, und das meint Anteilnahme an ihm, ist wohl erst möglich, wenn er nicht mehr als Projektionsobjekt für mein Negatives herhalten muß, wenn ich infolgedessen jedes noch so sublime Freund-Feind-Denken oder besser: -Fühlen aufgegeben habe. Es ist sehr aufschlußreich, unter diesem Gesichtspunkt die Evangelien zu lesen. Jesus wird da gezeichnet als ein integrierter Mensch, der das Freund-Feind-Denken sogar seinen realen Feinden gegenüber – also nicht nur gegenüber den projizierten Feinden – nicht mitmacht, ganz im Unterschied zu den Pharisäern, Rabbinen und den jüdischen Behörden. Tiefenpsychologisch ist es daher nicht verwunderlich, daß er auch als Wundertäter beschrieben wird. Offenbar geht von seiner psychischen Ganzheit ein heilender, ganzmachender Einfluß auf psychisch desintegrierte Menschen aus – an den Dämonenaustreibungen, deren historische Faktizität wohl nicht zu bezweifeln ist, läßt sich das deutlich erkennen –, allerdings nur auf solche Menschen, die an ihrer Zerrissenheit leiden, d. h., die ihre eigenen dunklen Seiten erkannt haben und deshalb schon auf dem Wege der Selbstwerdung sind. Besessenheit war zur Zeit Jesu offenbar eine Form, in der sich der psychische Schatten kollektiv manifestierte. Von keinem Gesetzestreuen, also einem, der einem Vollkommenheitsideal nachjagt, wird nun in den Evangelien eine Besessenheit überliefert und infolgedessen auch keine Befreiung durch Jesus. Daraus darf vielleicht geschlossen werden, daß diese Gruppe von Menschen wegen der Verdrängung ihrer persönlichen und kollektiven Schattenseite kaum eine Chance hatte, die ganzmachende Fähigkeit Jesu zu erkennen, geschweige denn wie die diskriminierten Kranken an ihr zu partizipieren. Im Gegenteil, wer seinen Schatten verdrängt, wird einen Menschen, der *seinen* Schatten angenommen hat, nur schwer ertragen können, da er durch ihn zutiefst in Frage gestellt wird. Aus dieser Perspektive wird der tödliche Haß, der Jesus schließlich vernichtete, verständlich[143].

Die Schattenproblematik als Eingang in den Weg zum Selbst kann sich in einer noch komplexeren Form darstellen. Sie betrifft dann nicht mehr nur die persönlichen negativen Seiten, sondern den andersgeschlechtlichen Aspekt der Psyche. Damit kommen wir zu einer gegenüber dem Schatten noch tieferen archetypischen Schicht. Von ihr soll im folgenden Abschnitt die Rede sein.

3.3.2 Anima und Animus

Die Individuation als Herausarbeiten der persönlichen Lebensgestalt kann nicht ohne Berücksichtigung der geschlechtlichen Differenzierung erfolgen. Mit ihr ist eine der intensivsten menschheitlichen Grunderfahrungen gesetzt, sie ist daher auch in den Religionen und mythischen Traditionen aller Völker gestaltet, genauso in der Literatur moderner Völker. Archetypisch betrachtet, stellt die Zweigeschlechtlichkeit einen der fundamentalen Gegensätze der menschlichen Natur dar und drängt im Individuationsprozeß mit besonders hoher Emotionalität zur Einigung. Frausein und Mannsein ist nun zwar eine Naturgegebenheit, ist aber – mehr noch als der Schatten – in seiner konkreten Ausprägung weitgehend kulturabhängig. Gerade in diesem Bereich läßt sich besonders schwer scheiden und unterscheiden zwischen Natur- und Kulturaspekten, wie etwa an den zeitgenössischen Emanzipationsbewegungen der Frauen zu sehen ist. Bei der Individuation spielt diese Schwierigkeit denn auch eine besondere Rolle; Selbstwerdung wäre mißverstanden, wenn sie die Ausprägung des jeweiligen Geschlechts überwinden wollte. Aber worin liegt psychisch das spezifisch Männliche des integrierten Mannes, und worin das spezifisch Weibliche der integrierten Frau? Meiner Meinung nach wird hier besonders deutlich, daß die archetypischen Impulse, die Urbilder, abhängig sind von kulturellen und zeitgeschichtlichen Voraussetzungen, in diesem Falle von dem jeweils vorherrschenden kollektiven Bild vom Mann bzw. der Frau. Da nun meines

Wissens in den meisten uns bekannten Kulturen der Mann eine dominierende Rolle gegenüber der Frau innehat, gibt es auch im kulturellen – nicht nur im naturhaften – Aspekt durchgehende Gemeinsamkeiten, und zwar sowohl bei gleichzeitig existierenden Völkern als auch im geschichtlichen Längsschnitt. Bei der Formulierung weiblicher bzw. männlicher psychischer Charakteristika ist gerade dieser Umstand stets mitzubedenken, aber auch kritisch zu beleuchten.

Worin ist nun der geschlechtliche Aspekt des Individuationsprozesses zu sehen? Primär geht es dabei nicht um die Beziehung zwischen den realen Personen von Mann und Frau, obwohl die geschlechtsspezifische Individuationsproblematik auf der Objektebene ihren handfesten Niederschlag findet. In erster Linie handelt es sich aber hier – wie bei jedem Phänomen des Individuationsprozesses – um eine innerpsychische Konstellation, von der sekundär die realen Beziehungen von Mann und Frau beeinflußt werden. Auf seinem Weg der Selbst-Verwirklichung gelangt der Mensch, weil er ein Wesen mit nur *einer* geschlechtlichen Ausprägung ist, der männlichen oder weiblichen, unweigerlich an die Stelle, wo er der anderen geschlechtlichen Möglichkeit in seiner eigenen Psyche begegnet. Da das kollektive Unbewußte teilhat an der auf die Überwindung von Einseitigkeit tendierenden Natur, ist in diesem tief unbewußten Bereich der Archetypus vorhanden, psychisch auch die Möglichkeit des anderen Geschlechts zu realisieren. Jung nennt diesen Archetypus beim Mann Anima, bei der Frau Animus. In diesem Archetypus ist die urmenschheitliche Vorstellung bewahrt, daß die Trennung der Geschlechter nicht ewig ist, weil ja nur beide Geschlechter zusammen vollständiges Menschsein ausmachen. Der Archetypus hat sich in vielen mythischen Bildern konkretisiert, etwa in dem vom androgynen Menschen, von weiblich-männlichen

Götterpaaren, von der Formung der Frau aus dem Mann (Gen 2) und der Deutung der Faszination durch das andere Geschlecht als Zurückstreben in die uranfängliche Einheit der Geschlechter in einer Person. Auch in den Träumen und Phantasien moderner Menschen wie in der Kunst tauchen die Bilder von Anima und Animus auf als das Ewig-Weibliche und Ewig-Männliche. Die archetypischen Bilder von Anima und Animus sind immer in gegengeschlechtlichen Figuren personifiziert, die Anima z. B. als Verführerin wie eine Nixe, eine gute oder böse Fee, als Prinzessin oder Schwester. Die Figurationen der Anima sind so vielfältig, wie die Bedeutung, die sie für den Mann haben kann, komplex ist. Der Animus ist personifiziert als Zwerg, Wald- oder Erdgeist, als Prinz, als Held oder Bruder oder als gelehrter Mann. Bei beiden Geschlechtern erscheint der Archetypus aber auch als reale Personen aus dem Leben eines Menschen.

Wie die Geschlechtlichkeit ist der Archetypus von Animus bzw. Anima *jedem* Menschen zu eigen; er ist das latente Männliche in der Frau bzw. das latente Weibliche im Mann. Animus und Anima halten gewissermaßen dem jeweils real ausgeprägten Geschlecht psychisch die Waage. Die hohe emotionale Anziehung zwischen den Geschlechtern kann auf diese Repräsentanz des jeweils Andersgeschlechtlichen im eigenen Unbewußten zurückgeführt werden. Das »unbewußte Wissen« um die Möglichkeiten eines andersgeschlechtlichen Lebens ist vielleicht überhaupt die Basis für eine so enge emotionale Beziehung, wie sie der Mensch zum andern Geschlecht erstrebt, obwohl dieses in Relation zum eigenen Geschlecht etwas Fremdes ist. Im Bereich der Geschlechtsdifferenzierung stellt sich das Zerspaltensein des Menschen sowohl physisch wie psychisch am deutlichsten dar. Im Archetyp von Anima und Animus sind nun sowohl das Getrenntsein wie die Möglichkeit zur Überwindung der Spaltung symbolisiert. Der Archetyp gibt sich daher als eine Verheißung des Einswerdens mit dem andern Geschlecht kund. Im allgemeinen wird diese Verheißung jedoch mißverstanden, als ob sie sich in der tatsächlichen Beziehung der Geschlechter zueinander erfüllen könne; und an diesem unbewußten Mißverständnis dürften nicht wenige Beziehungen scheitern. Der Archetyp von Anima und Animus ist jedoch, wie alle Archetypen, ein Anruf zur Individuation, d. h. zur Suche nach dem anderen Geschlecht in der eigenen Psyche. Dort gilt primär die Verheißung, durch Einswerden der Geschlechter ein ganzes Menschsein zu gewinnen. Als Frucht der an der eigenen Psyche geleisteten Einigungsarbeit kann dann die ganzmachende Kraft des Archetypus sich auch in einer Geschlechterbeziehung auswirken.

Der Geschlechterarchetypus ist sehr tief im kollektiven Unbewußten angesiedelt; er reicht in archaische Formen der Psyche hinein, wie z. B. die urtümlichen mythischen Bilder vom androgynen Menschen zeigen, Vorstellungen, die unserem »modernen« logischen Bewußtsein als absurd erscheinen müssen. Wegen seiner großen Bewußtseinsferne ist der Archetyp weit schwerer zugänglich als der Schatten. Erschwert wird die Begegnung mit Anima und Animus außerdem durch die kulturell höchst einseitige Ausprägung von männlichem und weiblichem Menschsein. Wie soll ein Mann in unserer Zivilisation es wagen können, weibliche Züge an sich wahrzunehmen oder sie gar bewußt auszubilden? Sein gesellschaftlich legitimiertes und gefordertes Selbstwertgefühl als Mann würde leicht ins Wanken geraten. Ebenso würde und wird eine Frau abgewertet, die es wagt, männliche Fähigkeiten auszuprägen, und sie könnte sich dabei in ihrem weiblichen Selbstgefühl verunsichert fühlen. Genau an diesem Punkt zeigt sich ein arges Dilemma für die Individuation des Menschen in unserer Kultur heute. Der überzeitliche

Archetypus – die Natur – richtet einen Anspruch an den Menschen, dem dieser sich nicht entziehen darf, will er nicht wesentliche Bereiche seines Menschseins verlieren. Gleichzeitig aber machen es die kulturell-gesellschaftlichen Leitbilder vom geschlechtlich ausgeprägten Menschsein nahezu unmöglich, dem inneren Anspruch zu folgen. Daß Individuation in die Isolierung von gesellschaftlich gebilligten Lebensformen führen kann, wird vielleicht nirgends so deutlich wie im Wirkungsbereich dieses Archetypus.

Mit Blick auf diese Problematik sollen nun die archetypischen Charakteristika von Anima und Animus ins Auge gefaßt werden. In Jungs Behandlung dieses Bereiches gibt es ein – offenbar wiederum kulturell bedingtes – Ungleichgewicht; er schreibt ausführlich über die Anima des Mannes, verhältnismäßig wenig über den Animus der Frau. Da er in seiner ganzen wissenschaftlichen Arbeit immer von der Erfahrung und der Praxis ausging, ist es verständlich, daß ihm als Mann die psychische Animusfigur der Frau weniger einfühlbar war; interessanterweise hat seine Frau dazu eine Ergänzung geliefert[144]. Emma Jung verweist ausdrücklich auf die Komplexität der archetypischen Animus- und Animafiguren, da diese sich beim einzelnen Menschen aus mehreren Faktoren zusammensetzen, aus der gegengeschlechtlichen Anlage, den Erfahrungen, die ein Mensch in seinem Leben mit Vertretern des anderen Geschlechts macht, und dem kollektiven Bild des jeweiligen Geschlechts, das ein Mensch mitbekommt – E. Jung sagt: das er ererbt, ich möchte ergänzen: das ihm anerzogen wird[145]. Die konkreten Erfahrungen sind dabei gewiß ein sekundärer Faktor und werden von den beiden anderen bereits vorgeprägt. Welcher von diesen beiden, die Anlage oder das kollektive Bild, Priorität besitzt, dürfte kaum auszumachen sein; d. h. aber auch, die Kulturaspekte lassen sich von den Naturaspekten bei diesem Archetypus nicht sauber voneinander trennen, nicht einmal methodisch. Gerade dieser Archetypus symbolisiert sich immer in Bildern voller kultureller Vor-Urteile; anders kann er sich dem Bewußtsein gegenüber gar nicht zur Geltung bringen.

Wegen seiner Bindung an die Geschlechtlichkeit weist der Archetyp von Anima und Animus eine jeweils andere psychische Gestalt auf. Die Anima ist in gewisser Weise von universalem Charakter; wie ihr Name besagt, ist sie die Seele schlechthin, sie ist Beseelung, somit der Archetyp des Lebens. Die Anima hat die Einfälle des Lebens, die sie ohne das »männliche«[146] Nachdenken, Abwägen und Schlußfolgern realisiert, unter Umständen ebenso rasch auch wieder verwirft. Ihr Kennzeichen ist Spontaneität, Produktivität, spielerisches Ausprobieren, Aktivität, kurz: alles das, was Leben in Gang setzt und in Gang hält, ohne Rücksicht darauf, ob es im Sinne eines bewußten Urteils gut oder schlecht ist. Als Lebensprinzip ist die Anima in ursprünglicher Weise Natur – hervorbringend und zerstörend in einem. Jung nennt sie deshalb einen lebenspendenden Dämon, »Leben jenseits aller Kategorien«[147]. Für den Mann ist sie die Verführerin und Führerin zum Leben in seinen niedrigsten naturverhaften und in seinen höchsten, menschlich gestalteten Formen. In Verbindung mit der individuellen weiblichen Anlage im Mann ist sie als Natur das Gegenstück all der Fähigkeiten und Eigenschaften, die der Mann bewußt ausgebildet hat und die er bewußt lebt. Sie ist vor allem das Gegenstück zu den in einer Kultur kollektiv legitimierten und privilegierten Zügen des Bildes vom Mann, das beim einzelnen Mann in seiner Persona konkret wird. Die Anima verkörpert daher in unserer Kultur – wie vielleicht in den meisten Kulturen – beim Mann die Gefühlsseite, die Fähigkeit zum Wahrnehmen und Aufnehmen von Impulsen aus dem Unbewußten, die Fähigkeit der Zuwendung zu Menschen statt zu Sachen, also die Liebesfähigkeit – Jung ordnet sie wegen ihrer Bindungsfunktion dem Eros zu[148], sie äußert sich auch als Drang zu Neuem, zu Abenteuer und Über-Bord-Werfen des Alten[149]. Da die Anima tief aus dem kollektiven Unbewußten heraus sich manifestiert und dies häufig ein Leben lang unerkannt bleibt, erweist sich ihre Wirkung meistens als fatal, wenn nicht gar katastrophal. Darin zeigt sich die Ambivalenz des Archetypus, der im Zustand des Unbewußt-Bleibens statt der lebenfördernden seine lebenhemmende, gar zerstörende Macht zum Zuge bringt. Im Falle der Anima stellen sich die »weiblichen« Möglichkeiten des Mannes dann als negative Charakteristika dar, als Wehleidigkeit und persönliche Empfindlichkeit, als Überwältigtwerden von Affekten, als Sentimentalität, als Unsicherheit gegenüber und Abhängigkeit von Frauen, aber auch als Verfallen- oder Ausgeliefertsein an Weibliches bzw. an eine Frau oder Frauen, wie es in der Literatur aller Zeiten unzählige Male dargestellt ist[150]. Die negative Wirkung der Anima kann bis zum Verschlungenwerden der bewußten, der männlichen Existenzform reichen.

Der Archetyp des Animus nun hat für die Frau eine andere Bedeutung als die Anima für den Mann. Im Grunde lebt die Frau in ihrer realen, auch gesellschaftlichen Existenz das, was beim Mann unbewußtes Gegenbild ist. Von Jungs tiefenpsychologischem Strukturmodell aus ist es nicht verfehlt, anzunehmen, daß die Frau dem naturhaften Leben und damit der ursprunghaften Lebensmacht näher steht als der Mann, was jedoch noch gar nichts aussagt über die Möglichkeiten ihrer gesellschaftlichen Existenz und schon gar nicht über gesellschaftliche Benachteiligungen der Frau. Es geht hierbei vielmehr – wie auch bei der Animakonzeption für den Mann – um eine Komponente des Selbstverständnisses der Geschlechterdifferenzierung, und zwar eine, die den Doppelaspekt von Menschsein berücksichtigt: den naturgegebenen als vom Menschen nicht gemachte Voraussetzung seiner Existenz und den kulturellen oder ethischen als Aufgabe der Selbstgestaltung. Was läßt sich von daher zum naturgegebenen »männlichen« Aspekt der weiblichen Psyche sagen? Jung sagt: »Der Animus ist eine Art Niederschlag aller Erfahrungen der weiblichen Ahnen am Manne«[151], das ist der archetypische Charakter des Animus. Er gibt – wie die Anima beim Mann – der Frau ein Bild von Lebensmöglichkeiten, die sie in ihrer bewußten Existenz kaum oder gar nicht realisiert. Im Unterschied zur Anima des Mannes, der allumfassenden Lebenskraft schlechthin, ist der Animus der Frau die geistige Kraft, daher sein Name, ein differenzierendes Prinzip, eigentlich Bewußtseinsfähigkeiten, die nicht wirklich ins Bewußtsein gelangt sind, sondern im Unbewußten ruhen; der Animus wird daher dem Logos zugeordnet[152]. Er verkörpert sich in Fähigkeiten des Denkens, des Durchdringens geistiger Sachverhalte, in geistiger Aktivität, in dem Mut, eigene Ideen – wissenschaftliche, künstlerische, religiöse – zu haben und auch zu realisieren, in Energie, Entschluß- und Tatkraft. Animusfähigkeiten der Frau sind in unserer Zivilisation solche, die immer noch mit Vorrang dem Mann als natürliches Vermögen zugeschrieben werden. Archetypisch gesehen, sind sie jedoch ebenso latente Potenzen der Frau, die allerdings entwickelt werden müssen. Bleibt der Animus im Unbewußten sozusagen gefangen, dann manifestiert er sich – wie die Anima – in negativer Weise, nach Jung in Überzeugungen mit nicht bewiesenem, aber absolutem Wahrheitsanspruch, der in Rechthaberei ausartet, in Binsenweisheiten und Allgemeinplätzen, der Logos der Frau bedeutet dann »nicht selten einen bedauerlichen Zwischenfall«[153]. Unbewußte Animustätigkeit führt auch zu Abhängigkeit von Autoritäten, zu Lähmung eigener Aktivität und Verunsicherung im Selbstwertgefühl, zu Unzufriedenheit mit der eigenen Lebenssituation bis hin zum Überdruß und dem Gefühl der Sinnlosigkeit; diese negativen Animus-Auswirkungen lassen die Frau innerlich vom Mann abhängig werden[154].

Zusammenfassend können sowohl die Anima beim Mann als auch der Animus bei der Frau als der gegengeschlechtliche Schatten bezeichnet werden. Jung charakterisiert dessen unbewußte Äußerungen komprimiert gern als Launen beim Mann und Meinungen bei der Frau[155]. Darin, wie in seinen Beschreibungen der Animus- und Anima-Manifestationen insgesamt, hat sich deutlich das kollektive Leitbild von Mann und Frau niedergeschlagen, das in dieser Zuspitzung, wie es bei Jung erscheint, gegenwärtig schon nicht mehr generell gilt, zumindest bei der jüngeren Generation nicht. Bei der Suche nach der Gestalt des persönlichen Animus bzw. der persönlichen Anima ist deshalb mitzubedenken, daß diese wandelbar ist in Abhängigkeit von den gesellschaftlichen Leitvorstellungen für weibliche bzw. männliche Selbstverwirklichung.

Die Macht des gegengeschlechtlichen Archetypus allerdings ist unabhängig von der Veränderbarkeit seiner Darstellung. Sie hängt vielmehr ab vom Grad seines Bewußtwerdens. Als gegengeschlechtliche Schattenfigur präsentiert er sich zunächst und oftmals ausschließlich als Projektion, d. h., er personifiziert sich in der Objektwelt an anderen Personen. Die Projektion von Anima und Animus ist jedoch viel schwerer zu erkennen und infolgedessen auch aufzulösen als der persönliche gleichgeschlechtliche Schatten, da Anima und Animus viel tiefer im kollektiven Unbewußten verankert sind. Von ihrer menschheitsgeschichtlichen »Ewigkeit« und der biologisch

155

begründeten Geschlechterspannung her sind Animus und Anima von sehr hoher kollektiver psychischer Dynamik, und diese erschwert ihr Bewußtwerden als persönlich eignender psychischer Faktor. Die Projektion dieses Archetypus kann sich denn auch ausgesprochen verhängnisvoll auswirken, zumal ihr Mechanismus schon früh in der Kindheit befestigt wird. Die ersten Vertreter des andern Geschlechts im Leben eines Menschen sind Mutter und Vater bzw. Ersatzpersonen, die für das Kind aber psychisch dieselbe Qualität haben. Unabhängig von deren persönlichen Fähigkeiten in der Mutter- oder Vaterrolle sind sie wegen ihrer übermenschlichen Größe im Hinblick auf die Abhängigkeit und Bedürftigkeit des Kindes – wegen deren Imago in der Psyche des Kindes also – die besten Projektionsträger für einen überindividuellen Archetypus. Das bedeutet, beim Mann zieht seine innere »Weiblichkeit« in erster Linie das Bild der Mutter an, bzw. der Mann projiziert seine Anima auf die Mutter, und bei der Frau hat der Mann dieselbe Funktion für ihre innere »Männlichkeit«. Mutter- bzw. Vaterimago werden identisch mit der Anima bzw. dem Animus, solange der Archetypus unbewußt bleibt[156]. Die Verbindung der Mutter- bzw. Vaterimago mit dem Archetypus wirkt sich insofern verhängnisvoll aus, als sie, unbewußt bleibend, den Menschen einerseits daran hindert, sich emotional von der Mutter- bzw. Vaterbindung zu lösen, d. h. ein erwachsener selbstverantwortlicher Mensch mit einem eigenen Wertsystem zu werden, und insofern, als sie andererseits den Menschen geradezu zwanghaft immer von neuem dazu veranlaßt, diese Imago auf andersgeschlechtliche Personen zu übertragen. Ein Partner oder eine Partnerin wird dann mit Erwartungen, Wünschen, Vorstellungen belegt, die aus der jeweiligen Elternimago stammen und zusätzlich überhöht sind durch die aus dem Archetypus stammende, autonome psychische Energie. Da

156

der Archetypus von numinoser Qualität ist, kann dies bis zu einer quasi Vergöttlichung reichen, wie ja Animus und Anima in mythischen Überlieferungen sich oft als Götterfiguren darstellen. In einer real gelebten Beziehung macht eine solche archetypische Stilisierung des Partners dessen Faszination für den Projizierenden aus. Ein in den Augen anderer Menschen als ganz normal, vielleicht durchschnittlich erscheinender Mensch erhält dann Dimensionen, die nur für seinen Partner existieren; eine Frau wird dann möglicherweise zu einem Ewigkeitswesen: »Ach, du warst in abgelebten Zeiten meine Schwester oder meine Frau«[157]; der so sprechende Mann erfährt in der Frau tatsächlich etwas von »Ewigkeit« her Geahntes, aber das ist nicht die Frau von Fleisch und Blut, sondern der auf sie projizierte Archetyp der Anima. Ein so mit dem Archetypus identifizierter Mensch erhält eine ungeheure Macht über den Partner. Deren keineswegs nur positive Auswirkungen werden massenweise in der Literatur und der Weltgeschichte bezeugt, allerdings vorwiegend als die Macht der zum Projektionsobjekt gemachten Frauen über Männer. Bei dem Projizierenden selbst bilden sich negative Merkmale seiner andersgeschlechtlichen Anlage aus[158], und die Projektion wirkt sich aus bis in seine völlige Verfügbarkeit durch den Partner bzw. das Verfallensein an ihn[159]. Aus männlicher Sicht gibt es zu diesem Sachverhalt eine Reihe von Beispielen im Alten Testament; eines, im allgemeinen wohl nicht als solches angesehen, dürfte das Verhalten Abrahams gegenüber seiner Frau sein in Sachen der Magd Hagar und ihres Sohnes Ismael (Gen 16 und 21); Abraham erscheint dabei ohne eigenes Wollen, entschlußlos sich den Wünschen seiner Frau ausliefernd. Ein Gegenbeispiel, bei dem der Mann den Verlockungen der Animaprojektion nicht verfällt, ist Josef, welcher der Verführung durch Potifars Frau widersteht (Gen 39).

Die »Vergötterung« der Frau bzw. des Mannes kann sich aber auch in ihr genaues Gegenteil, eine Art Dämonisierung oder Herabsetzung, verkehren. Dann werden die negativen Aspekte von Anima und Animus projiziert; die Frau erscheint dem Mann als sein böser Geist, den er für seine eigene Unfähigkeit, etwas an seinem unbefriedigenden Lebenszustand zu verändern, verantwortlich macht, oder er behandelt sie als das Dummerchen, mit dem er machen kann, was er will. Der Mann wird von der Frau dagegen als Versager oder Schwächling abgestempelt, auch zum Pantoffelhelden gemacht. Daß der Mann durch eine negative Animusprojektion für die Frau zum Inbegriff des Bösen wird, scheint mir in unserer Zivilisation seltener der Fall zu sein, da die archetypische Überhöhung des Mannes durch die Frau mehr an seine Befähigung zum Beschützen, an seine Charakteristik als starker Mann anknüpft – die Heldenfigur als primäres Animusbild könnte darauf hindeuten – als an quasi erlösende Fähigkeiten, wie das umgekehrt bei der Projektion auf die Frau häufig vorkommt. Vielleicht sucht die Frau das archetypisch Erlösende auch unmittelbarer im religiösen Bereich als der Mann, der es bei der Frau zu finden hofft.

Solange der Archetyp von Animus und Anima nur im projizierten Zustand wirksam werden kann, hindert er die Individuation beim Menschen; denn durch Projizieren wird die notwendige Kompensation der geschlechtlichen Einseitigkeit unmöglich gemacht. Ein projizierter Archetypus ist nach draußen verlagerte psychische Energie und kann daher nicht dem Aufbau der psychischen Individualität dienen. Diese Funktion erfüllt er nur, wenn der Mensch ihn als Teil seiner eigenen Psyche wahrzunehmen vermag. Statt animos zu sein, d. h. vom kollektiven Animus bzw. der Anima besessen, müssen deren Inhalte dem individuellen Bewußtsein integriert werden. Nach

Jung bedeutet das, daß Animus und Anima aus der Personifizierung zurückgeholt und in eine psychische Funktion umgewandelt werden müssen. Dies kann geschehen, »indem wir sie durch Bewußtmachung zu Brücken machen, die ins Unbewußte hinüber führen«[160]. Sich der eigenen Anima bzw. des eigenen Animus bewußt zu werden bedeutet, eine Verbindung herzustellen zwischen Bewußtsein und kollektivem Unbewußten und dessen dynamische Energien konstruktiv für den Individuationsprozeß wirksam zu machen, was wiederum heißt, durch die Integration von Anima bzw. Animus ein volleres Menschsein zu leben.

Es wäre nun ein Mißverständnis zu glauben, die andersgeschlechtliche Anlage könnte sozusagen in *einem* Anlauf integriert werden; das erfordert vielmehr eine lebenslange Bemühung, zumal der Archetypus als solcher grundsätzlich nicht integrierbar ist und deshalb immer wieder störend, d. h. die Entwicklung verändernd, vorantreibend dazwischenfahren wird. Für die Lebenspraxis ergibt sich daraus die Notwendigkeit, den Manifestationen von Anima und Animus dauernde Aufmerksamkeit zu widmen, besonders denen, die sich in den bewußten Lebensablauf störend einmischen und die wir deshalb gewohnt sind, rasch zu verdrängen. Wie diese Aufmerksamkeit zu leisten ist, entwickelt Jung in seiner älteren Arbeit über das Anima- und Animusproblem als Ansätze zu einer »Technik der Animaerziehung«[161], zu der natürlich analog eine Technik der Animuserziehung gehört. Da Anima und Animus wegen ihres tieferen Sitzes im kollektiven Unbewußten weit stärker als der Schatten sich in ihren Wirkungen als autonome Persönlichkeit präsentieren, schlägt Jung vor, mit diesen auch wie mit gegenüberstehenden Persönlichkeiten zu reden. Der Zweck solchen Zwiegesprächs besteht darin, etwas tief Unbewußtem, uns daher Fremdartigem, einen dem Bewußtsein verständlichen Ausdruck zu ermöglichen. Die beste Gelegenheit dafür ist nach Jung der Durchbruch von Affekten, der unsere Animosität ans Licht bringt, den wir meist nicht als Äußerung des bewußten Ich erleben — jemand ist vom Teufel oder einem Dämon geritten, sagen wir zutreffend. Mit diesem uns Überwältigenden als einem persönlichen Gegenüber zu sprechen, es auf seine Absichten hin zu befragen, regelrecht mit ihm zu diskutieren, ist eine Möglichkeit, die wichtige Kunde, die der Affekt aus dem Unbewußten bringt, nicht wieder dorthin versinken zu lassen. Interessanterweise hat die Gestalttherapie diesen Ansatz zur Methode des Umgangs mit den Träumen entwickelt. Sie könnte auch im Umgang mit Bibeltexten angewandt werden, bei Personen, Situationen, Geschehnissen, die uns stark affizieren; denn in einem solchen Fall ist der Archetypus in uns aktiv und will berücksichtigt werden. Eine Manifestation des kollektiven Unbewußten, hier von Anima und Animus, persönlich zu nehmen, befreit von dem Zwang, den Archetypus auf Personen zu projizieren, denn er kann so als Funktion der eigenen Psyche erkannt und dem Bewußtsein als neue psychische Möglichkeit angegliedert werden. Nur so kann die Kompensation der einseitig ausgebildeten Bewußtseinsseite, auch der einseitigen Geschlechtsausprägung, gelingen. Dies wäre ein konkreter Schritt auf dem Wege der Selbstwerdung.

Die Vereinigung des männlichen Bewußtseins mit seiner Animaseite und die des weiblichen Bewußtseins mit seiner Animusseite ist als Ziel menschlicher Selbstwerdung von der Natur vorgesehen — das ist die archetypische Prägung. Deshalb streben Animus und Anima — entgegen ihrer spaltenden Wirkung im projizierten Zustand — auf diese Vereinigung hin. Trotz der Schwierigkeit, gerade diesen Archetypus zu integrieren, folgt der Mensch, der dies versucht, einer Tendenz der Natur, die in seiner Psyche grundgelegt und mit der ihm aufgegeben ist, eine zentrale menschliche Grundsituation zu gestalten. Als konkretes Ziel, dem sich jeder Mensch immer nur annähern kann, wäre vorstellbar, daß beim animaintegrierten Mann der Drang zu immer höherer, aber die Welt und das Leben zergliedernder Bewußtseinsleistung gepaart ist mit Einfühlung in elementare menschliche Bedürfnisse, mit Toleranz und Verständnis für nichtrationale Lebensphänomene, mit der Neigung, sich an menschliche Beziehungen so intensiv hinzugeben wie an die Welt der Objekte. Nach Jung verleiht die integrierte Anima dem Mann Weisheit, hinzuzufügen wäre, auch die Fähigkeit zur Güte. Bei der animusintegrierten Frau wäre vorstellbar, daß sie auf selbstverständliche Weise zur Weltgestaltung in den verschiedenen Bereichen, die wir als öffentliches Leben bezeichnen, findet, diese aber ohne den Fanatismus betreibt, alles machen zu müssen, was vom differenzierenden, d. h. spaltenden Verstand ausgedacht wird, sondern mit Rücksicht auf die menschliche Zuträglichkeit; sie könnte Einfluß nehmen auf die Veränderung von menschlichen Beziehungen im privaten und öffentlichen Raum, in Richtung auf Verweigerung der Ausnutzung von Menschen zu Sachzwecken, auf Verminderung des Besitzdenkens gegenüber Menschen, auf Gleichberechtigung der Gefühlswelt mit dem rationalen Denken. Animus- und animaintegrierte Menschen könnten in der Gesellschaft so etwas wie eine sinnfindende oder gar sinnstiftende Funktion wahrnehmen[162], da diese Integration auf ganzheitliches Menschsein zielt.

Im Wirkungsbereich des Archetypus von Anima und Animus ist auch ein so eminent gesellschaftliches Problem wie das der Emanzipation angesiedelt. Das historisch und kulturell bedingte sowie emotional hochbesetzte Thema kann unschwer als archetypisch konstelliert gedacht wer-

den; das bedeutet, daß die extrem einseitig »männlich«
entwickelte Welt den gegengeschlechtlichen Archetypus
aktiviert, der auf Kompensierung durch die »weiblichen«
Lebensmöglichkeiten drängt. Nach dem archetypischen
Konzept von Individuation, das auch die gesellschaftliche Entwicklung des Menschen einbezieht, kann die
Integration aber nicht allein durch *ein* Geschlecht geleistet werden, das weibliche, wie in der Emanzipations-
diskussion oft verstanden; denn der Archetypus zielt auf
ein ausbalanciertes Gleichgewicht zwischen den Lebensformen beider Geschlechter. Das macht auch die Emanzipation zur Aufgabe für beide Geschlechter. Archetypisch
betrachtet, würde Emanzipation heißen: Auszug aus der
gesellschaftlich fixierten Prägung des jeweiligen Geschlechts und Entwicklung der andersgeschlechtlichen Anlage; dabei müßte die Veränderung des eigenen psychischen Habitus der gesellschaftlichen Veränderung mindestens parallel, wenn nicht sogar vorangehen. Aus archetypischer Sicht bleibt der Versuch, die gesellschaftlichen
Verhältnisse, d. i. die Objektwelt, emanzipatorisch zu
verändern, ohne daß die Menschen sich psychisch wandeln, im Projektionsmechanismus stecken. Ein echter sowohl persönlicher als auch gesellschaftlicher Individua-
tionsfortschritt ist nur zu erreichen, wenn als anthropologische Basis einer gesellschaftlichen Fehlentwicklung
oder Stagnation eine psychische Einseitigkeit erkannt und
durch bewußte Integration des Gegenaspekts kompen-
siert wird. Das aber ist eine Arbeit der vielen bzw. aller
einzelnen an sich selbst. Der Beitrag der Geschlechter
dazu ist in unserer gegenwärtigen Gesellschaft allerdings
jeweils verschieden. Die Frau muß bzw. darf sich psychisch sozusagen ausdehnen in »männliche« Bereiche hinein, die schon immer höchst positiv bewertet wurden;
der Mann dagegen muß »weibliche« Fähigkeiten entwickeln, die in der allgemeinen öffentlichen Wertung

minderen Ranges waren und zum großen Teil noch sind. Psychisch dürfte daher die Emanzipation für den Mann in der Weise der Animaintegration schwieriger sein als für die Frau; die Frau dagegen hat es in der Ausbildung ihrer Animusfähigkeiten bei deren gesellschaftlicher Durchsetzung weit schwerer, weil sie aus der Sicht des Mannes diesem damit etwas von seinen ureigensten Werten entreißt[163]. Für beide Geschlechter besteht der gleich wichtige Teil der archetypisch verstandenen Emanzipation in der Zurücknahme, aber auch Zurückweisung der gegenseitigen Projektionen. Mit der Zurückweisung dürfte es wiederum, gesellschaftlich betrachtet, die Frau schwerer haben; denn der Mann versucht, durch Projektion des Bildes einer, tiefenpsychologisch gesehen, primitiven Weiblichkeit, d. i. seiner unintegrierten Anima, auf die Frau seine Dominanz ihr gegenüber zu bewahren. Das Zurückweisen dieser Projektion durch die Frau liegt im Interesse ihrer eigenen Entwicklung zu einem Frausein als vollerem Menschsein, liegt aber auch im Interesse der Individuation des Mannes; denn ohne Auflösung seiner gesellschaftlich immer noch prämiierten Animaprojektion bleibt er, tiefenpsychologisch gesehen, ein primitiver, d. h. ein menschlich einseitiger und daher unterentwickelter Mann. Im gesellschaftlichen Raum verlangt das Zurückweisen dieser Projektion von der Frau viel Mut und vor allem Ausdauer; sie muß sich gegen die Festlegung auf sogenannte weibliche Rollen richten, die – immer wieder und noch – mit der biologischen Natur der Frau begründet werden, wobei in »männlicher« Blindheit für die wirkliche Natur übersehen wird, daß diese auf Fortschritt durch die Vereinigung von Gegensätzlichem und nicht auf Einseitigkeit ausgerichtet ist[164], was für die Frau heißt, daß sie ihrer *menschlichen* Natur nur dann gerecht lebt, wenn sie auch ihre geistigen und gesellschaftlichen Möglichkeiten wahrnimmt, wie für den Mann, daß er auch rezeptive Fähigkeiten gegenüber denen zum Herrschen ausbildet.

Die verhältnismäßig langen Ausführungen über das Anima- und Animusproblem sind für die archetypische Schriftauslegung nicht unwichtig, weil die Bibel in diesem Bereich einen charakteristischen Befund bietet. Die gesamte biblische Überlieferung, die alt- wie die neutestamentliche, ist nämlich nahezu ausschließlich aus der männlichen Psychologie heraus geformt. Das ist zwar kein verwunderlicher Befund, da die Bibel in Gesellschaften mit sozusagen männlicher Superdominanz entstanden ist und über die tausend Jahre ihrer schriftlichen Ausarbeitung hin mit ziemlicher Sicherheit nur von Männern tradiert wurde. Die einseitig männliche Psychologie hat sich auch in den Texten niedergeschlagen, in denen Frauen im Mittelpunkt stehen, wie in den alttestamentlichen Büchern Rut, Judit und Ester; und dasselbe gilt auch für eine ausgesprochen archetypische Schrift, die neutestamentliche Apokalypse (Geheime Offenbarung), in der weibliche Symbole eine große Rolle spielen. Das Animaproblem erscheint infolgedessen in der Bibel in vielfachen Variationen, denn es ist ein zentrales Thema der männlichen Psychologie. Das Animusproblem der weiblichen Psychologie fällt dagegen biblisch so gut wie völlig aus. Die exemplarischen biblischen Individuationssituationen sind deshalb einseitig, ein Tatbestand, der dem archetypischen Verständnis von Glauben als dem höchsten integrierenden Faktor des Menschwerdungsprozesses entgegensteht. Die einzige Ausnahme, allerdings die entscheidende, bildet nach meinem Dafürhalten in diesem Zusammenhang die Überlieferung von Jesus; in ihr haben sich, unbewußt, offensichtlich Ganzheitstendenzen der Individuation durchgesetzt – Genaueres davon später. Verstärkt wird das Problem männlicher Einseitigkeit der biblischen Überlieferung durch ihre nachbiblische Wirkungs- als Auslegungsgeschichte; sie ist bis heute von der gleichen, einseitig männlichen Perspektive bestimmt. Als aktuellstes Beispiel dafür betrachte ich die historisch-kritische Exegese[165]. Ursache für diese Auslegungsgeschichte scheinen mir allerdings weniger einzelne Methoden oder hermeneutische Ansätze zu sein – diese dürften mehr den Charakter von Symptomen haben – als vielmehr die Gestalt kirchlicher Religiosität, die sich am Kult ablesen läßt, aber auch oder sogar noch mehr an Inhalten pastoraler Vermittlung sowie kirchenamtlichen religiösen Leitvorstellungen. Auf das archetypische Anima- und Animusproblem bezogen, möchte ich die Behauptung wagen, daß der Archetypus von Animus und Anima speziell in der römisch-katholischen Kirche weitgehend (noch immer) nur in projiziertem Zustand erscheint. Äußerlich erkennbare Anzeichen dafür gibt es – gerade auch in der Kirche der Bundesrepublik – viele, wie z. B. die männliche Dominanz mit dem Ausschluß der Frau von den verantwortlichen Positionen, die Starrheit in der Zölibatsfrage mit Inkaufnehmen des Verlusts vieler pastoraler Berufungen, die Sexualität als bevorzugtes Gebiet für emotional engagierte Stellungnahmen sowie die Umschreibung von gültigen Werten und Verhaltensweisen in diesem Bereich ausschließlich durch Männer, und das gerade in solchen Punkten, welche insbesondere die Frau existentiell betreffen, wie Geburtenregelung u. ä.; auch das, wenn auch nicht mehr laut proklamierte, so doch im verborgenen immer noch bevorzugte Leitbild der Frau als Hausfrau und Mutter gehört dazu und manches andere mehr. Die Einseitigkeit, mit der an die genannten Bereiche emotionale Energien gebunden werden, wo diese für andere, die *gesamt*menschliche Entwicklung betreffende Bereiche mindestens ebensosehr, wenn nicht mehr benötigt würden, läßt auf eine fehlende Integration der psychischen Animagestalt schließen, mit der Folge, daß auch das religiöse Leben starr und unlebendig wird, statt die Vollständigkeit des Menschen dynamisch auszudrükken – zu sehen am Abschnüren neuer Symbolbildungen: im Kult durch eine hypertrophe rituelle Regelung, in der Lehre durch Buchstabenverständnis der alten großen Glaubenssymbole. Eine Neubelebung des kirchlichen Individuationsprozesses dürfte so lange unterbleiben, als die skizzierten Phänomene mit der Begründung ihrer »Unveränderbarkeit« wegen göttlicher Setzung aufrechterhalten werden, und d. h., solange die Einsicht nicht angenommen wird, daß Herkunft und Ursprung des christlichen Glaubens von ebensolchen einseitigen Manifestationen nichtintegrierten Menschseins begleitet waren, daß diese sich in der Bibel als dem Ursprungsdokument von Glaube und Kirche erhalten haben, deswegen aber nicht hypostasiert und festgeschrieben werden dürfen, soll christlicher Glaube und christliches Leben nicht stagnieren. Das Christentum entstammt einer Zeit, in der die menschliche Entwicklung noch nicht vor der heutigen Aufgabe stand, die unbewußt in der Psyche wirkende Natur bewußt zu gestalten, die kollektiven Urbilder wie das der Anima dem Bewußtsein zu erschließen und damit die archetypischen Energien in konstruktive Veränderungen des religiösen Lebens umzusetzen, was eine Veränderung der Rollen von Mann und Frau in der Kirche einschließen müßte.

Das kirchliche Festhalten der Urbilder im unbewußten Zustand verursacht auch gewissermaßen eine Sehstörung im Blick auf die in den Evangelien überlieferte Gestalt Jesu. Sie äußert sich z. B. in der recht naiv klingenden Begründung für den Ausschluß der Frau von kirchlichen Ämtern: Jesus sei ein Mann gewesen und habe auch nur Männer in amtliche Funktionen eingesetzt. Daß Jesus und die urkirchlichen Tradenten in einem Anima-unintegrierten Volk gelebt haben, wird hierbei einfach nicht wahrgenommen; es wird vielmehr sogar ein, von der Zielgerichtetheit menschlicher Selbstwerdung aus gesehen, zu überwindender Entwicklungsstatus zu einem Wesensmerkmal der Kirche erhoben. Das geht wiederum nur, wenn übersehen wird, daß Jesus selbst diesen unintegrierten Entwicklungsstand in seiner Person, seiner Zeit damit weit voraus, bereits überwunden hatte. Nur so ist es zu erklären, daß bis heute in der Kirche ein Bild von Jesus vorherrscht, das ihn als einen unintegrierten Menschen zeigt, der alles das legitimieren mußte, was in der Kirche jahrtausendelang an nicht integrierter Anima ausagiert wurde; dazu gehört vor allem die Zurücksetzung der Frau. Dies genau ist der Zustand des projizierten Archetypus. Heute wäre es nun allerdings möglich, diese männliche Vereinnahmung Jesu abzubauen, da wir in der Lage sind, das Projizierte als einen Teil unserer eigenen Psyche zu erkennen. Gelingt es, die Evangelien ohne Anima-Projektionen zu lesen, so werden ganz neue Züge an Jesus sichtbar, die ihn uns als einen »nichtanimose(n) Mann«[166] zeigen, der offenbar nie das Bedürfnis hatte, seine unbewußte Anima auf Frauen zu projizieren, der statt dessen aber »weibliche« Lebensmöglichkeiten bei sich selbst verwirklicht hat, vor allem Einfühlung in jedes menschliche Leiden sowie in das von den Menschen aus ihrem Bewußtsein verdrängte, ungelebte unbewußte Leben, die Fähigkeit, die in seinem Volk geltende menschenfeindliche Gesetzesreligiosität zu überwinden, hinter dieser Mauer den lebendigen Gott zu entdecken, ihn auch anderen Menschen zu vermitteln und im eigenen Leiden der Wahrheit seines Gottes ganz innezuwerden. Da das Anima- und Animusproblem bei archetypischer Auslegung der Bibel wegen deren nur männlicher Psychologie Schwierigkeiten bereitet, kann der integrierte Mensch Jesus einen Schlüssel abgeben für die Erschließung dieser Dimension des Individuationsprozesses in der ganzen Bibel. An ihm ist zu erkennen, wie ein integrierter Archetypus sich im Leben realisiert; für den Mann direkt ablesbar, für die Frau nur spiegelbildlich. Mit dem Modell des Menschseins Jesu können viele archetypische Grundsituationen im Wirkungsbereich von Anima und Animus in der Bibel identifiziert und verstanden werden. Im Bild Jesu, in dem das Gegensatzpaar männlichen und weiblichen Menschseins zur Einheit verbunden ist, zeigt sich auch der letzte Archetypus des Individuationsprozesses, der dessen Ziel bezeichnet, der Archetypus des Selbst. Seine Funktion und seine Inhalte sollen im folgenden Abschnitt dargestellt werden.

3.3.3 Der Archetypus des Selbst

Mit dem Archetypus des Selbst wenden wir uns einer psychischen Wirklichkeit[167] zu, die sich fast nur in Paradoxien beschreiben läßt, als empirisch sich manifestierend und bewußtseinstranszendent, als real existierend und als utopisches Ziel der Selbstwerdung, und in ähnlichen Paradoxien mehr. In Jungs Strukturmodell von der Psyche stellt das Selbst gegenüber dem Strukturmodell von Freud wohl das ungewöhnlichste Element dar. Von den anderen psychischen Funktionen unterscheidet es sich in charakteristischer Weise, besonders vom Ich, mit dem es in der Alltagssprache meistens gleichgesetzt wird, von dem es sich bei Jung aber grundlegend unterscheidet. Es soll deshalb als erstes eine vorläufige Definition als Abgrenzung vom Ich versucht werden[168]. Das Ich ist in diesem Modell als eine Bewußtseinsinstanz verstanden mit den Funktionen Erkenntnis und (freier) Wille. Bewußt ist dem Menschen alles, was in Beziehung zum Ich steht – alles, was ich bewußt weiß und was ich bewußt tue. Im Ich sind die Inhalte des Bewußtseins zentriert, und von ihm werden sie gesteuert. Das Ich ist gewissermaßen die Verdichtung des Bewußtseins, denn es besitzt nicht nur das Wissen von »Sachen«, sondern auch das Wissen von sich selbst. Was in der Alltagssprache Selbstbewußtsein heißt, ist in Jungs psychischem Modell Ich-Bewußtsein. Es garantiert die Identität und Kontinuität des Individuums sowohl gegenüber sich selbst als auch gegenüber andern; daß ich und daß andere mich heute als denselben Menschen erleben, der ich gestern war, und nicht als einen ganz anderen, liegt am Ich. Auch die Schwankungen, die es dabei gibt, hängen von der mehr oder minder starken Festigkeit des Ich ab. Das Ich ist als psychische Instanz nun nicht einfach vorhanden, sondern bildet sich in der Entwicklung des Menschen, vorwiegend der des Kindes und Jugendlichen, heraus[169]. Seine individuelle Form findet das Ich in der Auseinandersetzung mit der Objektwelt draußen, vor allem mit dem gesellschaftlich Vorgegebenen, und in der Auseinandersetzung mit der psychischen Innenwelt, mit den Triebimpulsen. oder allgemein den psychischen Energien. In Abgrenzung von diesen beiden Größen findet das Ich seine Konturen. Gelingt diese Abgrenzung nicht genügend, so ist das Ergebnis eine Ich-Schwäche, ein Mensch, der entweder gesellschaftlichen Kollektivvorstellungen erliegt oder der seiner Triebsphäre, dem Unbewußten, verfällt. Die beiden Größen Objektwelt und psychische Innenwelt setzen dem Ich aber auch seine Grenzen – es ist daher nicht allwissend und nicht absolut frei. Die Balance zu halten zwischen den Ansprüchen von außen und von innen und dabei die individuelle Prägung zu gewinnen ist Aufgabe des Ich.

Das Selbst ist vom Ich prinzipiell unterschieden; Selbstwerdung setzt eine gelungene Ichbildung mit dem Ergebnis eines stabilen Ich voraus. Im allgemeinen wurde und wird zum großen Teil noch immer die Psyche mit dem

Bewußtsein gleichgesetzt und infolgedessen das Ich als das Zentrum der menschlichen Person verstanden. Wird die Psyche dagegen mit ihrem riesigen unbewußten Anteil gesehen, so verliert das Ich seine Mittelpunktstellung. In der »Archäologie des Subjekts« stellt das Bewußtsein die oberste Schicht der Psyche dar, und (nur) als dessen Zentrum ist das Ich zu denken. Bewußtsein und Unbewußtes machen erst die ganze Psyche aus, und diese hat als ihr Zentrum das Selbst; es ist »ein Punkt in der Mitte zwischen Bewußtsein und Unbewußtem«[170]. Dieser Punkt kann auch als Schwerpunkt der Psyche bezeichnet werden. Stellt man sich die Gesamtpsyche als eine Kugel vor[171], so ist das Bewußtsein ein heller Fleck auf der Oberfläche mit dem Ich als Mittelpunkt, das Selbst ist der Mittelpunkt der ganzen Kugel und ist zugleich – das ist die fundamentale Paradoxie des Selbst – die ganze Kugel. Das Selbst ist somit zum Teil eine empirische Größe – es schließt ja das Bewußtsein mit ein, und als psychisches Zentrum manifestiert es sich als Drang zur Individuation; es ist aber mehr noch eine potentielle Größe, denn das auf den Mittelpunkt des Selbst zentrierte Unbewußte wird zum größten Teil immer unbewußt bleiben; und die im Selbst repräsentierte und durch die Individuation angestrebte Ganzheit der Psyche – die im Kugelmodell gut veranschaulicht ist - wird von einem Menschen in seiner geschichtlichen Existenz nie erreicht; sie bleibt eine Utopie. Jung sagt daher vom Begriff des Selbst, daß er zum Teil ein »Postulat« und daß er »transzendent« ist, daß das Selbst eine »ideale Persönlichkeit« bezeichnet[172]. Im Verhältnis von Ich und Selbst ist das Ich die kleinere Größe und dem Selbst unter- oder besser: eingeordnet. Wegen seiner völligen Bewußtheit wirkt es auf den Menschen jedoch beeindruckender; und so kommt es, daß der Mensch sein empirisches Ich für das Ganze seiner Person[173] hält, obwohl er potentiell oder virtuell eine viel umfänglichere und reichere Person ist. Wer aber nicht damit rechnet oder daran glaubt, daß er mehr sein kann, als er empirisch ist, wird auch kaum mehr werden. Hier deutet sich eine schwerwiegende Auswirkung der Bewußtseins- oder Ich-bezogenen Vorstellung vom Menschen in der modernen Welt an, die weit ins Religiöse hineinreicht; denn ein Symbol wie das des Selbst wird hier leicht als Hirngespinst abgetan.

Das Selbst tut sich unter den Individuationssymbolen als der mächtigste Archetypus kund, da es das Urbild des Ziels menschlichen Werdens ist. Alle archetypischen Symbole, die Stationen oder Stadien der Selbstwerdung anzeigen, stehen zu diesem Archetypus in Beziehung. Die Annahme des Schattens, die Integration der andersgeschlechtlichen Lebensmöglichkeit tendieren auf diese Zielgestalt hin; und die archetypischen Wandlungssituationen drängen den Menschen aus seiner engen Ich-Identität hinaus und hinüber in die umfassendere des Selbst. Das Selbst verlagert den Schwerpunkt des Menschen in tiefere Schichten des Seins und schafft ihm »eine neue sichere Grundlage« »wegen seiner zentralen Lage zwischen Bewußtsein und Unbewußtem«, wie Jung sagt[174]. Da das Selbst psychisch geradezu allumfassend ist, birgt es für das Ich aber auch Gefahren. Das Selbst kann dem Ich als dessen größere Möglichkeit so imponieren, daß das Ich sich von diesem vereinnahmen läßt, sich nahezu völlig mit dem Selbst identifiziert. Und da das Selbst eine Größe des Unbewußten ist, liegt hier ein spezieller Fall der Überflutung des Ich durch das Unbewußte vor. Die Folge ist eine »Inflation des Ich«[175], eine Aufblähung, die kein Fundament in der empirischen Wirklichkeit hat. Das Ergebnis ist ein Mensch, zwischen dessen Ich-Bewußtsein und der Realität seines Ich eine große Lücke klafft, der bei sich selbst glaubt und vor andern so erscheint, als sei er mehr, als er tatsächlich ist – bis hin zum Größenwahn. Dasselbe Ergebnis kann auch durch den umgekehrten Vorgang eintreten, daß nämlich das Ich sich das viel umfassendere Selbst assimiliert und in der Folge davon glaubt, alle seine Möglichkeiten verwirklicht zu haben, keiner Ausrichtung auf ein größeres Ziel hin (mehr) zu bedürfen. Meiner Meinung nach wirkt sich das auch in einer Art von Transzendenzlosigkeit aus, einer Verschlossenheit des Ich in seiner empirisch greifbaren Realität bis hin zur Unfähigkeit für bzw. Ablehnung von Religion. Im ersten Falle der Ich-Inflation wird das Selbst vom Ich für über-, wenn nicht gar allmächtig gehalten, im zweiten Falle wird es verkleinert auf die Maße des Ich. In beiden Fällen wird Individuation unmöglich gemacht, denn dem Ich geschieht dies alles unbewußt; es findet daher keine Integration des Ich in die größeren Möglichkeiten des Selbst statt, das Ich bleibt vielmehr den unbewußten Kräften ausgeliefert, da es sie nicht als seine eigenen psychischen Funktionen erkennt, sondern dem Archetyp des Selbst entweder kritiklos verfällt oder ihn ebenso kritiklos leugnet bzw. verdrängt. Jung sieht den Ausweg aus diesem Dilemma darin, daß das Ich einen »mittlere(n) Grad von Bescheidenheit erreicht«[176], denn in beiden Fällen von Ich-Inflation handelt es sich um eine Überschätzung des Ich. Dies fordert dem Ich eine enorme Arbeit an sich selbst ab, deren Ziel in der Herstellung einer ausgewogenen Synthese zwischen Ich und Selbst besteht.

In der Synthese wird der Versuch gemacht, die normalerweise dissoziierten psychischen Teilfunktionen – in der allgemeinsten Formel: das Bewußtsein und das Unbewußte – miteinander zu verbinden und auf eine Mitte hin zu zentrieren. Das Ich kann so in ungehinderten Austausch mit allen psychischen Kräften treten und aus einem fragmentarischen zu einem ganzen oder ganzheitlichen Menschen werden. Dieser Prozeß, der das Herzstück der Selbst-Werdung ist, muß vom Ich vorange-bracht werden, aber es wird ermöglicht und mit Energie versorgt vom Selbst. Jung nennt den der Psyche einge-borenen natürlichen Drang zur Überwindung des Gegen-satzes bewußt-unbewußt mit der Tendenz zum Erreichen einer größeren psychischen Ganzheit die »transzendente Funktion«[177]. Wird sie bewußt ausgeübt, so befähigt sie dazu, je nach Notwendigkeit überzuwechseln von der zielgerichteten rationalen Einstellung des Ich zu einer Einstellung, die dem Unbewußten mehr die Führung überläßt. Die transzendente Funktion ermöglicht also eine Einstellung, bei der das Ich seine engen psychischen Grenzen überschreitet, dabei seine eigenen Ansprüche ge-wissermaßen zurückstellt zugunsten noch unbekannter Möglichkeiten der Selbst-Verwirklichung. Man könnte auch sagen, daß die transzendente Funktion dem Men-schen zu einer neuen Lebenseinstellung verhilft, wenn er mit der bislang praktizierten nicht mehr weiterkommt; das Ich, das gelernt hat, auf das Unbewußte zu hören, lernt auch, sich selbst zu transzendieren. Wenn der Be-griff »transzendieren« in diesem Zusammenhang auch nicht metaphysisch zu verstehen ist, so bezieht er sich doch auf Lebensmöglichkeiten, die dem Ich aus sich nicht gegeben und nicht zugänglich sind, die ihm von einem psychischen Jenseits zukommen. Da die Gegensatzspan-nung zwischen Bewußtsein und Unbewußtem, auch bei intakter transzendenter Funktion, immer von neuem an-steigt – Selbst-Werden ist ein nie abgeschlossener Le-bensprozeß –, bedeutet dies dauernden »offenen Kampf und offene Zusammenarbeit«[178] des Ich mit dem Unbe-wußten. Da das rationale Ich und das irrationale Unbe-wußte eo ipso Gegensätze sind, muß zwischen beiden, zumal sie in einer Person zusammengesperrt sind, ein Kampf stattfinden; beide suchen ihren Einfluß auf das Leben des Menschen auszudehnen. Verhängnisvoll ist der

Kampf, solange er unwissend verläuft, weil dann das Unbewußte einen dem Ich unbekannten Einfluß auf seine Lebensgestaltung nimmt. In der transzendenten Funktion nun sucht die Psyche die ihr immanenten Gegensätze einander anzunähern und so einen Gleichgewichts-Status zu erlangen, bei dem beide Seiten einen etwa gleichen Einfluß haben. Als Ergebnis stellt sich beim Menschen eine neue Bewußtseinslage ein, jedoch nicht im Sinne eines rationalen Wissenszuwachses im Ich, vielmehr im Sinne einer »Persönlichkeitsveränderung« bzw. einer »Durchbildung der Persönlichkeit zur Ganzheit«[179] hin; archetypisch ist das eine neue, oder wie Jung sagt, »eine lebendige Geburt« – im Unterschied zur »Totgeburt« einer bloß rationalen Veränderung im Ich[180]. Beim modernen Menschen ist dies ein besonders schmerzhafter Prozeß, da sein Bewußtsein sich von »der naturhaften, unbewußt-instinktiven Ganzheit der Vorzeit«[181] ungeheuer weit entfernt hat, die innerpsychischen Gegensätze sich also verschärft darstellen. Jung sagt dazu:

> »Fortschritt und Entwicklung ... verlieren ihren Sinn, wenn der Mensch im neuen Zustand nur als Fragment seiner selbst anlangt und alles Hintergründliche und Wesenhafte im Schatten des Unbewußten, in einem Zustand der Primitivität oder gar der Barbarei zurückläßt. Das von seinen Grundlagen abgespaltene Bewußtsein, unfähig den Sinn des neuen Zustandes zu erfüllen, fällt dann nur allzuleicht in eine Lage zurück, welche schlimmer ist als die, aus welcher die Neuerung befreien wollte.«[181]

Dem sozusagen hypertroph entwickelten Ich des modernen Menschen fügt die Selbst-Werdung daher eine schwere Einbuße an Einflußnahme zu; der Mensch muß ein Ich-Opfer bringen, wenn er Selbst werden will[182]. Im Bezug zum Individuationsprozeß heißt das folgendes: Das egoistische Ich-Bewußtsein, das alle bewußtseinsfähig werdenden psychischen Inhalte seiner eigenen, rationallogischen Struktur einverleiben, d. h. sich selbst auf Kosten der gesamten übrigen Psyche erweitern will, muß auf diesen Unterwerfungsgestus gegenüber dem psychisch Unbekannten verzichten zugunsten der werdenden Ganzheit des Selbst. Statt schrankenlos in der Psyche zu dominieren – was bei einem Menschen oft darin gipfelt, daß er alles Unbewußte für Unsinn oder nicht existent hält –, muß das Ich sich umgekehrt, zumindest mit einem Teil seines Dominanzanspruches, dem sich entwickelnden, größeren psychischen Ganzen unterwerfen. Unbewußt kann dies nicht geschehen, sondern nur dann, wenn der vom Selbst ausgehende Impuls zur psychischen Wandlung so stark, d. h. so energiegeladen geworden ist, daß das Ich ihn wahrnehmen und sich ihm gemäß verhalten *muß*. Das aber ist in jedem Falle ein bewußter Vorgang, der auch Entscheidungen des Ich über die Art seiner Lebensorientierung einschließt; das Ich-Opfer ist daher ein ethischer Akt. Das drastischste biblische Beispiel für das Opfer eines Ich-Anspruchs zugunsten voller Menschwerdung ist wohl die Geschichte von Abrahams Opferung seines Sohnes (Gen 22)[183], das ergreifendste Beispiel und zugleich das mit der größten geschichtlichen Auswirkung – nämlich der Entstehung einer Weltreligion – ist das der Selbsthingabe Jesu am Kreuz, wobei Selbsthingabe in tiefenpsychologischer Sicht Ich-Hingabe meint.

Die transzendente Funktion als eine Einigungsfunktion weist unmittelbar hinüber in den Bereich der Symbolisierung des Einigungsprozesses, also der bildlichen Manifestation des Archetyps des Selbst. Wie alle Archetypen präsentiert sich auch der des Selbst dem Bewußtsein in Bildern, und zwar sowohl in psychischen Produktionen des einzelnen Menschen, wo sie aber häufig nicht als Urbilder des Selbst erkannt werden, als auch in kollektiven psychischen Produktionen vor allem in den Mythen und Religionen der Völker. Immer sind es Symbole der Ganzheit, die Gegensätzliches in sich schließen. Sie zeigen damit einerseits eine schon existierende Wirklichkeit an, denn die Psyche kann nichts hervorbringen, was nicht schon wirklich ist; allerdings ist es eine keimhafte Wirklichkeit, die Jung auch »Entelechie« nennt, und er versteht darunter »ein apriorisches Vorhandensein der Ganzheitspotentialität«[184]; es ist damit ähnlich wie mit einem menschlichen Embryo: er ist schon ein menschliches Wesen, das aber, um den Begriff »Mensch« voll zu erfüllen, erst noch in seine Möglichkeiten hineinwachsen muß. Andererseits verweisen die Urbilder des Selbst auf eine noch nicht existierende Wirklichkeit, denn der Zusammenfall von prinzipiell Gegensätzlichem, wie der von Licht und Finsternis etwa, ist in unserer empirischen Welt nicht möglich. Genau auf diese Vereinigung deuten aber die Symbole des Selbst. Deutlich ablesbar ist dies an den abstrakten, d. h. den nicht personifizierten Selbst-Bildern, den Kreis- und Viereckfiguren, von Jung »Quaternitäts- und Mandala-Symbole«[185] genannt. Sie stellen sich zwar als Kreis *oder* Viereck, bzw. in Verbindung miteinander als Viereck im Kreis, dar, da das Bewußtsein den Zusammenfall beider gar nicht wahrnehmen könnte. Aber in der archetypischen Tiefenschicht der Psyche gibt es so etwas wie die Quadratur des Kreises — schon daß ein solcher Gedanke denkbar ist, nämlich das Einswerden von für das Bewußtsein unvereinbaren Gegensätzen, scheint mir auf deren potentielle Wirklichkeit in der Psyche hinzudeuten. Ganzheitssymbole in Form von Mandalas gibt es zahllose. In der christlichen Tradition ist das wichtigste das Kreuz als Todes- und Lebensbaum in einem.

Neben den abstrakten Urbildern des Selbst gibt es dann die personifizierten archetypischen Bilder des Selbst. Obwohl in den Gestalten ebenfalls höchst variabel und

vielfältig, lassen sich doch bestimmte Grundtypen herauskristallisieren, wie der alte Weise, die Allmutter (Erde),
das (göttliche) Kind[186]. Diese Urbilder sind vielfach wandelbar, lassen aber immer die Urgestalt durchschimmern,
die bei den personifizierten Selbst-Bildern für die Frau
weiblich ist, wie z. B. die hilfreiche Fee in vielen Märchen,
für den Mann dagegen männlich, ein Guru oder Seelen-
führer. Daß das Selbst in gleicher Weise auch im Bild des
Kindes erscheint, verdeutlicht dessen zeitenthobene Eigenart: alt ist das Selbst als die dem zeitgebundenen Ich
überlegene wissende Macht, die Ziel und Sinn des Lebens
kennt; jung ist das Selbst als die immer neue Verheißung, daß dieses Ziel des Lebens verwirklicht werden
kann, und als der Impulsgeber, der den Menschen zu
diesem Ziel hin treibt. Während der weise Mann und
die weise Frau mehr den bewußt gestalteten Aspekt der
Ganzheit verkörpern, bildet das Kind mehr die naturgegebene, un- oder vorbewußte Form des Selbst ab, die
paradiesische Ganzheit des Lebens, die noch nicht durch
die Abspaltung des Bewußtseins vom Ganzen der Psyche,
durch den Sündenfall der Erkenntnis von Gut und Böse
(Gen 3) zerbrochen ist. Aus dieser Symbolkraft des Kindseins dürfte sich die bei vielen Erwachsenen anzutreffende
Verklärung der Kindheit und nostalgische Sehnsucht nach
ihr erklären. Insofern enthält das Urbild des Kindes
eine gefährliche Versuchung, die nämlich, Selbst-Werdung
als Regression in einen vorbewußten, sich selbst genü-
genden Zustand mißzuverstehen. Das Kind ist zwar die
Verheißung des heilen und ganzen Menschen, und es
erscheint im archetypischen Bild deshalb oft als göttlicher
Heiland. Doch für den erwachsenen Menschen führt der
Weg zur Verwirklichung der Verheißung nur vorwärts
durch Erleiden und Überwinden der psychischen Spaltung hindurch.

Von der unterschiedlichen Akzentuierung der Urbilder

des Selbst aus kann auch verständlich gemacht werden, daß das christliche Weihnachtsgeheimnis mehr Menschen anzieht als das Ostergeheimnis, obwohl letzteres das Zentrum der christlichen Botschaft ist. Kreuz und Auferstehung als Symbol des Selbst machen schon von ihrem Bildcharakter her viel stärker als das Kindsymbol deutlich, daß Selbst-Werden Sterben einschließt, in welcher Form auch immer. Dieses Symbol bildet den mühsamen Prozeß der bewußten und gewollten Selbst-Gestaltung ab, während das Weihnachtssymbol mehr den Verheißungsaspekt in den Vordergrund rückt und deshalb unser Unbewußtes fasziniert. Bei der vielgestaltigen Symbolik des Selbst ist es überhaupt wichtig, deren einzelne Facetten immer in ihrem Kontext zu sehen. Auf unser Beispiel bezogen heißt das: Weihnachten und Ostern sind, archetypisch betrachtet, wahr nur im Zusammenhang beider Symbole; getrennt je für sich können sie Wahrheit[187] und Sinn des Selbst nicht abbilden. Zum Kontext der Symbolik des Selbst gehört ferner, daß sie auch eine zerstörende Macht abbilden kann, wie alles Archetypische doppelgesichtig ist. Daß bei nicht gelingender Integration das Ich am Selbst scheitern kann, wurde am Anfang des Abschnitts dargelegt. Bildlich zeigt sich das in den Gegenfiguren zu den hilfreichen und weisen Gestalten, dem bösen Magier und Dämon, der Hexe und bösen Zauberin und vielen ähnlichen. Das Ich steht gewissermaßen zwischen den Fronten der hellen und dunklen Gestalten des Selbst; will es seine psychische Ganzheit erlangen, so muß es am Kampf der psychischen Mächte, die größer sind als es selbst, teilnehmen. Die Amplitude der Erscheinungsform des Selbst ist so groß, daß das Ich es schwer hat, sich darin zu orientieren, und noch schwerer, sich damit auseinanderzusetzen, zumal das Selbst einerseits das ganz persönliche Ziel der endgültigen Identitätsfindung des einzelnen Menschen ist, andererseits zugleich die am meisten transpersonale psychische Kraft. Jung sagt:

»Das Selbst ... ist der persönlichen Reichweite entrückt und tritt ... nur als religiöses Mythologem auf, und seine Symbole schwanken zwischen Höchstem und Niedrigstem.«[188]

Höchstes und Niedrigstes müssen nicht nur Positives und Negatives sein, sie können sich auch in beeindruckender Majestät, gar voll Pomp, auf der einen Seite präsentieren, etwa als königlicher Herrscher auf dem Thron oder in einer kultartigen Zeremonie – wie im Bild der heiligen Hochzeit, auf der anderen Seite in völliger Unscheinbarkeit bis hin zur Unkenntlichkeit als Bild des Selbst –, wie mir selbst einmal in einem Traum die Königin von England die Tür zu meinem Geburtshaus öffnete, aber in Gestalt, Aussehen und Kleidung einer »grauen Maus« gleich. Daneben können auch Tiere, Pflanzen und Steine das Selbst abbilden; es umfaßt alle Kategorien des Seienden, einschließlich der anorganischen, ähnlich wie der Mensch selber. Es ist jedoch unmöglich, eine Liste möglicher Erscheinungsformen des Selbst aufzustellen und die einzelnen Bilder mit feststehenden Bedeutungen zu identifizieren. Der Archetypus des Selbst manifestiert sich nämlich nicht punktuell, vielmehr begleitet er den Individuationsprozeß ständig in allen seinen Phasen. Die archetypischen Bilder des Selbst können deshalb auch nur im Zusammenhang mit einer bestimmten Individuation richtig interpretiert werden. In religiösen Traditionen allerdings gibt es so etwas wie standardisierte Bilder des Selbst, die in vielen Religionen in analoger Bedeutung wiederkehren, wie z. B. der Archetypus des göttlichen Kindes. Hier läßt das archetypische Bild sich auf eine bestimmte, sich sogar über Kulturen hinweg durchhaltende Bedeutung hin verstehen. Dasselbe gilt für das in vielen Religionen vorhandene Bild des

Urmenschen oder des kosmischen Menschen, das oft von hermaphroditischem, also männlich-weiblichem Charakter ist. In der alt- und neutestamentlichen Tradition umfaßt es dagegen menschlich-göttliche Merkmale; es erscheint als der erste und der zweite Adam, als der Menschensohn, als der kosmische Christus. Im Bild des Urmenschen ist der Doppelcharakter des Selbst vielleicht am besten verkörpert: als uranfänglich wirkende, aber verborgene Lebenskraft und als Ziel, in dem alle in der Natur und der Geschichte divergierenden Kräfte zu einer Alleinheit zusammengefaßt werden. Für die archetypische Bibelauslegung gibt diese Art von Bildern einen Leitfaden ab. Außerdem sind Symbole des Selbst in Bibeltexten immer aus dem Ganzen eines Erzählzusammenhangs heraus zu deuten, nie isoliert für sich genommen; denn nur so machen sie eine Aussage über die Individuation eines Menschen, einer Gruppe, eines Volkes, über die Vollendung der Welt.

Als Ganzheitssymbol kann das Selbst als der Archetypus des Religiösen bezeichnet werden, da in ihm alle Gegensätze des Seienden als geeint gedacht sind. Der Mensch ist sozusagen der Brennpunkt, in dem die Gegensätze am schärfsten, weil bewußt, hervortreten, in dem aber auch die Einigung, weil bewußt, am intensivsten erfolgt. Jung verdeutlicht an einer Stelle, am Symbol des Kreuzes, diese Brennpunkt-Stellung des Menschen, die nach meiner Meinung die religiöse Dimension der menschlichen Psyche verstehbar macht:

»Das Kreuz ... ist ... sein Selbst, seine Ganzheit, ebensosehr Gott wie Tier, nicht nur empirischer Mensch, sondern die Fülle seines Wesens, die in der Tiernatur wurzelt und über das Nurmenschliche in die Göttlichkeit hinaufreicht. Seine Ganzheit bedeutet eine ungeheure Gegensätzlichkeit, die aber in sich geeint erscheint, wie das Kreuz, das hierfür trefflichstes Symbol ist.«[189]

Wird damit Ernst gemacht, daß der Mensch im Selbst als dem Kern seiner Psyche in gewisser Weise teilhat an allem Seienden, daß Selbstwerdung bedeutet, sich auf die im Selbst projektierte Ganzheit des Seins in ihrem vollen Umfang hin zu entwickeln, so ist klar, daß dieser Prozeß sein Ziel nicht in der geschichtlich-empirischen Existenz des Menschen erreichen kann. Selbst-Werden ist in dieser tiefenpsychologischen Perspektive ein Vorgang, der ›per definitionem‹ in eine transgeschichtliche Dimension reicht; deren Charakteristik ist meines Erachtens psychologisch nur insoweit erfaßbar, als in der Tiefenpsyche ein Drang der menschlichen Entwicklung auf diese Dimension hin ausgemacht werden kann, und zwar aufgrund der empirisch faßbaren Urbilder der Ganzheit, wie sie charakteristisch sind wohl für alle Religionen und wie auch der einzelne Mensch sie in seinen Träumen und Phantasien hervorbringt. Der Archetypus des Selbst, an den die »Annäherung« des Ich »nur unendlich sein kann«[190], wie Jung sagt, kann darum auch als die religiöse Anlage des Menschen verstanden werden, durch die er mit der ganzen Menschheit verbunden und auf einen – möglichen – transgeschichtlichen Sinn menschlichen Lebens ausgerichtet ist. Welche uralten und zugleich neuen, weil in jeder Gegenwart lebendigen Vorstellungen in der Menschheit zu diesem Sinnaspekt vorhanden waren und sind, zeigt sich in den archetypischen Ganzheitsbildern, zu denen in der christlichen Tradition wohl auch die eschatologischen Ideen, die Vorstellungen von der Vollendung des Menschen und der Welt zu rechnen sind.

Das Selbst ist, werden die vorangehenden Überlegungen zusammengefaßt, als der Archetyp der menschlichen Transzendenz zu bezeichnen. Da stellt sich natürlich die Frage nach dem Verständnis Gottes in diesem Bezugsrahmen. Bei der Erörterung dieser Frage ist genau zu unterscheiden zwischen der Rede vom Gottes*begriff* bzw. vom Gottes*bild* – wovon im Rahmen einer tiefenpsychologischen Hermeneutik der Bibelauslegung nur gesprochen werden kann – und der Rede von Gott an sich; ob letztere überhaupt möglich ist und ob nicht auch die Theologie letztlich vom Gottesbild spricht, soll hierbei offengelassen werden. Wenn so etwas wie Gotteserfahrung denkbar und möglich ist, so ereignet sie sich im Wirkungsbereich des Archetypus des Selbst, weil da die Bilder von Ganzheit und Fülle des Lebens entstehen, die in der empirischen Wirklichkeit von Mensch und Welt nicht aufgehen, sondern diese transzendieren, und daher zu Recht als göttliches Pleroma[191] erfahren werden. Jung erläutert die Beziehung zwischen Archetyp des Selbst und Gottesbild in diese Richtung, wenn er formuliert:

> *»Einheit und Ganzheit stehen auf der höchsten Stufe der objektiven Wertskala, denn ihre Symbole lassen sich von der imago Dei nicht mehr unterscheiden. Alle Aussagen über das Gottesbild gelten also ohne weiteres für die empirischen Symbole der Ganzheit.«*[192]

Die Identifizierung des Gottesbildes mit den Symbolen des Selbst, die Jung hier vornimmt, ist möglich aufgrund des transzendenten Charakters des Archetyps des Selbst, der sich dem Bewußtsein gegenüber als autonom kundgibt und infolgedessen als persönliches Gegenüber erfahren wird. Transzendenz heißt im hier verwendeten Zusammenhang in erster Linie immer Bewußtseins-Transzendenz; beim Archetyp des Selbst – und somit auch beim Gottesbild – reicht die Transzendenz aber darüber hinaus, nämlich über alles, was der Möglichkeit nach bewußtseinsfähig ist, da das Selbst das nur transgeschichtlich erreichbare Zielbild menschlicher Entwicklung, und in universalem Maßstab das der Natur wie der Geschichte der Welt jenseitige Zielbild ist. In umgekehrter Gedankenrichtung dürfte dann gelten: gäbe es im Menschen nicht die psychische Repräsentanz einer jenseits aller Empirie vorgestellten Ganzheit alles Seienden, so gäbe es auch keine Gotteserfahrung. Die Repräsentanz jener Ganzheit in der menschlichen Psyche ist der Archetyp des Selbst, der sich in den Gottesbildern manifestiert. Die menschliche Psyche kann etwas Seiendes nur denken bzw. vorstellen, insofern es eine psychische Relevanz hat, da der Mensch aus seiner eigenen Psyche nicht heraustreten und unabhängig von ihr die Existenz von etwas feststellen kann. Das Gefangensein des Menschen in der Subjektivität seiner Psyche bedingt, daß er nur das wirklich adaptiert, was psychische Energie = Libido an sich zu binden vermag; deshalb kann auch Glaube nicht durch bloß kognitives Wissen zustande kommen, sondern nur durch Gotteserfahrung. Reicht die Psyche, wie nach Jungs Theorie, über ihre individuelle Subjektivität hinaus in die kollektive Objektivität der Menschheitspsyche hinein, so kann sie die dort gespeicherten kollektiven Gotteserfahrungen zu allen Zeiten reaktivieren und in eigene Erfahrung umsetzen; dabei werden die kollektiven, d. h. archetypischen Bilder Gottes in der individuellen Psyche wirksam. Jung spricht davon, daß metaphysische bzw. dogmatische Begriffe, »die ihre natürliche Erfahrungsgrundlage verloren haben«[193], die infolgedessen die religiöse Urerfahrung nicht mehr vermitteln können, ihren ursprünglichen Sinn wiederzuerlangen vermögen durch Rückbezug auf die archetypische Wirklichkeit.

Aus der engen Verbindung, ja der Identität von Symbolen des Selbst und Gottesbild ergibt sich als Folge, daß Gotteserfahrung ein integrierter und integrierender Teil des Selbstwerdens ist. Es darf auch der Umkehrschluß gewagt werden: wo die Selbstwerdung blockiert ist, da ist auch die Gotteserfahrung verhindert. Es mag dann wohl eine religiöse Praxis geben, aber das, was das Neue

Testament Umdenken bzw. Umkehr, eine neue Orientierung des Lebens nennt, kann sich so nicht ereignen. U. Mann konkretisiert diesen Aspekt am christlichen Inkarnationsgedanken, dem Gedanken der Menschwerdung Gottes; er sagt, wir müßten

»vielleicht sogar den Gedanken (akzeptieren), daß Gott sich so sehr in der Welt inkarniert (= verleiblicht, d. V.) und in der Psyche inanimiert (= in die Psyche eingegangen ist, d. V.) hat, daß er selbst mit Welt und Psyche mitwachsen will.«[194]

Gotteserfahrung, Glaube, ist nach dieser tiefenpsychologischen Sicht nicht etwas, was zum Menschsein zusätzlich von außen hinzukommt, was den Menschen über sein Menschsein hinausführt, es ist vielmehr die Vollendung oder Fülle des Menschseins, die als Archetyp des Selbst in ihm angelegt ist, die er in seinem konkreten Leben verfehlen oder gewinnen kann. Im biblischen Menschenverständnis wird diese Komponente immer wieder herausgestellt. So hat biblisch die Sünde, eine gleichsam pervertierte Gotteserfahrung, stets anthropologische Konsequenzen: am Menschheitsbeginn (Gen 3) wird das mühselige, schmerzvolle, erfolglose Leben des Menschen in seiner Welt auf die Ferne von Gott zurückgeführt, ein Zustand, der zugleich als Ansporn verstanden wird, die verlorengegangene Ursprungsganzheit durch das mühevolle menschliche Dasein hindurch wiederzugewinnen; dieser Aspekt zieht sich in Abwandlungen durch die ganze alttestamentliche Urgeschichte. Ein weiteres zentrales Beispiel ist der Exodus, bei dem die Bewährungssituationen des Unterwegsseins – ein Symbol des menschlichen Lebens – zugleich darüber entscheiden, wie nah Gott der Mosegruppe ist; und da das Geschick der kleinen Anfangsschar für das spätere Volk archetypische Bedeutung gewonnen hat, gibt die Exodus-Tradition das Selbstverständnis des ganzen Volkes Israel von seiner Selbstwerdung und seiner Gotteserfahrung wieder. In Einzelerzählungen erscheint das Religiöse bzw. die Gotteserfahrung manchmal überhaupt erst als nachträgliche Erkenntnis eines Menschen über eine Erfahrung, die ihn tief in seinem Menschsein angerührt und verändert hat; so erkennt z. B. Jakob erst nach seinem Kampf mit dem Unbekannten, daß er mit Gott gerungen hat (Gen 32); in den synoptischen Evangelien ist in den Wundergeschichten fast nie von Gott die Rede; die Kranken haben eine menschliche Begegnung mit Jesus, die ihr Leben grundlegend ändert – sie werden heil in einem umfassenderen Sinn als nur dem physischer Gesundheit; mehr wird meistens nicht erzählt, aber der Erzählduktus macht deutlich, daß sich zugleich eine Gotteserfahrung ereignet hat.

Die Wundergeschichten lassen mit diesem Zug ihrer Botschaft etwas Exemplarisches erkennen, wie nämlich in der urkirchlichen Tradition insgesamt sich die historische Gestalt Jesu mit religiösen Ganzheitssymbolen verbunden hat, ja geradezu mit ihnen verschmolzen ist. Im Rahmen einer archetypischen Bibelauslegung ist nicht nur nach der Beziehung des Gottesbildes zu den archetypischen Strukturen der Psyche zu fragen, sondern auch nach der Rolle der Gestalt Jesu in der Selbstwerdung. Nun können die synoptischen Evangelien zweifellos in großen Partien als die Darstellung des Selbstwerdungsprozesses des Menschen Jesus gelesen werden; denn wenn die Evangelien auch keine Biographie Jesu sind, so ist ihr Stoff doch ein geschichtlicher und enthält auch mindestens Eckdaten einer Lebensgeschichte Jesu. Ein Beispiel für diese Form des archetypischen Verständnisses der Person Jesu, bei dem Jesus in der psychischen Ich-Position gesehen wird, ist die Auslegung der Versuchungsgeschichte in der Einführung dieses Buches. Es gibt aber auch eine Reihe synoptischer Texte, bei denen diese Art der Auslegung nicht möglich ist, und beim johanneischen Christus ist das fast durchweg so. Diese wie auch andere, paulinische und nachpaulinische Teile der neutestamentlichen Überlieferung stellen Jesus nicht als einen sich entwickelnden Menschen dar, sondern als Ganzheitssymbol für Menschen, die durch dieses Symbol zum Glauben finden sollen. So ist in allen Texten, bei denen das Schwergewicht auf dem Hoheitsaspekt des Christus liegt, in archetypischer Betrachtung die Gestalt Jesu zum Selbst, nicht zum Ich in Beziehung zu setzen; im synoptischen Traditionsgut fallen darunter die Auferstehungs- und Epiphanieerzählungen, letztere auch in den Kindheitsgeschichten, und weitgehend die Erzählungen von den sogenannten Naturwundern; bei anderen Texten wie den Wundergeschichten sind unter Umständen beide Perspektiven – Jesus in der psychischen Ich-Position oder in der Position des Selbst – möglich.

Da in dieser Arbeit die Frage gestellt wird, wie das historisch Vergangene und Fremdgewordene des Ursprungs christlichen Glaubens gegenwärtige Lebendigkeit wiedergewinnen kann, muß auch gefragt werden, wie die zentrale Gestalt des Glaubens, Jesus, als Person vergangener Geschichte heute lebendig sein kann. Auch diese Frage wird hier mit dem tiefenpsychologischen, nicht einem theologischen Denkmodell angegangen. Dennoch soll zunächst ein Theologe zu Wort kommen. In seinem Aufsatz »Christentum und Mythos« stellt W. Pannenberg fest, daß das Urchristentum nicht nur mythische Elemente aus seiner Umwelt rezipiert hat, sondern auch Jesus und die Geschichte Jesu mythisiert hat, wobei er Mythisches als Archetypisches versteht. Er betrachtet das nicht als eine unsachgemäße Umdeutung der geschichtlichen Einmaligkeit Jesu, sondern sieht in der Botschaft Jesu selbst die Notwendigkeit zu einer archetypischen Deutung gegeben, und zwar in dem spezifischen

Inhalt der Eschatologie Jesu, nämlich der Bindung der anbrechenden Gottesherrschaft an die Person des historischen Jesus. Pannenberg sagt:

> »Dadurch wurde die Gestalt Jesu für die Glaubenden als historische zugleich Erscheinung des Absoluten in der Geschichte, Inkarnation Gottes. ... Die Verbundenheit mit seiner irdischen Geschichte ... verbürgt die künftige Teilhabe ... an der kommenden Gottesherrschaft. Darum mußte die Geschichte Jesu archetypische Bedeutung für seine Gemeinde gewinnen. Die Deutung der Geschichte Jesu in mythischen Kategorien ist daher nicht als von außen herangetragene Überfremdung ihres ursprünglichen Sinnes zu beurteilen, sondern war durch den dieser Geschichte eigenen Sinn gefordert.«[195]

Als tiefenpsychologische Deutung der Jesustradition ist die Darstellung Pannenbergs voll akzeptabel; denn teilhaben am Leben und am Geschick einer historischen Person können wir nur, wenn diese überzeitliche, und das sind archetypische Maße gewinnt. Die theologische Aussage: in Jesus ist das Reich Gottes gegenwärtig, heißt somit in archetypischer Übersetzung: Jesus ist für die Christen das Symbol des Selbst, das Bild der Ganzheit des Lebens[196]. Dieses Symbol kann den Archetyp des Selbst in den Menschen ansprechen und sie auf den Weg zu dieser Ganzheit bringen. Selbst-Werden in christlicher Tradition würde dann bedeuten, sich auf dem Weg der eigenen – individuellen und gemeindlich-kirchlichen – Selbst-Entfaltung am Ganzheitsbild des Christus zu orientieren. Daß der Mensch in oder durch Christus Gott erfahren kann, ist nur möglich, weil der historische Mensch Jesus von Nazaret zum archetypischen Bild des Selbst geworden ist. Und die kollektive Tiefenstruktur der menschlichen Psyche ist die anthropologische Basis dafür, daß der Mensch zum transzendenten Christus in Beziehung treten kann.

Die letzten Überlegungen machen vielleicht deutlich, daß eine archetypische Bibelauslegung, hier speziell des Neuen Testamentes, nicht nur sinnvoll, sondern eventuell sogar geboten ist, wollen wir im Zeitalter eines entgötterten Weltbildes die Hoheitsaussagen, welche die Urkirche über Jesus gemacht hat, nicht in einem platt häretischen Sinn mißverstehen, entweder als sei das Menschsein Jesu nur ein Als-Ob gewesen, oder in der Weise, daß die göttlichen Prädikate Jesu als Weltbild-bedingt abgetan werden. In archetypischer Sicht können Menschsein und Göttlichsein Jesu Christi, beide in gleicher Weise, auch heute erschlossen werden, und zwar ohne daß dem modernen Menschen zugemutet wird, sein Weltbild außer Kraft zu setzen. Einzige Voraussetzung für diesen Zugang ist, daß der Mensch sich selbst mit seinen noch unbekannten Tiefen besser kennenlernt und versteht.

Wie aus der archetypischen Hermeneutik der Identitätsfindung bzw. Individuation Methoden zur tiefenpsychologischen Interpretation biblischer Texte abgeleitet werden können, wird im folgenden Abschnitt erörtert.

3.4 Methoden archetypischer Schriftauslegung

Methoden, mit denen Zugang zu den Urbildern biblischer Überlieferungen gefunden werden kann, sind viele denkbar und möglich. Sie sind prinzipiell in zwei Gruppen zu sondern: in die Spontanmethoden, bei denen es auf eine möglichst unbeeinflußte Realisierung der Tiefendimension im Auslegungsprozeß ankommt, und in die von der Archetypenlehre abgeleitete wissenschaftlich reflektierte Methode. Die beiden Gruppen könnten auch als Primär- und Sekundärmethoden bezeichnet werden. Bei den Primärmethoden kommt es ausschließlich darauf an, einen unmittelbaren Kontakt zwischen Leser und

Text herzustellen, möglichst unter Ausschaltung der rationalen Kontrolle, während es bei der Sekundärmethode gerade auf die dauernde bewußte Kontrolle ankommt. Begründend darstellen und an ausgeführten Beispielen von Textinterpretationen vorführen läßt sich nur letztere. Sie wird für die im Anschluß an dieses Kapitel gebotenen Textauslegungen verwendet. Da dieses Buch auch zu einem unmittelbaren lebendigeren Umgang mit der Bibel helfen möchte, sollen einige Primärmethoden vorgestellt und das ihnen gemeinsame Charakteristische beschrieben werden.

3.4.1 Spontanmethoden

Methodisch ist an den Spontanmethoden mehr oder weniger nur ihre Funktion als Impulsgeber. Die Regeln, die sie dem Bibelleser an die Hand geben, dienen nicht der Kanalisierung dessen, was aus den Texten gehört wird, sondern dienen im Gegenteil dazu, auch das an den Texten wahrzunehmen, was bisher stumm geblieben ist bzw. bleiben mußte, weil die gelernten Regeln der Auslegung bestimmte Einfälle zu Bibeltexten tabuisierten. Die Spontanmethoden sollen die unmittelbare Interaktion des Lesers mit dem Bibeltext wiederbeleben unter bewußter Aktivierung der unbewußten Energien. Diesen Zweck zielen mehrere Methoden an.

Die *freie Assoziation* verfährt nach folgenden Regeln. Der Text wird laut gehört, dann werden spontan, ohne Nachdenken, d. h. ohne Zensur durch das Bewußtsein, alle Einfälle genannt, für sich allein eventuell aufgeschrieben, in der Gruppe laut gesagt. Kein Einfall darf zurückgewiesen werden; ergeben sich Widersprüche, werden sie nicht harmonisiert, bzw. ein Einfall wird nicht zugunsten eines andern gelöscht. Vor allem werden auch, im Sinne kirchlich-theologischer Tradition, negative Einfälle zugelassen, und sie werden nicht durch positive Überlegungen umgedeutet, z. B. bei innerer Ablehnung von Worten oder Verhaltensweisen Jesu. Diese Regeln können dazu helfen, die durch Sozialisation, vor allem kirchlich-religionspädagogische, errichteten Abwehrschranken im Bewußtsein gegen »unheilige« Gedanken und Gefühle abzubauen, so daß der *ganze* Mensch an der Begegnung mit der biblischen Botschaft beteiligt wird. »Negative« Einfälle, die möglicherweise die Angst hervorrufen, der eigene Glaubensgrund sei nicht mehr sicher oder die Übereinstimmung mit der kirchlichen Tradition gehe verloren, werden zu tieferer Religiosität führen, wenn sie mitsamt ihrem Gefühlswert zugelassen werden; denn sie drücken lediglich etwas aus, was in der Psyche, verdrängt, schon vorhanden war und nur durch bewußtes Wahrnehmen ins Positive gewendet werden kann. Gerade »negative« Einfälle zeigen an, daß etwas für den Menschen existentiell Wichtiges in der Tiefe seines Unbewußten angerührt ist. Beim Assoziieren kommt es also darauf an, daß die Einfälle[197] weder durch die Ratio noch durch schon vorhandenes Wissen über den Text geordnet oder ausgesondert werden. Gelingt es, die Einfälle durch die Bewußtseinszensur nicht hemmen oder verstümmeln zu lassen, so kann Assoziieren ausgesprochen schöpferisch sein, kann ganz neue Erfahrungen mit den Bibeltexten und mit sich selbst bewirken.

Dem Assoziieren nahe steht die *Identifizierung*. Gemeint ist damit das Einfühlen in die in Bibeltexten gestalteten menschlichen Grundsituationen sowie in das Selbst- und Weltverständnis, das diesen grundlegenden Lebenssituationen ihre besondere Färbung gibt. Die Einfühlung kann mehr allgemein in das im Text ausgebreitete Stück Leben und Welt geschehen, sie kann auch spezifischer erfolgen über eine Identifizierung mit Personen oder erzählten Vorgängen. Bei neutestamentlichen Texten kommt Identifizierung auch mit der Person Jesu, wie mit jeder anderen menschlichen Person, in Frage. Sie ist zwar, wie ich aus der Arbeit mit Religionslehrern weiß, besonders schwierig, weil bei diesem Versuch fast automatisch, wohl aufgrund tiefgreifender religiöser Sozialisation, statt des Menschseins Jesu seine Göttlichkeit ins Bewußtsein tritt und sich mit dieser zu identifizieren – was tiefenpsychologisch heißt: mit dem Archetypus des Selbst – tabuisiert ist. Eine Annäherung an *das* christliche Bild dieses umfassenden Archetypus des Selbst könnte aber gerade eine ungeheure Vertiefung religiöser Erfahrung bewirken.

Einfühlung fordert und fördert nun die Fähigkeit, die eigene Lebensproblematik an biblischen Modellen kollektiver Grunderfahrungen zu messen und eigene authentische Erfahrungen mit Hilfe dieser Modelle zu machen. Es gehört aber auch unbedingt die Fähigkeit dazu, Identifizierungen wieder aufzugeben, wenn sie sich als inkongruent zu eigenen Formen der Selbstverwirklichung erweisen und Festhalten an ihnen zu Eindimensionalität und Enge im Selbstwerdungsprozeß führen würde. Es ist z. B. denkbar, daß ein Mensch in einer bestimmten Lebenssituation von dem Wort Jesu zu einem Reichen: »Verkaufe alles, was du hast, und gib es den Armen, und du wirst einen Schatz im Himmel haben; und komm, folge mir nach!« (Mk 10, 21 parr), so getroffen ist, daß dessen Verwirklichung ihm als die einzige Möglichkeit erscheint, christlich zu leben. Bleibt er bei dieser Identifizierung, so wird er wahrscheinlich nicht mehr in der Lage sein, andere Modelle gläubigen Lebens in der Bibel und eventuell andere Notwendigkeiten eigener Selbstwerdung zu erkennen. Die Erhebung eines biblischen Wortes oder einer Erfahrung zu Allgemeingültigkeit und ausschließlicher Geltung ist die Gefahr der Identifizierungsmethode. Deshalb bedarf sie, gewissermaßen als ihres unerläßlichen Pendants, der Fähigkeit des Auslegenden zu kritischer Distanzierung gegenüber einzelnen in der Bibel angebotenen Verstehens- und Deutungsmodellen für grundlegende Lebenssituationen. Kritische Distanzierung müßte stets der Identifizierung folgen, nicht ihr vorangehen, weil sie nur so der anderen Gefahr, im ungeprüften Protest steckenzubleiben, entgeht. Identifizierung ist die der methodisch reflektierten archetypischen Auslegung direkt zugeordnete Spontanmethode (Genaueres über den Zusammenhang später). Sie zielt unmittelbar auf die Selbstwerdung als Identitätsfindung. Diese wird zwar über den Weg der Identifizierung erreicht, ist aber nicht mit ihr gleichzusetzen. Identifizierung als Fixierung an ein Modell von Menschwerdung, und sei es auch ein biblisches, verhindert Identitätsfindung; denn der Selbstwerdungsprozeß eines konkreten Menschen, der aus dem persönlich variierten kollektiven Unbewußten gespeist wird, deckt sich weder im Weg noch im Ziel je ganz mit einem vorgegebenen Modell. Auch biblische Modelle können deshalb nur in abgewandelter Umsetzung ins eigene Leben hilfreich sein.

Eine weitere Spontanmethode, mit der Jung selbst in seiner therapeutischen Praxis seinen Patienten deren archetypische Träume zu erschließen half, ist die *Amplifikation*, eine Anreicherung des vom kollektiven Unbewußten produzierten Materials. Die Methode läßt sich auch bei archetypisch relevanten Bibeltexten anwenden. Amplifikation ist nach Jung eine

>*Erweiterung und Vertiefung ... durch gerichtete Assoziationen und mit Parallelen aus der menschlichen Symbol- und Geistesgeschichte (Mythologie, Mystik, Folklore, Religion, Ethnologie, Kunst usw.) ...«*[198]

Die erste Möglichkeit der Amplifikation, die gerichtete oder gelenkte Assoziation, steht jedem offen. Bei einem

Bibeltext ist dabei so zu verfahren, daß der Leser zu Bildern, Situationen, Vorgängen oder Personen eines Textes, die ihn besonders anrühren, Einfälle sammelt, nicht rationale Überlegungen dazu anstellt. Die Einfälle müssen dabei auf den zu amplifizierenden Inhalt bezogen bleiben; das ist anders als bei der freien Assoziation. Auf diese Weise wird gewissermaßen der persönliche Kontext eines biblischen Inhalts erhoben[199].

Bei der zweiten Möglichkeit der Amplifikation durch Heranziehen von vergleichbaren Motiven aus früheren und gegenwärtigen kollektiven Darstellungen wird dann sozusagen der kollektive Kontext erhoben. Was in Bildmotiven eines Textes immer nur andeutungsweise als archetypische Manifestation erscheint, kann verständlicher gemacht werden durch Heranziehen analoger Motive aus vergleichbaren Schöpfungen des kollektiven Unbewußten. Nach Jung bedarf ein archetypisches Bild der Verstärkung durch Parallelen[200], damit es für den einzelnen verständlich wird. Beispiel kann hier wieder der Schlangenträumer[201] sein, dessen geträumter Schlangenbiß erst durch Erinnerung an mythische Analogien seinen Sinn im Zusammenhang der Lebensgeschichte des Träumers erkennen ließ. Diese Form der Amplifikation wird nun allerdings nicht jedem in gleicher Weise möglich sein, da sie gewisse Bildungsvoraussetzungen verlangt. Doch kann sie der Bibelleser mindestens insoweit anwenden – und damit zugleich seine Bibelkenntnis erweitern –, als er biblische Parallelen zu einem archetypischen Motiv sucht. So läßt sich z. B. das Motiv von der Namengebung, etwa in der Erzählung vom Jakobskampf am Jabbok (Gen 32), leicht amplifizieren, da das Namensmotiv sowohl in der alt- wie neutestamentlichen Tradition verbreitet vorkommt; und im Vergleich werden sich ebenso leicht archetypische Bedeutungen herauskristallisieren wie: der Name als Archetyp der Identitätsfindung bzw. des Selbst – vgl. die Offenbarung des Jahwenamens (Ex 3) oder die Namengebung für Simon als Petrus (Mt 16) –, aber auch der Name als archetypische Selbstoffenbarung der Gespaltenheit und Desintegration des Menschen – vgl. Jakob der Betrüger (Gen 25) oder der prophetische Name des Sohnes Jesajas (Jes 8) und der Kinder Hoseas (Hos 1). Meist läßt sich dann auch leichter eine Amplifikation aus anderer Literatur anfügen, beim Namensmotiv z. B. aus Mythen und Märchen, etwa dem des Rumpelstilzchen. Wichtig bei der Amplifikation ist, daß analoge Motive nicht bloß summiert oder gar in ihre übereinstimmenden oder abweichenden Elemente zergliedert werden, sondern daß sie, wie Jung das nennt, synthetisch[202] behandelt werden; d. h., die amplifizierten Motive werden immer bezogen auf das Grundmotiv, von dem die Betrachtung ausgegangen ist, dessen Botschaft an den Leser sie verständlicher machen sollen, damit er das archetypische Bild, das ihn affektiv angerührt hat, seinem Bewußtsein zu integrieren und dieses so zu erweitern vermag, daß das Bild ihn möglicherweise für eine religiöse Erfahrung aufschließt. Jung sagt von der Amplifikation, daß sie zu »einer gewissen Verdeutlichung, Generalisierung und Annäherung an einen mehr oder weniger allgemeinen Begriff« führen solle[203], wobei »Begriff« nicht rationalistisch mißzuverstehen, sondern als die Annäherung an den Archetypus als das Allgemeinste, weil Kollektive, zu verstehen ist. Weil der unanschauliche Archetypus sich in vielen Bildern veranschaulicht und nur in der Fülle von Bildern seinen psychischen Reichtum entfaltet, ist eine Annäherung des Bewußtseins an ihn nur durch die Assimilierung vieler Bilder, vieler Verkörperungen des Archetyps möglich. Diesem Sachverhalt trägt die Methode der Amplifikation Rechnung.

Als letzte Gruppe von Spontanmethoden kann das

Hervorbringen *eigener Bildschöpfungen* betrachtet werden, und zwar solcher in der Phantasie als auch solcher in der Objektwelt. Bei letzteren ist das eigene Aktivsein besonders wichtig. Es ist also nicht die Vertiefung eines biblischen Motivs durch Betrachten seiner bildlichen Darstellung, und sei sie von noch so hohem künstlerischen Wert, gemeint, sondern das Umsetzen archetypischer Bildmotive in schöpferische Betätigung, sei es Malen, Modellieren, Körperbewegung u. ä. mehr. Es sind Methoden, wie sie teilweise schon immer im biblischen Religionsunterricht angewandt worden sind, z. B. das Malen oder szenische Darstellen von biblischen Erzählungen. Allerdings helfen zur Verdeutlichung archetypischer Gehalte kaum gegenständlich-realistische Ausdrucksformen, um so mehr jedoch solche, die ganz vom Gefühl geleitet werden[204].

Das Hervorbringen von Bildschöpfungen in der Phantasie bezeichnet Jung als *aktive Imagination*. Er nennt sie eine »Methode der Introspektion, nämlich der Beobachtung des Flusses innerer Bilder«[205]. Im Grunde geht es dabei nicht um das Er-Finden von Bildern, sondern um das Bewußtwerden-Lassen der in der Tiefenpsyche vorhandenen archetypischen Bilder. Wie der Traum ist die aktive Imagination ein Weg ins Unbewußte, speziell ins kollektive. Dem Traum gegenüber hat sie sogar den Vorzug, bewußt und d. h. auch gezielt angewendet werden zu können. Da Imagination nicht im bewußtseinslosen Schlafzustand geschieht, kann sie auch als eine Form von Wachtraum bezeichnet werden; sie unterscheidet sich jedoch von den allgemein verbreiteten, spontan einsetzenden Wachphantasien durch ihre bewußte Anwendung und die Steuerung des Bildflusses im Hervorbringen. Sie bewirkt »Phantasien, die absichtliche Konzentration ins Dasein bringt«[206]. Das bedeutet, aktive Imagination ist als solche zugleich schon eine Verarbeitung, eine Assimilierung eines Teils des Unbewußten ans Bewußtsein. Sie ist von daher ein Mittel, den Individuationsprozeß bewußt zu vollziehen. Da bei der aktiven Imagination das kollektive Unbewußte unter Beteiligung des Bewußtseins aktiviert wird, ist die Gefahr, daß die unbewußten Energien sozusagen ohne Resultat verpuffen, nicht so groß wie beim Sich-Hingeben an Wachträumereien. Diese Methode hat somit zum Ziel, archetypische Energien ans Bewußtsein anzugliedern, sie diesem verfügbar zu machen, statt das Bewußtsein von ihnen überwältigen zu lassen. Nach Jung wird in der aktiven, anders als in der passiven Phantasietätigkeit »eine positive Anteilnahme des Bewußtseins« am Unbewußten angezeigt, und sie »gehört ... oft zu den höchsten menschlichen Geistestätigkeiten«[207].

Die Anwendung der Methode auf den Umgang mit Bibeltexten geschieht mit demselben Ablauf und hat dieselbe Funktion wie das aktive Imaginieren eines Bildes aus dem eigenen Unbewußten. Daß die Methode auch auf die Texte angewandt werden kann, hängt mit der archetypischen Qualität der biblischen Bilder zusammen. Konkret läßt sich das für die Erschließung eines Bibeltextes etwa so denken. In den Evangelien gibt es z. B. Erzählungen von Blindenheilungen durch Jesus. Wahrscheinlich wird jeder Leser von irgendeinem Zug einer solchen Geschichte tiefer als nur an der Oberfläche berührt, weil Blindsein nicht nur ein physischer Zustand, sondern auch Chiffre für eine menschliche Grundbefindlichkeit ist. Blindsein ist archetypisch Symbol für das Dunkle des Unbewußten in jedem Menschen, das jedem auch die Aufgabe für seinen Selbstwerdungsprozeß stellt, mehr und mehr ein Sehender zu werden. Dieser allgemeine Charakter des Symbols der Blindheit wäre nun in aktiver Imagination zu spezifizieren auf die individuellen blinden Stellen und die persönliche Färbung des

Blindseins im eigenen Leben. Ausgehen kann die Imagination durchaus von einem innerlich genau vorgestellten, konkreten Blindsein und seiner Heilung, wie es in einer biblischen Erzählung dargestellt ist. Alle von der durch entspannte Konzentration bewußt angeregten Imagination dazu erzeugten Bilder sagen dann aber etwas zur eigenen Blindheit, nicht zu der in der Geschichte erzählten, aus. Schweift die Phantasie vom ursprünglich gewählten Bildthema ab, so kann sie durch bewußte Steuerung wieder dahin zurückgeführt werden. Die Methode bedarf allerdings einiger Übung, bis sie das Gefühl vermittelt, eine durch bewußte Entscheidung herzustellende Verbindung zu den eigenen schöpferischen Tiefen zu sein. Gelingt das, so wird gleichzeitig die biblische Aussage tiefer und umfassender verstanden als bei bloßer Aneignung durch rationales Nachdenken. Der biblische, d. i. der allgemeine oder kollektive, und der persönliche Kontext des imaginierten Bildes konvergieren und ermöglichen eine religiöse Erfahrung als Entwicklung auf eine größere Ganzheit, auf das Selbst hin.

Alle hier beschriebenen Spontanmethoden für den Umgang mit Bibeltexten sind der Traumarbeit in der therapeutischen Praxis analog; sie sind auch dort entwickelt worden, sind aber meines Erachtens auf viel breiteren Gebieten anwendbar als nur in der Neurosen- und Psychosentherapie. Wie bei dieser haben sie bei der Anwendung auf Bibeltexte aber nur dann einen Sinn, wenn ihrem Gebrauch eine existentielle Betroffenheit zugrunde liegt bzw. wenn dieser zu einem Betroffensein führt. Ihre rein technische Handhabung führt dagegen zu nichts und verschließt eher den Zugang zu Tiefenschichten biblischer Tradition. Werden sie z. B. routinemäßig bei Gruppenveranstaltungen angewandt ohne die entsprechende Disposition der Teilnehmer, sich auf ihr Unbewußtes einzulassen, so können sie eher Abwehr hervorrufen oder vorhandene Abwehr verhärten. Grundsätzlich sind die Methoden für den einzelnen wie in der Gruppe anwendbar. Die Gruppe kann eine Verstärkungsfunktion haben, da es ja um die Erhebung kollektiver psychischer Inhalte geht, die menschliche Grundsituationen betreffen; und je mehr archetypische Bilder sichtbar gemacht und ausgetauscht werden, um so mehr Möglichkeiten ergeben sich für den einzelnen, seine eigene unbekannte Tiefe und die des Bibeltextes kennenzulernen[208]. Nachträgliche Reflexion über das durch die Spontanmethoden Erfahrene im Austausch mit anderen macht die Methoden eigentlich erst vollständig. Denn Reflexion, bewußte Aneignung, bewahrt die archetypischen Bilder davor, wieder ins Unbewußte zurückzusinken. Reflexion darf jedoch nicht in eine für alle verbindlich gemachte Deutung ausarten, weil dann gerade die unmittelbare und individuell unverwechselbare Interaktion mit der Tiefenschicht biblischer Aussage zunichte gemacht würde. Reflexion ist bei diesen Methoden nur anzuwenden als Hilfe für den einzelnen, durch seine individuelle Tiefenerfahrung ein Stück neuer Bewußtwerdung zu gewinnen.

3.4.2 Wissenschaftlich reflektierte Methode

Für die rational kontrollierte archetypische Schriftauslegung ist die Reflexion, und zwar eine wissenschaftliche, anders als bei den Spontanmethoden, unerläßliche Grundbedingung. Die Auslegung erfolgt durch eine systematisch-strukturierte Methode, die im einzelnen zwar variabel anwendbar, deren methodisches Gerüst aber festgelegt ist. Konkret setzt die archetypische Textinterpretation an der Unterscheidung von Objekt- und Subjektstufe bzw. -ebene an. Die Objektstufe ist die im Text manifeste Realitätsebene.

»Unter Deutung auf der O. (= Objektstufe, d. V.) verstehe ich diejenige Auffassung eines Traumes oder einer Phantasie, bei der die darin auftretenden Personen oder Verhältnisse auf objektiv-reale Personen oder Verhältnisse bezogen werden.«[209]

Das bedeutet, alle im Text erscheinenden Personen, Dinge, Geschehnisse, Orte, Situationen sind identisch mit den Realitäten in der Objektwelt, die sie darstellen. Bei der Interpretation sind sie gewissermaßen in ihrer bewußtseins-empirischen Realität zu nehmen. In Erzählungen, die meistens auf eine Hauptperson zentriert sind, werden alle Personen, Dinge und Kräfte als Gegenüber, Gegenspieler, als Außenbeziehungen dieser zentralen Figur behandelt. Am Beispiel betrachtet, sieht das so aus: In den Jakobsgeschichten ist Esau der reale Bruder Jakobs, Laban sein Verwandter und Schwiegervater, das Überschreiten des Jabbok ist eine tatsächliche Flußüberquerung. Alle diese in Beziehung zur Hauptfigur als der psychischen Ich-Instanz gesehenen Realitäten haben, auch auf der Objektstufe, einen psychischen Wert; denn psychische Inhalte entstehen durch die Beziehungen eines Ich zur Objektwelt, vor allem in den Urbeziehungen der Familie, oder sie werden durch Außenbeziehungen verändert. Von diesem Sachverhalt geht die Deutung der Freudschen Psychoanalyse aus, deren Wert für die Erhellung des persönlichen Unbewußten, aber auch deren Unbrauchbarkeit zur Erschließung des kollektiven Unbewußten Jung ausdrücklich hervorhebt[210]. Für archetypisch relevante literarische Produktionen greift die Deutung auf der Objektstufe jedoch nicht tief genug; das kollektive Unbewußte ist mit ihr schwerlich zu erhellen, ganz davon abgesehen, daß es bei der Deutung von archetypischen Bildern in Bibeltexten nicht um das Bewußtmachen einer individuellen Erlebensgeschichte geht, sondern um das Erschließen von überindividuellen menschlichen Grunderfahrungen. An dem Mißverständnis, biblische Überlieferungen ließen sich als Niederschlag persönlicher Lebensproblematiken lesen, d. h. allein auf der Objektstufe deuten, scheinen mir viele rein psychoanalytische Bibelinterpretationen zu leiden, und daraus dürfte auch ihre teilweise Peinlichkeit herrühren, wie z. B. bei den Reduzierungen auf den Ödipuskomplex[211].

Für eine Erhebung der urbildlichen Aussage von Bibeltexten ist die Deutung auf der Subjektstufe angemessen. Bei ihr sind alle in einem Text vorkommenden Personen, Dinge, Orte etc. als psychische Teilaspekte meistens einer dargestellten Figur, die selbst das Ich als Bewußtseinszentrum, in diesem Sinne das Subjekt bedeutet, aufzufassen. Alle Inhalte eines Bibeltextes mit archetypischer Motivstruktur sind »subjektive Inhalte«[212] der Hauptfigur, die jedoch aus der kollektiven Tiefenpsyche stammen. So ist auf der Subjektstufe Esau die dunkle Seite von Jakobs Psyche, der Archetyp des Schattens. Vorgänge auf der Objektstufe bilden auf der Subjektstufe innerpsychische Prozesse ab, z. B. stellt der Übergang Jakobs über den Jabbok nach dem nächtlichen Kampf eine psychische Einstellungsänderung, eine Veränderung seiner Person dar.

Da es sich bei den archetypischen Bildern immer um Inhalte aus dem kollektiven Unbewußten handelt, nehmen diese geradezu den Charakter von Teilseelen oder Teilpersönlichkeiten an[213], d. h. sie entwickeln eine autonome Funktion, wie z. B. Esau, der Schatten Jakobs, der diesen trotz dessen Ausweichmanövern und Fluchtversuchen schließlich stellt und ihn zu einer Änderung seiner Lebensorientierung veranlaßt; oder in der Geschichte von der Gefährdung der Ahnfrau die Anima des Stammvaters im Bilde der Ehefrau, die diesen gerade durch seinen Verrat an ihr dazu bringt, sie zu größerer psychischer Ganzheit zu integrieren. Zusammengehalten werden die in den Einzelzügen eines Textes abgebildeten Teilseelen durch ihre Zentrierung auf *ein* Subjekt. Für die Auslegung heißt das, die Einzelmotive sind stets als psychische Teilfunktionen nur *einer* Hauptfigur als dem Ich zu verstehen. Für die Traumdeutung hat Jung das so formuliert:

>»... der Traum ist jenes Theater, wo der Träumer Szene, Spieler, Souffleur, Regisseur, Autor, Publikum und Kritiker ist. ... Diese Deutung faßt ... alle Figuren des Traumes als personifizierte Züge der Persönlichkeit des Träumers auf.«[214]

Bei archetypisch relevanten Bibeltexten ist an die Stelle des Träumers lediglich die Ich-Figur zu setzen; sonst gilt für deren Interpretation das gleiche wie für den Traum. Dieselbe Methode wird auch in der von F. Perls – nach Jung und offenbar unabhängig von ihm – begründeten Gestalttherapie verwendet. Nur wird in dieser die Identität des Menschen mit den Manifestationen seiner Teilpsychen nicht interpretiert, sondern agiert; der Teilnehmer an einer Therapie spielt die Inhalte seiner Träume, indem er sich in jedes Traummotiv hineinversetzt[215]. Die Grundannahme von Teilpsychen scheint sich demnach in verschiedenen therapeutischen Bereichen und psychologischen Praktiken zu bewahrheiten.

Die Aussagen eines Textes auf der Objekt- und Subjektstufe sind nun keineswegs getrennt voneinander zu sehen; sie besitzen zwar beide Eigenständigkeit, erhellen sich aber gegenseitig. Denn die archetypischen Bilder eines Bibeltextes enthalten nicht die dargestellten Objekte als solche, sondern sind das subjektive Bild von den Objekten, gesehen aus der psychischen Perspektive der Ich-Figur. Eine Person z. B. ist nicht diese Person in ihrer objektiven Realität, ist vielmehr die Imago dieser Person. Nach Jungs Definition der Subjektstufe kommt es darauf an,

»*daß die Imago nicht ohne weiteres als mit dem Objekt identisch gesetzt, sondern vielmehr als ein Bild der subjektiven Beziehung zum Objekt aufgefaßt wird.*«[216]

Der enge Zusammenhang zwischen der Objekt- und Subjektstufe ist durch die psychische Genese der Imago leicht zu erklären. Ein konflikthaftes Aufeinanderstoßen tiefenpsychischer Teilfunktionen kann zwar rein innerpsychisch bewirkt sein; im allgemeinen aber werden innerpsychische Gegensatzspannungen und der Drang zu ihrem Ausgleich durch Objektbeziehungen konstelliert. Z. B. wird an Israels Stammvater als Notwendigkeit für den Selbstwerdungsprozeß des Mannes gezeigt, den Archetyp der Anima seinem Bewußtsein zu integrieren. In der Erzählung von der Gefährdung der Ahnfrau wird die damit verbundene Problematik jedoch erst durch die Beziehung zur Ehefrau aktiviert, und dann wird auch ihre Bearbeitung erst möglich. In der Imago der Ehefrau zeigt sich hier die Anima inkorporiert. Für die Textauslegung ist dieser Zusammenhang unbedingt zu berücksichtigen; d. h., als Entstehungsort des Anima-Problems ist in dieser Überlieferung die Ehebeziehung zu sehen, und das ist ein Aspekt auf der Objektstufe; zugleich gewinnt die Ehefrau damit jedoch eine archetypische Symbolik und ist als solche als psychischer Teilaspekt des Stammvaters, also auf der Subjektstufe, zu deuten.

Daß psychische Funktionen bzw. Kräfte in literarischen Produktionen wie in Träumen im Bild von Personen bzw. personenbezogenen Situationen u. ä. erscheinen, dürfte mit der personalisierenden Tendenz der menschlichen Psyche zusammenhängen. Der Mensch als Person kann offenbar auch die zunächst amorphen Inhalte des kollektiven Unbewußten nur in personalisierter Form wahrnehmen; d. h., die psychischen Inhalte präsentieren sich dem Menschen mit einer Individualität und mit persönlicher Identität, eben als Person. Selbst archetypische Kräfte, für die in der Objektwelt nicht einfach ein Bildsubstrat, wie die Frau oder der Mann für Anima und Animus, bereitsteht, stellt sich im Bild als Individuum dar; das Unbewußte erschafft sich ein Personbild, so etwa für das Böse – Dämonen, der Teufel oder Satan werden immer personal vorgestellt[217]. Das gesichts- und daher auch geschlechtslose abstrakte Böse kann zwar Gegenstand hochdifferenzierter Bewußtseinsspekulationen sein, wie etwa in der Philosophie, aber im konkreten Menschwerdungsprozeß sich mit ihm in allen Schichten seiner Psyche auseinandersetzen kann der Mensch offenbar nur, wenn es ein menschenähnliches Gesicht hat. Die Interpretation von Texten mit archetypischen Motiven rollt nun gedanklich diesen Vorgang der Personalisierung rückwärts wieder ab. Personalisierung bedeutet immer auch Entäußerung von etwas, das der subjektiven Psyche angehört. Das Verstehen von Urbildern auf der Subjektstufe schafft nun die Möglichkeit, das Entäußerte wieder heimzuholen an seinen psychischen Ursprungsort; damit trägt es bei zu einem reicher entfalteten Menschsein.

Die Auslegung auf der Subjektstufe braucht sich nun nicht an eine starre Zuordnung von psychischen Teilfunktionen zu einer Ich-Figur zu halten. Ein Text, auch ein Bibeltext, kann »nach der männlichen oder weiblichen Psychologie« aufgelöst[218], er kann auf verschiedene Lebensphasen und Lebenssituationen hin ausgelegt werden. Natürlich muß solche Variabilität im Text selbst angelegt sein; die Vätergeschichten der Genesis z. B. sind nur rudimentär nach der weiblichen Psychologie hin auslegbar, was bei der Herkunft der Erzählungen aus einer streng patriarchalischen Lebensordnung nicht verwunderlich ist. Festzuhalten ist auch daran, daß bei *einem* Interpretationsdurchgang die Geschichte nur auf *eine* Ich-Figur hin ausgelegt wird, der alle übrigen Motive als psychische Funktionen zugeordnet werden. Ein Beispiel soll das verdeutlichen. Die Erzählung von der Heilung des blinden Bartimäus (Mk 10, 46–52 parr) kann auf der Subjektstufe mehrfach interpretiert werden. Von der Erzählstruktur her legt sich als erstes nahe, den Blinden als Ich-Figur zu verstehen, wobei das Volk und Jesus dieser zugeordnete archetypische Kräfte sind. Aber auch das Volk kann als Ich-Figur gewählt werden, dabei erscheint das Ich als kollektive Größe, als Kollektivbewußtsein. Und Jesus kann ebenfalls für das Ich stehen. Welche Ich-Figur gewählt wird, hängt weitgehend von der Kongruenz der erzählten archetypischen Dynamik zur eigenen psychischen Situation ab. Für einen Leser bietet sich am ehesten *die* dargestellte Person als Ich-Figur an, mit der er sich am leichtesten identifizieren kann[219], denn diese hat wahrscheinlich eine Affinität zur Konstellation seiner eigenen psychischen Funktionen. Um einen Bibeltext für die eigene Entwicklung fruchtbar werden zu lassen, ist jedoch die Wahl einer nicht zur Identifikation anregenden Ich-Figur ebenso wichtig, weil durch deren Inkongruenz zur eigenen psychischen Situation unter Umständen ganz neue eigene Möglichkeiten entdeckt werden können. Es gibt auch eine Reihe von Evangelientexten, in denen Jesus kaum als Ich-Figur verstanden werden kann, weil er zu deutlich als Archetyp des Selbst erscheint; das sind die Epiphaniegeschichten und die Erzählungen von den Erscheinungen des Auferstandenen. Vergleichbares gilt für Theophanie-, auch Angelophanieerzählungen im Alten Testament.

Die Auslegung auf der Objekt- und Subjektstufe nennt Jung auch analytisch oder kausal-reduktiv und synthetisch oder konstruktiv[220]. Mit diesen Begriffen umreißt er den Sinn der Methoden für den Individuationsprozeß. Die analytische Methode zerlegt die Manifestationen des Unbewußten in ihre Ursachenbestandteile, reduziert sie auf eine Aussage über ihre Herkunft, ist also rückschauend. Nach dieser Methode verfährt überwiegend die Psychoanalyse in der Traumdeutung; denn sie versteht den Traum als Ausdruck frühkindlicher (Fehl-)Entwicklung, verursacht durch die Beziehung des Kindes zu seinen frühesten Bezugspersonen. Die im Traum erscheinenden Personen werden demgemäß in ihrer Objektqualität genommen, männliche Personen z. B. als Vaterfiguren bzw. als deren Surrogat. Die Deutung auf der Objektstufe hat zum Ziel, den gegenwärtigen Zustand eines Subjekts aus vergangenen Ursachen zu erklären und einen erlebten Mangel durch die Analyse gewissermaßen auszugleichen; letzteres ist nach Freuds Traumverständnis Wunscherfüllung durch den Traum. Jung verdeutlicht an einem biblischen Beispiel den wesentlichen Unterschied zwischen analytisch-reduktivem und synthetisch-konstruktivem Verständnis der Bilder aus dem Unbewußten, nämlich an der *Vision des Petrus* von den unreinen Tieren (Apg 10, 9–16)[221]. Auf der Objektstufe läßt sich die Vision aus dem Hungergefühl des Petrus erklären. Diesem von Jung genannten Gesichtspunkt ließe sich als weiterer hinzufügen, die Vision könne auch verursacht sein durch eine unerledigte Problematik aus der oralen Entwicklungsphase des Petrus. Es ist schnell zu sehen, daß beides zwar vielleicht nicht eine falsche, aber eine völlig unzulängliche Deutung der Vision ist. Wäre sie nur Verbildlichung der beiden genannten Ursachen, so hätte sie kaum einen Platz in der christlichen Überlieferung gefunden; zu diesem Platz muß der Erzählung eine wichtige kollektive und prospektive Bedeutung verholfen haben. Nach dem Kontext markiert die Erzählung den Wendepunkt in der judenchristlichen Einstellung zu den Heiden; d. h., die alte jüdische Trennungstendenz wird beseitigt zugunsten einer Öffnung der judenchristlichen Kirche für alle Menschen; die Unterscheidung in rein und unrein, in erwählt und nicht erwählt ist überholt. Die im kollektiven Verhalten der jungen Kirche sich durchsetzende Tendenz zu größerer und differenzierterer Ganzheit wird an dieser Stelle der Apostelgeschichte zurückgeführt auf deren Antizipation im Unbewußten des Anführers der Judenchristen. Für die Vision des Petrus heißt das, daß es sich bei ihr nicht nur um ein Produkt des persönlichen Unbewußten von Petrus handeln kann, daß sie vielmehr ein archetypisches Bild ist, das eine Aussage macht bzw. einen Impuls setzt für eine zukünftige Entwicklung. Das kollektive Unbewußte des Petrus hat gewissermaßen neue Lebensmöglichkeiten ausprobiert und präsentiert sie in der Vision dem Bewußtsein zur Realisierung. Für den neuen Entwicklungsschritt war offensichtlich nicht nur das Bewußtsein des Petrus bereit, sondern das der jungen judenchristlichen Kirche allgemein, sonst wäre der in der Vision ausgesprochene Appell des kollektiven Unbewußten nicht in die Tat umgesetzt worden. An dem Beispiel werden die unterscheidenden Momente der konstruktiven Methode gegenüber der reduktiven deutlich. Sie sieht in einem archetypisch relevanten Text, wie in einem Traum, ein für einen einzelnen Menschen oder eine Gruppe entworfenes Ganzheitsbild des kollektiven Unbewußten, das dem Bewußtsein zur Verwirklichung angeboten wird. Jung sagt, es

»läßt sich irgend ein psychologischer Tatbestand niemals erschöpfend aus seiner Kausalität allein erklären; er ist ja als lebendiges Phänomen immer in die Kontinuität des Lebensprozesses unauflöslich verknüpft, so daß er zwar einerseits stets ein Gewordenes, anderseits aber auch stets ein Werdendes, Schöpferisches ist.«[222]

Im Eingehen auf die »finale Natur des Psychischen«[223] liegt der Unterschied der synthetischen Methode zur analytischen. Das Konstruktive an der Auslegung auf der Subjektstufe ist daher, daß durch sie die schöpferi-

schen Kräfte des Unbewußten unterstützt werden. Das Schöpferische kommt dabei durch die Vereinigung von Gegensätzlichem zum Zuge – siehe die Petrusvision –, eine Tendenz, die in der Intention des Bewußtseins als einer differenzierenden psychischen Fähigkeit nicht liegt, die diesem deshalb vom Unbewußten „vorgedacht" werden muß. Jung hat die konstruktive Methode als Hilfe zur Bewußtseinserweiterung so entwickelt.

»Der natürliche Vorgang der Gegensatzvereinigung wurde mir zum Modell und zur Grundlage einer Methode, die wesentlich darin besteht, das, was von Natur wegen unbewußt und spontan geschieht, absichtlich hervorzurufen und dem Bewußtsein und dessen Auffassung zu integrieren. Das Unglück vieler Fälle besteht eben darin, daß sie keine Mittel und Wege haben, jene in ihnen stattfindenden Ereignisse geistig zu bewältigen.« [224]

Bei der Gegensatzvereinigung kommt die »transzendente Funktion« zum Tragen, »welche die klaffende Lücke zwischen dem Bewußten und Unbewußten überbrückt« [224] und so eine die Möglichkeiten des Bewußtseins transzendierende neue und reifere psychische Gestalt hervorbringt.

Die Anwendung der Methode auf Bibeltexte kann die in den archetypischen Bildern gestalteten menschlichen Grundsituationen auch im Leben des Lesers bewältigen helfen. Im Zeitalter größerer Bewußtseinsdifferenzierung, in dem wir leben, ist es offenbar eine Notwendigkeit geworden, psychische Prozesse, deren unbewußter Ablauf in »vorbewußteren« Zeiten anscheinend für die Bewahrung der psychischen Einheit genügte, bewußtzumachen und zu gestalten, damit nicht eine noch stärkere Dissoziierung des Bewußtseins von seiner unbewußten psychischen Basis erfolgt.

Wie die konstruktive Methode bei Bibeltexten angewandt werden kann, soll im folgenden gezeigt werden.

Drittes Kapitel

Familiär und gesellschaftlich konstellierte Entwicklungskrisen und -chancen
Beispiel: Israels Väter

In der Bibel tradierte menschliche Grunderfahrungen umfassen alle Lebensbereiche, sowohl der persönlichen Selbstwahrnehmung und -einschätzung als auch der sozialen Bezüge, als auch verallgemeinernder Deutungen von Welt und Mensch, sprich: Weltanschauungen. Im Alten Testament nehmen einen breiten Raum Familien- und Stammestraditionen ein, die tendenziell ihren Niederschlag in der literarischen Gattung »Sage« finden. Kollektiv-geschichtlich betrachtet, ist dieses Phänomen erklärlich durch die Entwicklung des *Volkes* Israel aus dem Ursprung einer sippenrechtlichen Gesellschaftsform. Individuell-lebensgeschichtlich betrachtet, enthalten Familien- und Stammessagen die ein ganzes Menschenleben durchziehenden Elementarerfahrungen. Da diese aus den sozialen Ur-Konstellationen resultieren bzw. gespeist werden, erscheinen sie in Form von Familiengeschichten. Ihr formales und intentionales Charakteristikum ist einmal darin zu sehen, daß sie erzählend menschliche Schicksale vergegenwärtigen und so den Hörern bzw. Lesern helfen, eigene Lebens- und Erlebensweisen zu verstehen; daß sie zum anderen auf die Erschließung von Daseinssinn in den unterschiedlichen Lebensvollzügen tendieren. Alttestamentliche Familiengeschichten, z. B. Väter- und Exoduserzählungen, aber auch solche in den Königsbüchern, akzentuieren jeweils bestimmte Problemaspekte der menschlichen Entwicklung, so etwa das Problem von Erstarrung und Wandlung, Selbstentfremdungserfahrungen, Generationenkonflikte, Rivalitätssituationen, Beziehungskonflikte, Glaubens- und Sinnkrisen, Utopien vom heilen Leben und von heiler Welt, Grenzerfahrungen wie Verluste, fehlschlagende Hoffnungen, Tod, Mangel- und Katastrophensituationen und anderes mehr.

An einigen Beispielen soll in diesem Kapitel die archetypische Relevanz solcher Sagen israelitischer Tradition erarbeitet werden.

4 Abrahams Exodus – ein Beispiel für die Identität von Selbstwerdung und Glauben

Der Exodus ist ein Hauptthema des Alten Testaments. Es kommt in einer Häufigkeit und Variabilität vor, daß es nicht nur als historisches Datum gemeint sein kann, sondern auch eine, zwar aus der historischen Situation des Exodus der Stämme Israels geborene, aber über die geschichtlich vergangene Zeit hinaus gültige Aussage intendiert. Versucht man, das alttestamentliche Exodus-Thema in einer Weise zu verstehen, die in heutiger Zeit nachvollziehbar ist, d. h., die relevant ist für das Verständnis des Menschen von sich selbst und von seiner Welt, so erweist es sich als ein Symbol für das Menschsein in der religiösen Dimension. Religiöse Dimension bezeichnet eine Struktur von Menschsein, die im Begriff des Exodus enthalten ist; denn die mit ihm benannte Sache ist das Herausgehen, das Hinüberschreiten aus einem gegebenen Daseinszustand in ein Neues, Offenes hinein. Insofern schließt der Begriff »Exodus« als solcher die Kategorie des Transzendierens, der Transzendenz ein. Die vielfältigen Formen, in denen im Alten Testament vom Exodus gesprochen und erzählt wird, haben dies gemeinsam, daß sie den bzw. die Menschen als solche zeigen, die eine überlebte Existenzweise überschreiten in eine neue, erst noch zu findende Existenzform hinein; letztlich als solche, die sich selbst überschreiten, um mehr sie selbst zu werden. In alttestamentlicher Sicht ist der Inhalt dieses Transzendierens die Gottesbegegnung – vgl. den Auszug der hebräischen Stämme aus Ägypten, um in der Wüste Gott zu verehren. Der Ertrag des Hinausschreitens aus der alten Existenzweise ist für den Menschen Freiheit und Selbstfindung – Israel versteht den Exodus aus Ägypten als Ursprungsdatum seiner Identität als Volk. Im Symbol des Exodus hat Israel so sein Verständnis von sich selbst artikuliert, das immer zugleich auch sein Verständnis von Gott beinhaltet.

Nun gibt es im Alten Testament Exodus-Erzählungen nicht nur vom Volk bzw. von den Stämmen als kollektiven Größen, sondern auch von einzelnen Menschen. Israel hat das Thema des Exodus also auch individualisiert, und zwar an solchen Menschen, die es für seine eigene Existenz als Volk als exemplarisch empfunden hat. Die in dieser Hinsicht am meisten hervorragende Einzelgestalt ist Abraham, im Alten Testament als der Stammvater Israels an den Beginn der Heilsgeschichte gestellt.

Im folgenden soll die archetypisch, d. h. anthropologisch bedeutsame Aussage des Exodus-Themas in den Abrahamserzählungen anhand von zwei Textabschnitten erschlossen werden. Dabei ist die Parallelität der abrahamitischen Exodus-Thematik zur allgemein-israelitischen stets mitzubedenken. Auffallendes Merkmal, das die Gestalt Abrahams in der Genesis kennzeichnet, ist die ständige Bewegung, in der sie sich befindet. Auf der Ebene des realen Geschehens wird sie als dauernde Ortsveränderung beschrieben: Abraham zieht in die Steppe und Wüste hinein, er flieht nach Ägypten, schlägt sein Zelt bei Betel, in Mamre, in Beerscheba auf, zieht zum

Berg Morija und kommt nach Gerar. Zwar ist die ununterbrochene Bewegung durch die nomadische Lebensform motiviert. Aber der Geschehensverlauf erweckt darüber hinaus den Eindruck von Nicht-Bleiben-Können aus Gründen, die in der Person Abrahams selbst liegen; d. h., es korrespondiert dem in der äußeren Realität ablaufenden ein inneres Geschehen. So ist das Nomadesein nicht nur ein historisch plausibler Erzählzug, sondern es hat auch symbolische Bedeutung. In heilsgeschichtlicher Perspektive liegt diese im Wandern Abrahams auf die ihm von Gott gegebene Verheißung zu. Bei archetypischer Betrachtung ist im Umherziehen Abrahams eine menschliche Grundsituation gestaltet, deren Erfahrungsgehalt aus dem konkreten Geschichtsverständnis Israels durchaus übertragbar ist in andere geschichtliche Bezüge[225]. Thesenhaft formuliert, ist die im Umherziehen Abrahams abgebildete Grunderfahrung darin zu sehen, daß Abraham lebenslang auf dem Weg zu sich selbst ist, durch Gefährdungen und Krisen hindurch, und daß dieser Weg zugleich zu einem tiefer fundierten, menschlichere Dimensionen gewinnenden Gottesverständnis führt.

4.1 Der Aufbruch

Der Anfang der Abrahamsgeschichten intoniert diese Grunderfahrung als Leitmotiv mit allen Elementen, die in den nachfolgenden Geschichten entfaltet werden und die auch für den Exodus der israelitischen Stämme thematisch sind.

»Und Jahwe sprach zu Abram: ›Zieh weg aus deinem Land, aus deiner Verwandtschaft und aus deinem Vaterhaus in das Land, das ich dir zeigen werde! Ich werde dich zu einem großen Volke machen. Ich will dich segnen und deinen Namen

groß machen, und du sollst ein Segen sein. Ich werde segnen,
die dich segnen, und verfluchen, die dir fluchen. In dir sollen
alle Geschlechter der Erde gesegnet sein.‹ Abram brach auf,
wie Jahwe ihm geboten hatte« (Gen 12, 1–4a).

Der in der davidisch-salomonischen Zeit (10.–9. Jh.
v. Chr.) schreibende Jahwist läßt – nach einer kurzen
genealogischen Orientierung über den Stammvater Abraham (Gen 11, 28–30) – dessen Geschichte mit der Erzählung von einem Bruch mit dem Gewohnten beginnen.
Nicht das normale Leben eines Kleinviehnomaden wird
vorgestellt, sondern die Konfrontation Abrahams mit
einem Anspruch, der für ihn so unausweichlich ist, daß er
ihm bedingungslos nachkommt. Archetypisch betrachtet,
bedeutet die Anrede Gottes an Abraham eine Erfahrung
im Zentrum seiner Person, wobei es unwesentlich ist,
welche Begebenheiten diese Erfahrung ausgelöst haben.
Sie ist für Abraham von einer Gewißheit, die keiner
zusätzlichen Begründungen bedarf. Die Art der Beschreibung dieser Erfahrung läßt darauf schließen, daß sie für
Abraham den Raum des Bedingten, des Vorläufigen öffnet und ins Unbedingte, ins Absolute vorstößt. Sie hat
deshalb theologische Qualität und kann beschrieben werden als Anruf von Gott.

Die Bedeutung der Erfahrung und des daraus resultierenden Handelns für die Selbstwerdung Abrahams ist
von dem abzulesen, was sich in ihr inhaltlich zuträgt.
Der Anfang des Abrahams-Zyklus ist bestimmt von einem Impuls zu grundlegender Lebensveränderung –
»Zieh hinaus!« – und dem Ziel, auf das der Impuls
tendiert, der Erweiterung von Lebensmöglichkeiten. In
theologischer Terminologie ist das die Forderung Gottes
und die ihr entsprechende Verheißung. Beide Aspekte
zusammen bilden das Symbol des Exodus. In der psychischen Tiefendimension spielt sich im Urbild des Exodus –

einem Archetyp der Wandlung – der Individuationsprozeß ab.

Der Impuls zur Lebensveränderung besteht für Abraham in der Loslösung von seinem Ursprung, in der Trennung vom Selbstverständlichen und Gewohnten. In drei konzentrischen Kreisen wird das umschrieben, was Abraham verlassen soll. Als erstes sein Land, in dem er daheim ist. Das Land stellt, sowohl im Hinblick auf den Kleinviehnomaden Abraham als Weideland wie auch aus der Perspektive des Jahwisten als dem Vertreter eines ackerbauenden Volkes, die Lebensgrundlage dar; materiell als Nahrungsspenderin, ideell als kleiner Ausschnitt aus der biologischen und sozialen Welt, die Vertrautheit ermöglicht und somit Sicherheit gewährt. Land als Heimat hat von daher Attribute und Funktionen des Mütterlichen; und es ist verständlich, daß es für die Menschen – nicht nur die biblischen – die Macht eines Archetypus besitzt. Dieser Archetyp der Großen Mutter ist der für den einzelnen wie die Menschheit als ganze uranfängliche Archetyp, das Urbild des Lebens schlechthin in seiner gebärenden und nährenden, aber auch verschlingenden Wirkung. Seine besondere Macht über den Menschen könnte sich herleiten aus dem von *jedem* einzelnen Menschen, daher sowohl individuell als auch kollektiv erlebten vorgeburtlichen Embryonalzustand von völliger Abhängigkeit und Geborgenheit, von völliger Einheit mit der »Welt« und darin unbewußter Autarkie[225a].

Während das Land mehr eine naturhafte Größe ist, bezeichnet der zweite Umkreis, aus dem Abraham ausziehen soll – die Verwandtschaft –, mehr die soziale Standortsicherung. In der patriarchalischen Gesellschaft ist die Verwandtschaft die Sippe oder Großfamilie. Sie bestimmt – wie in anders strukturierten Sozialgebilden andere gesellschaftliche Gruppen – den sozialen Wert des Menschen. Der Exodus aus dieser sozialen Bindung muß für Abraham so etwas wie Außenseitertum im Gefolge haben, da in der patriarchalischen Gesellschaftsstruktur keine andere Gruppe denkbar ist, die die Funktionen der Sippe für den einzelnen haben könnte[226]. Für das am kollektiven orientierte Selbstverständnis des einzelnen zur Zeit des Jahwisten ist das ein ungewöhnlicher Aspekt, gewissermaßen ein Vorgriff auf einen noch in der Zukunft verborgenen Bewußtseinsstand, der den Wert des Menschen nicht mehr in dem durch die Herkunftsgruppe festgelegten Standort gründen läßt, sondern ihn in erster Linie aus der Eigenständigkeit und der Selbstverwirklichung des Individuums ableitet. So wird Schicksal und Leben Abrahams in den folgenden Erzählungen ausschließlich danach beurteilt, wie er es im Hinhören auf das, was er als seinen Lebensimpuls erfahren hat, gestaltet, wie er *das* wird, wozu er sich auf den Weg geschickt weiß.

Die zu verlassende Sippe stellt die Verwurzelung Abrahams in die Breite des sozialen Raumes dar. Das als drittes Bindungsobjekt genannte Vaterhaus ist dagegen die Verwurzelung in die Tiefe der durch die Ahnenfolge gegliederten Zeit. Indem Abraham sich vom Vaterhaus löst, tritt er aus der durch die Vorfahren vermittelten Tradition heraus, aus deren für alle zur gleichen Gruppe gehörenden Personen gültigen Lebensorientierung er bis dahin gelebt hat. Wenn Abraham diesen Auszug vollzieht, beginnt er, auf eigene Rechnung zu leben. Er kann dann die wechselnden Lebenssituationen nicht mehr bewältigen im Rückgriff auf und in der Rechtfertigung durch die überkommenen Normen. Wie Abraham die für ihn spezifischen Lebenssituationen bewältigt – Kinderlosigkeit, die unglaubliche Kindesverheißung im hohen Alter, den Anspruch, den einzigen Sohn wieder herzugeben und anderes –, zeigt, daß für ihn das System des

Handelns nach einer aus der Tradition entnommenen Handlungsanleitung außer Kraft gesetzt ist, daß das System in *seinen* individuellen Lebenssituationen gar nicht funktionieren kann. Abraham muß jedesmal, in Auseinandersetzung mit dem in seinem eigenen Lebensverlauf angelegten Anspruch, *seine* Entscheidung finden. Das Suchen nach ihr kann ihn auf Wege führen, die sich als Abwege herausstellen – wie der Verrat an seiner Lebensgefährtin (Gen 12 und 20), der im Prozeß seiner Selbstwerdung der Preisgabe eines integrierenden Teils seiner eigenen Person gleichkommt; wie der Versuch, die Erfüllung der ihn aus den gesellschaftlichen Sicherungen lösenden Verheißung des Kindes gerade durch eine von der Gesellschaft vorgesehene Absicherung zu erzwingen, nämlich dadurch, daß er den Sohn der Magd als den der eigenen Frau akzeptiert (Gen 16). Das Suchen kann ihn in den Zweifel am Sinn seiner Existenz überhaupt führen, so das anklagende Ringen mit Gott um den versagten Nachkommen (Gen 15). Immer aber geht es in diesem Suchen für Abraham darum, dem, was er als den Impuls seiner Lebensverwirklichung erkannt hat, zum Durchbruch zu verhelfen, biblisch gesprochen: sich auf Gottes Anruf einzulassen. Dieses Verhalten nennt der Jahwist den Glauben Abrahams (Gen 15, 6), was wörtlich heißt: sich in Gott festmachen. Offenbar ist für den Jahwisten Glaube nur möglich im Auszug aus den in Gen 12, 1–3 genannten Bindungen, was umgekehrt nur bedeuten kann, daß dauerndes Verbleiben in ihnen am Glauben hindert.

4.2 Ziel und Weg

Was der Impuls zur Lebensveränderung beinhaltet, läßt sich, die drei Bereiche, aus denen Abraham sich lösen muß, zusammenfassend, so beschreiben: Abraham muß den Exodus antreten aus den biologisch-naturhaften, und d. h. den schicksalhaft vorgegebenen Bindungen, die zwar Lebenssicherheit und einen Platz im sozialen Gefüge gewähren, die aber auch die Entfaltung schöpferischer Energien hemmen; die zwar festigen, aber auch festhalten; die Wärme spenden, aber auch einlullen und individuelle Initiative zur Weiterentwicklung bremsen. Freiheit als Eigenständigkeit und Selbstverantwortung im Gestalten des eigenen Lebens und der dazugehörigen Welt ist beim Verbleiben in den Ursprungsbindungen nicht möglich[227]. Um diese Freiheit zu gewinnen, muß Abraham fortgehen aus seinem bisherigen Lebensraum. Die Freiheit wird nun im Text unter dem Bild eines anderen Landes konkretisiert. Das deutet auf eine in Aussicht stehende neue Beheimatung hin, ist jedoch nicht zu verstehen als Wieder-Eingefangen-Werden von der Bindung an das Ursprungsland; es bezeichnet vielmehr Abrahams bleibende Existenzverfassung als Auf-dem-Wege-Sein, als ein Sich-Wandeln – »Zieh ... in ein Land, das ich dir zeigen werde!« Es ist kein bestimmtes Land; es ist noch nicht erkennbar, was es sein wird. Da es neben der materiellen auch eine symbolische Komponente hat, kann es als das Land Utopia verstanden werden. Es ist für Abraham nur zu erreichen, wenn er den Aufbruch wagt im Vertrauen darauf, es tatsächlich zu finden, obwohl es sich noch nirgends für ihn abzeichnet.

Die unter dem Bild des utopischen Landes noch verborgenen neuen Lebensmöglichkeiten werden anschließend in der Aufzählung der Verheißungen konkretisiert und differenziert. Dabei darf nicht aus dem Auge verloren werden, daß die Realisierung der Verheißungen nicht einfach die zeitliche Folge des Exodus ist, sondern den Exodus als Bedingung voraussetzt[228]. Eigentlich handelt es sich gar nicht um mehrere verschiedene Verheißungen als vielmehr um *eine* Verheißung mit drei sich ergänzenden Aspekten. Der erste Aspekt ist das große Volk, zu dem Abraham, der einzelne, werden wird. Heilsgeschichtlich gesehen, klingt hier schon, wenn auch noch ohne genaue Konturen, die Verheißung des Sohnes an. Den Selbstwerdungsprozeß betreffend, besagt das aus Abraham hervorgehende große Volk, daß die Freiheit, die Abraham mit dem Heraustreten aus dem schicksalhaften Gebundensein an die kollektiven Größen seiner Herkunft erlangt, sich vervielfachen wird. Das Risiko der Vereinzelung, das er bei der Lösung aus den Ursprungsbindungen auf sich nimmt, wird sich auszahlen, indem er, der einzelne, sein Leben ausweiten wird in eine neue gesellschaftliche Größe mit geschichtlicher Wirkmacht hinein. Der Jahwist mag sich unter »Volk« nur die nationale heilsgeschichtliche Größe »Israel« vorgestellt haben. Wird die Erzählung aber unter archetypischem Gesichtspunkt gelesen, so erhält der Begriff »Volk« eine symbolische Bedeutung; er bezeichnet die Zukunftsdimension des aus seiner Vergangenheitsverhaftung ausgezogenen Abraham.

Der Verheißungsaspekt des großen Namens zielt auf die Person selbst. Bei allen alten Völkern hat der Name nicht nur die Funktion der Benennung seines Trägers, sondern er spricht das aus, was der Mensch ist; er artikuliert seine Identität[229]. Unter der Vorbedingung des Auszugs kann für Abraham der große Name daher nicht äußeren Ruhm meinen, sondern die neue Identität, zu der er auf dem Wege ist; nicht die ererbte, von Familie und Tradition vorgezeichnete Identität, vielmehr die durch den Aufbruch in die Freiheit zu erwerbende, zu erkämpfende und zu erleidende, wie die nachfolgenden Abrahamsgeschichten es verdeutlichen. Der große Name wird aussprechen, daß Abraham ganz zu sich selbst gefunden hat.

Am ausführlichsten wird der Verheißungsaspekt des Segens erläutert; auf ihn hat der Jahwist offensichtlich das Schwergewicht gelegt. Wenn die von Israel, wie von ackerbauenden Gesellschaften überhaupt, im Wort »Segen« gehörte materielle Fruchtbarkeit auf die »Reifung« des Menschen Abraham übertragen wird, so ist ihm in der Segenszusage die Fruchtbarkeit seines Lebens, ja Lebensfülle verheißen. Da die Hoffnung auf Erfüllung des Lebens von Abraham in dem Augenblick berichtet wird, da er sich anschickt, alles aufzugeben, was bisher sein Leben ausgemacht hat, wirkt sie fast wie ein Hohn, stellt aber mit ihrer Paradoxie gerade den hohen Wert der Freiheit des Aufbruchs und des Auf-dem-Wege-Seins heraus; denn auch der Segen ist für Abraham gekoppelt an die Kargheit eines Lebens unterwegs. Das Exodussymbol spiegelt in diesem Punkt die Paradoxie des Individuationsprozesses, bei dem eine höhere Verwirklichung des Selbst immer nur durch Aushalten und Durchschreiten von Gegensätzen erreicht wird. Im Zielbild des Selbst fallen die Gegensätze, die das Bewußtsein nur als Gespaltensein erlebt, in einer umfassenderen Ganzheit zusammen. Für Abraham heißt das: ohne Verlust der Heimat mit ihren Herkunftsbindungen kein Gewinn von Lebenserfüllung in einer stärker entfalteten Individualität.

Die Aussicht auf Lebenserfüllung erschöpft sich jedoch nicht mit dem individuellen Leben Abrahams; er selbst wird zum Segen für andere werden. So wird sich das Wagnis der Freiheit über das Individuum hinaus auswirken als Impuls und Anstoß zu weiterer Freiheitseröffnung. Die in der Ebene der realen Geschichte geradezu hybride Vorstellung, daß Abraham, der *eine* Mensch, zum Segen für alle Menschheitsgenerationen werden soll, erhält eine nachvollziehbare Bedeutung eigentlich erst als archetypische Aussage, d. h. als in der Menschheit lebendiges Urbild, das eine menschliche Grundsituation von scheinbar paradoxem Gehalt vergegenwärtigt und verstehbar macht: nämlich daß nicht im Verharren, sondern im Aufbruch aus dem vielleicht mühsam errungenen Lebensstatus das Leben fruchtbar wird. In diesem Sinne ließe sich sagen: Die Geschlechter der Menschheit werden an Abrahams Segen Anteil haben, wenn und insofern sie selbst Abraham werden, wenn sie den in seiner Gestalt vorgebildeten Exodus selbst vollziehen.

Im anschließenden Abschnitt (Gen 12, 4–9) werden die ersten Etappen des Weges beschrieben, den Abraham nach dem Aufbruch zieht[230]. Die Verse erwecken den Eindruck, als sollte in ihnen grundsätzlich festgehalten werden, was es für Abraham heißt, sich aus dem vertrauten und gesicherten Dasein gelöst zu haben. Das verheißene Land, also die Möglichkeit einer neuen Verwurzelung, erweist zunehmend seinen utopischen Charakter. Als Endpunkt der ersten Wegstrecke wird das Südland, d. i. das Trockenland, die Wüste genannt (V. 9). Die Wüste aber kann nicht zu neuer Heimat werden; ihrem Wesen nach zwingt sie zum Durchqueren. Zwar eröffnet das Land, das Abraham durchwandert, sich ihm als das verheißene; aber als Besitz wird es noch einmal in eine noch fernere Zukunft entrückt, indem es nicht mehr ihm selbst, sondern erst seinen Nachkommen als Gabe zugesagt wird (V. 7). Dennoch erweist das Land als das nicht besessene, als Utopie, für Abraham seine sinnstiftende Kraft. Denn er baut auf seinem Weg Altäre; d. h., er errichtet Merkzeichen dafür, daß er auf dem Weg der Freiheit, den er gewählt hat und der ein ungesichertes Dasein bedeutet, wie die anschließend erzählte Hungersnot verdeutlicht, eine größere Dimension seines Lebens gewinnt, die Dimension der Begegnung mit Gott, daß er in dem ungesicherten, aber freien Leben ein neues Stück seines Selbst verwirklicht. Das ungesicherte und vom Mangel bedrohte Leben im Exodus scheint geradezu die Voraussetzung für seine Gotteserfahrung zu sein.

Mit der die Abrahamsgeschichten einleitenden Perikope (Gen 12, 1–9) hat der jahwistische Erzähler, verkörpert in der kollektiven Persönlichkeit des Stammvaters, die Geschichte von Israels Aufbruch in die Freiheit und seiner dort gefundenen Gottesbeziehung exemplarisch dargestellt. Exemplarisch ist diese Geschichte aber weit über ihre Bedeutung für Israel hinaus. Der Exodus ist ein Symbol von archetypischer Macht und insofern von menschheitlicher Bedeutung. Das Symbol läßt den Menschen die Gefahr wahrnehmen, daß er in den etablierten Sicherheiten seines Lebens abzusterben, zu verkümmern droht; es läßt ihn zugleich die Chance erfahren, im Aufbruch aus den Verfestigungen, vor allem aus solchen, die eine Gestaltung von Leben und Welt in Freiheit verhindern, wahre menschliche Identität zu finden und darin den Sinn, der in alttestamentlich-christlicher Tradition als Gotteserfahrung und Glaube vermittelt ist.

4.3 Einheit von persönlicher Identität und Glaube an Gott

Einige Kapitel später führt der Jahwist in einer weiteren Erzählung die Auswirkung der an Abraham exemplifizierten neuen Gotteserfahrung, der gewonnenen volleren Gestalt seines Selbst, vor, der Erfahrung, die Gott als den verstehen lehrt, der den Menschen in die Freiheit seiner Selbstwerdung führt. Die Geschichte steht in folgendem Zusammenhang:

Abraham erhält in seinem Zelt bei der Terebinthe von Mamre den Besuch dreier Männer. Sie bedanken sich für die Gastfreundschaft mit dem Versprechen, daß Sara in einem Jahr einen Sohn haben werde, also mit der Konkretisierung der Nachkommen-Verheißung (Gen 18, 1–16). Dann wechselt das Subjekt von den Dreien zu Einem, mit dem ganz offensichtlich Jahwe, der Gott Israels, gemeint ist. Gott führt dann Klage über die Verderbtheit der Städte Sodom und Gomorra, über die er Gericht halten, d. h., die er vernichten will (18, 17–22). Und an dieser Stelle beginnt nun, nachdem die beiden Begleiter sich auf den Weg zu den Städten gemacht haben, Abraham ein Gespräch mit Gott (18, 23–32)[231].

»23 Er (Abraham) trat näher und sagte: Willst du auch den Gerechten mit den Frevlern wegraffen? 24 Vielleicht gibt es 50 Gerechte in der Stadt: Willst du auch sie wegraffen und nicht doch dem Ort vergeben wegen der 50 Gerechten dort? 25 Das kannst du doch nicht tun, die Gerechten zusammen mit den Frevlern umbringen. Dann ginge es ja dem Gerechten genauso wie dem Frevler. Das kannst du doch nicht tun. Muß nicht der Richter der ganzen Welt das tun, was recht ist? 26 Da sprach Jahwe: Wenn ich in Sodom, in der Stadt, 50 Gerechte finde, werde ich ihretwegen dem ganzen Ort vergeben. 27 Abraham antwortete und sprach: Ich habe es nun einmal unternommen, mit meinem Herrn zu reden, obwohl ich Staub und Asche bin. 28 Vielleicht fehlen an den 50 Gerechten 5. Wirst du wegen der 5 die ganze Stadt vernichten? Nein, sagte er, ich werde sie nicht vernichten, finde ich dort 45. 29 Er fuhr fort, zu ihm zu reden: Vielleicht finden sich dort nur 40. Da sprach er: Ich werde es der 40 wegen nicht tun. 30 Und weiter sagte er: Mein Herr, zürne nicht, wenn ich weiterrede. Vielleicht finden sich dort nur 30. Er entgegnete: Ich werde es nicht tun, wenn ich dort 30 finde. 31 Darauf sprach er: Ich habe es nun einmal unternommen, mit meinem Herrn zu reden. Vielleicht finden sich dort nur 20. Er antwortete: Ich werde sie um der 20 willen nicht vernichten. 32 Und nochmals sagte er: Mein Herr zürne nicht, wenn ich nur noch einmal das Wort ergreife. Vielleicht finden sich dort nur 10: Und wiederum sprach er: Ich werde sie um der 10 willen nicht vernichten.«

Diese Textsequenz bleibt für den weiteren Handlungsfortschritt der Abrahamssagen ineffektiv; denn die beiden Städte werden trotz der Verhandlung Abrahams mit Gott vernichtet; und die offenbar einzigen Gerechten, Abrahams Neffe Lot mit seiner Familie, vermögen den Untergang der Städte nicht zu verhindern. Sie werden nur selbst durch die Flucht gerettet. Der Sinn dieses Abschnitts kann daher nur der einer Reflexion über Israels Gottesverhältnis sein, bildhaft veranschaulicht am Auftreten Abrahams vor Gott. Wahrscheinlich hat der Jahwist selbst diese Überlegungen angestellt und in den Handlungsablauf des alten Sagenzyklus eingefügt.

Welche Einsichten will diese Reflexion nun vermitteln? Und inwiefern hängen sie mit der vorangehenden Kennzeichnung der Abrahamsgestalt durch den Jahwisten zusammen?

In der Perikope wird ein weiterer Schritt des Menschen gezeigt auf dem Wege des Zu-sich-selbst-Kommens, ein Schritt, der in eins geht mit einem neuen Selbstverständnis bzw. Selbstbewußtsein gegenüber Gott und damit einem Wandel des Gottesverständnisses. Abraham ringt in seinem Gespräch mit Gott um die Unterscheidung zwischen bösen und guten Menschen in den verderbten Städten und um die daraus zu ziehende Konsequenz, daß nicht nur die Frommen bzw. Gerechten – wie sie in biblischer Sprache heißen – gerettet werden, sondern um der Gerechten willen auch die Frevler. Das wie ein regelrechter Handel angelegte Gespräch – Abraham geht von fünfzig möglichen Gerechten bis auf zehn herunter, woran deutlich wird, daß es nicht um eine bestimmte Zahl von Menschen geht, sondern um die Gerechten als solche – hat seinen Kernsatz im Schluß von V. 25:

»Muß nicht der Richter der ganzen Welt das tun, was recht ist?«

Das klingt wie eine Provokation Gottes durch den Menschen und ist wohl auch so gemeint[232]. Abraham vertritt hier das Eigenrecht des Menschen gegen ein Göttliches, das außerhalb der Maßgabe des Menschen angesiedelt ist, dem der Mensch völlig unterworfen ist und das dem Menschen unverständlich bleibt. Bei dem zur selbstbewußten Freiheit erwachten Menschen Abraham sind die Züge einer göttlichen Schicksalsmacht, die offenbar auch am Bilde Jahwes hafteten, überwunden. Das Göttliche als Fatum verstanden – manifestiert in der unterschiedslosen Vernichtung der Menschen in den Städten – ist außer Kurs gesetzt. Was hier geschildert wird, ist – in heute geläufiger Terminologie – der Vorgang der Emanzipation im Sinne der Selbstfindung des Menschen und des Weltlichwerdens der Welt; d. h., Welt und Mensch werden nicht mehr verstanden als durch unbeeinflußbare überweltliche Kräfte fremdbestimmt; vielmehr finden sie in die ihnen gemäße Dimension des Daseins, in der menschliche Maßstäbe, und d. h. in diesem Fall: ethische Maßstäbe, gelten. Die Guten werden nicht mit den Bösen zusammen vernichtet. Ja, es kommt die Möglichkeit in den Blick, daß die aufbauenden Kräfte in der Menschenwelt, die Gerechten, mächtiger sind als die zerstörerischen, die Frevler, daß das Gute die verheerenden Auswirkungen des Bösen verhindern könnte. Damit vermittelt der Jahwist die Einsicht, daß Gott mit *dem* Maßstab zu messen ist, der Abraham selbst gesetzt ist. Seine Lebensaufgabe wird von Gott selbst formuliert:

»Ihn habe ich erwählt, damit er ... seinen Nachkommen gebiete, sie sollen den Weg des Herrn beobachten durch Übung von Recht und Gerechtigkeit« (18, 19).

Recht und Gerechtigkeit, soziale Kategorien also, sind somit Kennzeichen des Gottes, dem Abraham begegnet ist. Als interessante Krönung dieser Einsicht läßt der

Jahwist Gott den Maßstab, mit dem Abraham ihn mißt, akzeptieren; Gott stimmt Abraham darin zu, daß schon zehn Gerechter wegen die ganze Stadt gerettet werden müsse. Das Selbständig-, das Unabhängigwerden des Menschen geschieht somit in Israel Hand in Hand mit der Veränderung des Gottesverständnisses. Gott wird in der Sicht des Jahwisten verstanden als der, der es unterstützt, daß der Mensch sich selbst und seine Welt besser kennenlernt und als Folge davon deren Angelegenheiten selber in die Hand nimmt wie Abraham.

Die neue Erkenntnis bezieht sich in diesem Text auf die Konturen, die Unterschiede innerhalb der Menschenwelt, die in der Geschichte zutage treten: die Menschen werden nach ihrem Verhalten unterschieden, als Gerechte und Frevler. Damit gewinnt das Einzelleben gegenüber seiner Einbettung in das Kollektiv an Bedeutung. Der Mensch wird nicht mehr nur als Teil des Sozialverbandes gesehen, in dem er lebt und dessen Schicksal auch unausweichlich sein individuelles Schicksal ist, wie es in der für die beiden Städte geplanten Kollektivstrafe, die auch für die Unschuldigen vorgesehen war, noch praktiziert werden sollte. Solche Kollektivstrafe wird als Unrecht erkannt; deshalb tritt Abraham für das Recht der Unschuldigen ein und darüber hinaus für die heilschaffende Kraft der Solidarität der recht handelnden Menschen auch für die Ungerechten. Auf eine etwas zugespitzte Formel gebracht, läßt sich der Bewußtseinsprozeß, der an Abraham veranschaulicht wird, so beschreiben: Die Beurteilung des Menschen nach ethischen Kategorien verdrängt die Beurteilung nach bloß religiösen Kategorien im Sinne von schicksalhaftem Ausgeliefertsein an eine den menschlichen, d. h. humanen Maßstäben enthobene göttliche Macht. Im Rahmen des Individuationsprozesses liegt solcher Entwicklung eine Anverwandlung größerer Teile des autonomen kollektiven Unbewußten an ein höheres Bewußtsein zugrunde.

An dieser Erzählung ist besonders gut die aufklärerische Intention des Jahwisten zu erkennen, der Einblick gewährt in den Prozeß der Veränderung der israelitischen Gottesvorstellung als einen Weg der Befreiung und Selbstwerdung des Menschen. Für den Fortgang der erzählten Handlung hat zwar Abrahams Einsatz für die Rettung der Menschen keinen Erfolg; im Geschehensverlauf hat sich die Schwerkraft des in den überkommenen alten Sagen niedergeschlagenen Bewußtseinsstandes einer früheren Zeit durchgesetzt; in jenem Bewußtseinszustand besitzt offenbar amorphes, unerkanntes, daher dem Menschen gefährliches Unbewußtes noch die Vorherrschaft gegenüber dem gestaltenden, eine höhere Ganzheit anstrebenden Menschheitsbewußtsein. Das Gottesgericht findet somit statt wie vorgesehen und vernichtet unterschiedslos die Menschen in den Städten. Trotzdem spricht der Text eine für das menschliche Selbst- und Gottesverständnis höchst wichtige Einsicht aus, die für Israels Werdeprozeß, den der Jahwist nachzeichnet, eine starke Wirkung entfaltet hat[233]. Das Bild von dem frei mit Gott über die Rettung von Menschen verhandelnden und darin seine Identität aussprechenden Abraham hat eine Kraft, die einen persönlichen Glauben hervorbringt.

5 Abrahams Verlust und Finden der Frau — das Problem der geschlechtsspezifischen Identität

Die Erzählung von der Gefährdung der Ahnfrau bzw. vom Versagen und der Rettung des Stammvaters ist im Pentateuch dreimal überliefert, und zwar zweimal vom

Jahwisten und einmal vom Elohisten: Gen 12, 10–20 J; Gen 20, 1–18 E; Gen 26, 7–11 J[234].

Allen drei Versionen liegt dasselbe Erzählgerüst zugrunde: Der Stammvater Israels (zweimal Abraham: Gen 12 und 20, und einmal Isaak: Gen 26) hält sich vorübergehend als Schutzbürger in einem fremden Land auf (Ägypten: Gen 12, und Gerar: Gen 20 und 26). Aus Angst um sein Leben verleugnet er seine Frau als Ehefrau und gibt sie dem Zugriff eines fremden Mannes preis. Unheil kommt deswegen über den Herrscher des fremden Volkes. Der Lügner, d. i. der Stammvater, wird entlarvt und, statt bestraft, mit Reichtum gesegnet.

Im folgenden wird die Sage zuerst auf der theologischen und dann auf der archetypischen Aussageebene gedeutet.

5.1 Die Bedeutung der Sage für Israels Selbstverständnis: Versagen und Rettung des Stammvaters

Die Traditionslage der drei Passagen ist ungeklärt, vor allem hinsichtlich der Relationen ihres Alters und der Frage, welche Vätergestalt die ursprüngliche in der Geschichte war und auf welche sie später übertragen wurde. Der Streit um ältere und jüngere Fassungen bezieht sich jedoch lediglich auf die Erzähl*gestalt,* nicht auf das erzählte Geschehen; denn es herrscht weitgehend Übereinstimmung darüber, daß den drei Texten nur *ein* Geschehen zugrunde liegt, aus dem sich im Laufe der Überlieferung drei Varianten gebildet haben. Es gibt denn auch Versuche, aus den drei Versionen eine Grunderzählung oder Urversion herzustellen, die am Anfang gestanden haben könnte. Der Gewinn solchen Vorgehens liegt darin, daß der geschichtliche Kern des Erzählten deutlicher hervortritt. Zu ihm dürften folgende Erzählelemente gehören: die Lebenssituation von Nomaden, die dem Israel der Erzähler und Redaktoren der Geschichte von seinen Vorfahren her bekannt war; das Schutzbürgerverhältnis zwischen einem in der Trockenzeit ins Kulturland ziehenden Halbnomaden und dem dort ansässigen König; das moralische Wertsystem der sittenstrengen Nomaden, die die seßhaften »Bürger« für sittlich minderwertig, z. B. für lüstern nach fremden Frauen halten; und der aus dieser Verteufelung entspringende Konflikt der Hauptfigur. Dies alles sind geschichtlich glaubwürdige Züge, die das Grundgeflecht der Erzählung bilden, in das hinein die theologischen Intentionen verwoben sind.

Von welcher Wichtigkeit für die Glaubenstraditionen in Israel diese Geschichte war, geht allein aus der Tatsache hervor, daß der Endredaktor des Pentateuch alle drei Versionen der Einfügung in sein Gesamtwerk für wert erachtet hat. Bedeutsam für die Tradenten waren die drei Erzählvarianten vermutlich in erster Linie nicht wegen des erzählten Geschehens als solchem, sondern wegen der Charakterisierung der Väter, insbesondere Abrahams, unabhängig davon, ob die Geschichte ursprünglich an seiner Gestalt oder der des Isaak haftete[235]. Das Interesse sowohl der Erzähler als auch der Hörer wurde offenbar durch die in den drei Fassungen sich durchhaltenden Motive an diese Geschichte gebunden. Den Gemeinsamkeiten, nicht sosehr den Unterschieden in den einzelnen Versionen ist daher die Intention der Gestaltung zu entnehmen. Die allen Versionen gemeinsamen Erzählmotive, die den gesamten Überlieferungsprozeß überdauert haben, lassen sich leicht ausmachen:

– Das Geschehen spielt in einem fremden Land, wohin sich der Stammvater als Schutzbürger begeben hat;
– er verleugnet seine Frau als Ehefrau und gibt sie als

seine Schwester aus (daß in Gen 20 die Frau als tatsächliche Halbschwester hingestellt wird, ist eine deutlich erkennbare Einfügung zur Entlastung des Stammvaters vom Makel des Lügners);

— der Stammvater hat Angst, um seiner Frau willen sein Leben zu verlieren; mit diesem Erzählzug wird die Verleugnung der Ehefrau motiviert;

— durch den Betrug des Schutzbürgers kommt über den fremden König und sein Volk Unheil (in Gen 26 nur als Möglichkeit); daraus ergibt sich das Problem der Schuld (in Gen 20 und 26 erscheint direkt der Begriff »Schuld«, in Gen 12 ist die Schuld aus der Strafe zu erschließen);

— die Lüge wird aufgedeckt, dadurch die Stammutter gerettet, der Stammvater aus der von ihm gefürchteten Gefahr befreit und noch mit Reichtum belohnt;

— Gott selbst greift zur Aufdeckung des Betrugs ein (nur in Gen 12 und 20, in Gen 26 überflüssig, da nichts geschehen ist).

Das Geflecht dieser Motive läßt die für das Selbstverständnis Israels, wie es sich im Pentateuch niedergeschlagen hat, wichtigen Gesichtspunkte der Geschichte erkennen; sie können in zwei Aspekten hier nur kurz skizziert werden.

Die zentrale Aussage aller drei Fassungen ist das Versagen des Stammvaters. Er ist nicht als Heldenfigur dargestellt, wie das aus den Sagen der Frühzeit bei anderen Völkern bekannt ist[236]. Da in der Tradition Israels der Stammvater als kollektive Persönlichkeit verstanden wird, in der das Volk sich selbst verkörpert sieht, bedeutet die breite Überlieferung vom Versagen dieses Stammvaters, daß Israel keine Selbstidealisierung vorgenommen hat. Es hat seine jeweilige Gegenwart nicht durch eine illusionäre Verklärung der Vergangenheit zu bewältigen versucht; es hat sich vielmehr mit den menschlichen Ge-

gebenheiten, auch seinen eigenen Schwächen, die es bereits in seinem Ursprung beim Stammvater vorgebildet sah, realitätsgerecht auseinanderzusetzen versucht.

Das dem Versagen des Ahnherrn komplementäre Thema ist die Gefährdung der Ahnfrau durch den Verheißungsträger selbst. Mit der Gefahr des Verlustes der Stammutter ist die an den Sohn gebundene Verheißung in Frage gestellt. In diesen Erzählzug ist offensichtlich die Erfahrung eingeflossen, daß das Volk selbst die Erfüllung der von Gott geschenkten und garantierten Verheißung oft nahezu scheitern ließ. In anderer Begrifflichkeit ausgedrückt: Die Erzählung sieht den die Existenz des Volkes Israel begründenden und sie tragenden Transzendenzbezug durch die Schuld von Menschen in Frage gestellt. Der etwas merkwürdig anmutende Ausgang der Geschichte mit dem Eingreifen Gottes fast wie eines ›deus ex machina‹ (vor allem in Gen 20) dürfte in diesem Zusammenhang bedeuten, daß Rettung aus der durch eigenes Verschulden herbeigeführten Gefährdung nur möglich ist durch eine neue Transzendenzerfahrung.

Auf der theologischen Aussageebene können, mit Hilfe der historisch-kritischen Methode, meines Erachtens mindestens zwei wichtige Fragen nur oberflächlich oder gar nicht beantwortet werden:

a) Warum wurden drei Varianten von offensichtlich nur *einer* Erzählung in die Endredaktion des Pentateuch aufgenommen?

b) Was bedeutet die Gefährdung just durch die vermeintliche Vermeidung der Gefahr (Verleugnung der Ehefrau), und das Reichwerden des Stammvaters gerade durch den Betrug?

In der nachfolgenden archetypischen Auslegung sollen diese Fragen mitbedacht werden.

5.2 Die archetypische Symbolik des Erzählten: Desintegration und Reintegration der Person

Das theologische Thema vom Versagen und der Rettung des Stammvaters stellt in archetypischer Deutung das Problem von Selbstentfremdung und Selbstfindung dar, das an der Figur des Stammvaters als stets aktuelle menschliche Grunderfahrung erzählerisch vergegenwärtigt wird. Auf der Realitätsebene des äußeren Geschehensablaufs, der Objektstufe, erscheint es als ethischer Sachverhalt, als das Problem von Schuld und Versagen und deren Folgen; auf der innerpsychischen Ebene, der Subjektstufe, erscheint es als ontischer Sachverhalt, als existentielle Schuld gewissermaßen. Die Grunderfahrung ist symbolisiert in einem Archetyp der Wandlung, abgebildet in den Ortsveränderungen, die psychische Wandlungen anzeigen: die Wanderung ins fremde Land als Entfremdung, und der Aufbruch von dort als Selbstfindung. Verarbeitet wird das Problem im Wirkungsbereich des Urbildes von Animus und Anima, nach Jung die im Individuationsprozeß mit am schwersten zu integrierenden Archetypen.

5.2.1 Die Selbstentfremdung

Auf der Aussageebene dieses Archetypenpaares steht die Ehefrau als Symbol für den weiblichen Pol auch der männlichen Psyche; und das Versagen des Stammvaters besteht in der Verleugnung der Polarität seines Selbst. Die weibliche Seite der männlichen Psyche muß integriert werden, wenn die innerpsychisch-geschlechtliche Polarität sich auf die Ganzheit des Selbst hin entwickeln soll. An der Gestalt von Israels Stammvater, der seine Frau verleugnet, erscheint die Desintegration der Person durch das Abspalten der Anima.

Der Mann verleugnet die Frau aus Angst, durch eben diese Frau zugrundezugehen. Zum Verständnis dieses Motivs sind die erotisch-sexuellen Aspekte der Erzählung wichtig: die Betonung der Schönheit, der Attraktivität, ja Faszination der Frau (Gen 12 und 26), ihre Verbindung mit dem fremden König (Gen 12 und 20). Der die Frau verleugnende und der sie sich sexuell aneignende Mann sind in archetypischer Sicht Teilaspekte derselben männlichen Psyche, die auseinandergefallen, desintegriert sind; der verleugnende Teil (der Stammvater) stellt die Frau unter ein Tabu; sie wird desexualisiert, indem er sie zu seiner Schwester erklärt. Damit verdrängt der Mann die von ihm als bedrohend und chaotisch erlebte Macht des Geschlechtlichen, er gestaltet sie nicht, bezieht sie nicht in seine Entwicklung ein. Sie bleibt aber wirksam, daher die Angst, von ihr zugrundegerichtet zu werden. Es wird hier die Unfähigkeit illustriert, den andersgeschlechtlichen Aspekt ins eigene Menschsein aufzunehmen. Akzeptiert würde er durch Gestaltung der geschlechtlichen Beziehung als Partnerschaft. Es ist nicht von ungefähr, daß die Anima durch die *Ehe*frau verkörpert wird; denn auch in einer patriarchalischen Gesellschaft dürfte die Ehe das beste Modell für geschlechtliche Partnerschaft abgeben. Wenn die Verschieden- und Fremdartigkeit menschlicher Geschlechtsbestimmtheit nur auf der Bruder-Schwester-Ebene akzeptiert wird, kommt das einem Steckenbleiben in einer infantilen Haltung gleich, dem Verweigern einer notwendigen menschlichen Entwicklung; solches Verständnis von der Selbstverwirklichung bleibt steril. An diesem Punkt ist im Zusammenhang des Abraham-Sagenkranzes eventuell auch der tiefere Grund für die Unfruchtbarkeit der Ehe von Abraham und Sara angesiedelt; die beiden Abrahams-Versionen der Erzählung (Gen 12 und 20) stehen durchaus sinnvoll *vor* der Geburt des Verheißungssohnes (Gen 21).

In der Geschichte wird nun aber die Beziehung zur Frau als sexuelle Partnerin – nicht nur als Schwester – dennoch gelebt, jedoch als eine von der Gesamtperson abgespaltene, personifiziert im Herrscher des fremden Volkes. Er ist in archetypischer Sicht ein Teilaspekt der Psyche des Stammvaters und kann als Schatten verstanden werden, als der abgelehnte und nicht gelebte Teil der eigenen Person. Die Beziehung zur Frau wird hier nicht vollmenschlich gelebt, sondern nur unter dem Teilaspekt der erotisch-sexuellen Anziehung; und auch das wird noch aus dem eigenen Leben hinausverlagert, um überhaupt realisiert werden zu können; es wird als etwas Fremdes erlebt. Hinter dieser Abwehr ist erkennbar, daß die Beziehung als eine dem eigenen Ich verbotene erlebt wird. Da sie als verbotene aber, wenn auch nur rudimentär, dennoch realisiert wird, muß sie als schuldhaft erfahren und bestraft werden. Auf der Objektstufe ist das eine ethische Schuld: der fremde König begeht Ehebruch. Auf der Subjektstufe kann sie nur als existentielle Schuld verstanden werden, als Verweigerung der bzw. Unfähigkeit zur Integration auch der bedrohlichen und gefürchteten seelischen Kräfte in die Gesamtperson. Die Gefahr für den Stammvater besteht somit im Verlust bzw. im Nichterreichen einer personalen Identität.

5.2.2 Die Selbstfindung

In der nächsten Phase des Prozesses folgt jedoch auf die Desintegration die Reintegration. Die Entlarvung seines Verleugnungsmanövers bedeutet für den Mann, daß er sein Versagen bis zum tiefsten Punkt durchlebt hat. Der Stammvater ist durch die nur bruchstückhafte, defiziente Realisierung der männlich-weiblichen Beziehung an seine äußerste Grenze geraten. Er erlebt sich durch Verleugnung und Abspaltung einer wesentlich zu ihm gehörenden

Kraft als vom Zusammenbruch seiner Existenz bedroht, bis hin zum Tode (Gen 20). Hier erfährt er nun, daß nicht das volle Akzeptieren des anderen Pols seine psychische Existenz bedroht, wie er es fürchtete, sondern gerade dessen Verdrängung. Im äußeren Geschehen ereignet sich das im Heraufbeschwören der Gefahr just durch die Verleugnung der Ehefrau. Mit dieser Erfahrung im Prozeß seiner Menschwerdung stößt der Stammvater zugleich in die religiöse Dimension vor: darin ist der Sinn des Eingreifens durch Gott zu sehen (Gen 12 und 20). Der transpersonale oder transzendente Charakter des Archetypus wie auch seine Autonomie – das Geschehen läuft so ab, daß der Mensch sich ihm auf die eine oder andere Weise stellen *muß* – kommen hier deutlich zum Zuge. Mit der doppelgesichtigen Erfahrung, der äußersten Gefährdung der psychischen Integrität aus eigenem Versagen, wie der Begegnung mit Gott gerade in dieser Situation, stellt sich nun auch die Fähigkeit zur Integration der Anima ein, ablesbar am Bild des Zurückerhaltens der Frau als Ehefrau, als Partnerin. Nach dem Durchleben der Tiefe existentiell schuldhaften Versagens kann der Mann nun zu sich selbst finden. Die Identitätsfindung wirkt sich aus in großer Lebensfülle, in psychischer Fruchtbarkeit – auf der Objektstufe: in Reichtum. In der Abrahamsgeschichte hat die Fruchtbarkeit noch zusätzlich die Form der Geburt des verheißenen Sohnes.

Interessanterweise gibt es auch in der sehr viel jüngeren Tradition der Priesterschrift den Zusammenhang zwischen Verheißung, erfülltem Dasein und integrierter Person. In Gen 17, 1, das die Einleitung zu der P-Version des Bundesschlusses Gottes mit Abraham ist, sagt Gott zu Abraham: »Wandle vor mir und sei ganz.« Hier ist auf eine kurze Formel gebracht, was in der J- und E-Tradition unserer Geschichte als Eingreifen Gottes zugunsten der Identität des Stammvaters erzählt wird. So dürfte die treibende Kraft bei der dreifachen Überlieferung der Geschichte vom Versagen und der Rettung des Stammvaters das urmenschliche Bedürfnis gewesen sein, das Problem der Integration der vielfach gespaltenen menschlichen Psyche oder Person erzählerisch gestaltend, gewissermaßen im symbolischen Vollzug, zu bewältigen. Die Intensität des Tradierens dürfte darüber hinaus auch daher rühren, daß Israel seine Glaubenserfahrungen im Zusammenhang mit solchen für den einzelnen wie das Volk als ganzes unerläßlichen Prozessen der Identitätsfindung gemacht und gedeutet hat. Die mehrfache Tradierung weist in diesem Zusammenhang darauf hin, daß das Erzählte in Israel nicht als ein einmaliges, sondern als ein typisches Geschehen verstanden, daß es nicht unter individuell-historischer, sondern unter kollektiver Bedeutung gesehen wurde, und der in zwei verschiedenen Gestalten erscheinende Stammvater die Funktion einer kollektiven Persönlichkeit hat.

6 Abrahams »Opferung des Sohnes« als Lebens- und Glaubenskrise

1 Nach diesen Ereignissen stellte Gott Abraham auf die Probe. Er sprach zu ihm: Abraham! Er antwortete: Hier bin ich! 2 Gott sprach: Nimm deinen Sohn, deinen einzigen, den du liebst, Isaak, geh in das Land Morija und bring ihn dort auf einem der Berge, den ich dir nenne, als Brandopfer dar!

3 Frühmorgens stand Abraham auf, sattelte seinen Esel, nahm seine beiden Jungknechte und seinen Sohn Isaak, spaltete Holz zum Opfer und machte sich auf den Weg zu dem Ort, den ihm Gott genannt hatte. 4 Am dritten Tag erhob Abraham seine Augen und sah den Ort von weitem. 5 Da sagte Abraham zu seinen Jungknechten: Bleibt hier beim

Esel! Ich und der Knabe, wir wollen dorthin gehen und an-beten; dann kommen wir zu euch zurück.

6 Abraham nahm das Holz für das Brandopfer und lud es seinem Sohn Isaak auf. Er selbst nahm das Feuer und das Messer in die Hand. Sie gingen beide miteinander. 7 Nach einer Weile sagte Isaak zu seinem Vater Abraham: Vater! Er antwortete: Ja, mein Sohn! Da sagte Isaak: Hier ist Feuer und Holz. Wo aber ist das Lamm für das Brandopfer? 8 Abraham entgegnete: Gott wird sich das Opfer ausersehen, mein Sohn. Und beide gingen miteinander weiter.

9 Als sie an den Ort kamen, den ihm Gott genannt hatte, baute Abraham den Altar, schichtete das Holz auf, fesselte seinen Sohn Isaak und legte ihn auf den Altar, oben auf das Holz. 10 Schon streckte Abraham seine Hand aus und nahm das Messer, um seinen Sohn zu schlachten. 11 Da rief ihm der Engel Jahwes vom Himmel her zu: Abraham, Abraham! Er antwortete: Ja, hier bin ich! 12 Jener sprach: Streck deine Hand nicht gegen den Knaben aus und tu ihm nichts zuleide! Denn jetzt weiß ich, daß du gottesfürchtig bist; du hast mir deinen einzigen Sohn nicht vorenthalten. 13 Als Abraham auf-schaute, sah er: Ein Widder hatte sich hinter ihm mit seinen Hörnern im Gestrüpp verfangen. Er ging hin, nahm den Widder und brachte ihn statt seines Sohnes zum Brandopfer dar. 14 Abraham nannte jenen Ort Jahwe-Jire (Jahwe sieht), wie man noch heute sagt: Auf dem Berg läßt sich Jahwe sehen.

Gen 22 wird traditionell überschrieben: »Die Opferung Isaaks«, ein Titel, der schon deswegen nicht paßt, weil Isaak nicht wirklich geopfert wird. Zwar bringt der Auf-trag Gottes an Abraham, den Sohn zu opfern, das Ge-schehen in Gang und sichert seinen dramatischen Ablauf; aber das eigentliche Interesse der uns heute vorliegenden Erzählung gilt nicht dem Opfer, sondern dem Opfern-den, Abraham. Darauf verweist schon der erste Vers: »Nach diesen Ereignissen stellte Gott Abraham auf die Probe.« D. h., die Geschichte ist zu lesen als die Geschichte von der Prüfung Abrahams. Um so erstaunlicher ist es, daß dieses Thema an einem ganz unisraelitischen Stoff abgehandelt wird, nämlich an Jahwes Forderung eines Kinderopfers. Es handelt sich offensichtlich um ein archaisches Motiv, das auch aus anderen alten Religionen und Kulturen der Menschheit bekannt ist. Wenn nun dieses Motiv in einer israelitischen Erzählung erscheint, die in den Hauptbestandteilen vom Elohisten (E) aus dem 8. Jh. v. Chr. stammt[237], so ist von vornherein eine sehr viel ältere Vorgeschichte des Erzählstoffes zu vermuten; und es erscheint unwahrscheinlich, daß der Stoff seinen Ursprung in den Traditionen von den Vätern Israels hat, denn von den halbnomadischen Vorfahren Israels sind Kinderopfer nicht bekannt. Es ist daher zu fragen, warum die Geschichte in die Komposition des Abraham-Sagenkranzes aufgenommen worden ist. Die Erzählung ist in sich nicht einheitlich. Die in ihr sich überlagernden, nicht aufeinander abgestimmten Gestaltungsmotive sind ein weiteres Kriterium für einen längeren Überlieferungsprozeß, an dem mehrere Erzähler bzw. Redaktoren mit unterschiedlichen Intentionen mitgewirkt haben. Daraus ergibt sich als vordringliche Frage an den Text heute nicht etwa die historische, also die nach den einzelnen Überlieferungsstadien sowie die nach dem der Erzählung zugrundeliegenden tatsächlichen Geschehen, sondern die Frage nach den Absichten, die den Überlieferungsprozeß vorangetrieben haben. Letztere schließt vor allem auch die Frage nach den nicht manifest gewordenen Interessen ein, welche die Erzählmotive der Vorstadien auch in der Endfassung des Textes belassen haben.

Zunächst sollen die Fragen aus dem gewohnten exegetisch-theologischen Blickpunkt betrachtet werden.

6.1 Der manifeste Überlieferungsprozeß

Obwohl ineinander verschlungen, lassen sich noch mehrere, ursprünglich voneinander unabhängige Gestaltungsmotive ausmachen, die wohl jeweils in einzelnen Überlieferungsstadien ausschließliche oder vorrangige Bedeutung besaßen. In dem komplexen Gebilde der Endfassung der Geschichte stellen sie verschiedene Facetten einer durchaus einheitlichen theologischen Aussage dar. Sie sind vom Elohisten bzw. dem Endredaktor des Pentateuch für deren eigene theologische Intentionen benutzt worden.

6.1.1 Tragende Erzählmotive

Aus dem heutigen Textgeflecht sind folgende Erzählmotive zu erschließen[238]: Das Motiv von der Begründung einer Opferstätte (Kultätiologie), das erklären will, warum an einem bestimmten Heiligtum, dessen Name ebenfalls erklärt wird (V. 14), Tieropfer und nicht mehr, wie offenbar früher, Menschen- bzw. Kinderopfer dargebracht werden. Als Grund hierfür wird das Eingreifen des dort verehrten Gottes angegeben, der den zum Opfer bestimmten Knaben durch ein Tier ersetzen ließ (Auslösemotiv). Mit ziemlicher Sicherheit ist diese Motivschicht in einer vor- oder außerisraelitischen Überlieferung angesiedelt. Es könnte sich um einen Erzählstoff handeln, den ein oder mehrere israelitische Stämme in Kanaan, wahrscheinlich in der Umgebung des betreffenden Kultortes selbst, vorgefunden und im Laufe der Zeit israelitischem Traditionsgut assimiliert haben. Grund für die Einwanderung des Motivs der Ablehnung von Menschenopfern in die Vätertraditionen dürfte die Auseinandersetzung Israels mit dem Ritus von Menschenopferungen bei Nachbarstämmen und -völkern gewesen sein[239]. In der Textfassung von E wie der Endredaktion dient dieses Motiv als Mittel, um den beispielhaften Glauben Abrahams zu veranschaulichen.

Das Motiv von der Rettung des Kindes, das geopfert werden sollte. Dieses Motiv ist implizit schon in dem zuvor genannten Motivkomplex mitenthalten, ist aber offensichtlich im Lauf der Überlieferung stärker in den Vordergrund getreten. Eine Verselbständigung dieses Erzählinhaltes wurde möglich mit dem Nachlassen des Interesses für das bestimmte Heiligtum; und nun konnte die in der kultätiologischen Motivschicht schon angelegte Vater-Sohn-Beziehung, also die familiäre Konstellation, an Bedeutung gewinnen. Damit war auch die Voraussetzung für eine Anreicherung um eine weitere Erzählintention geschaffen.

Die Übernahme der alten Erzählmotive in die Vätertradition Israels[240], wodurch das erzählte Geschehen exemplarische Bedeutung für Israels Gottes- und Selbstverständnis erlangen konnte. Den Beispielcharakter hat die Geschichte durch die elohistische Ausformung erhalten. Doch auch nach E wurde an der Geschichte noch weitergearbeitet: die Opferstätte wurde neu lokalisiert in Morija (V. 2), d. i. am Tempelberg in Jerusalem; und der Jahwename wurde eingefügt (VV. 11 und 14)[241]. So wurde die Erzählung noch tiefer als schon bei E im Glauben Israels verankert.

6.1.2 Theologische Aussage

Die theologische Interpretation soll sich hauptsächlich auf die Erzählversion von E stützen, weil sie den größten Umfang hat und eine kontinuierliche Erzählung darstellt. Daneben sollen auch die theologisch relevanten nachelohistischen Zusätze berücksichtigt werden.

Dem Elohisten diente die alte Erzählung dazu, die

Glaubensgröße des Stammvaters Abraham darzustellen, etwa im Sinne des Pauluswortes Röm 4, 11: »Abraham, der Vater aller Glaubenden«. Die paradigmatische, ja geradezu pädagogische Bedeutung der Geschichte ist ihr in V. 1 als Motto vorangestellt. Damit ist von vornherein klar, daß es in der E-Erzählung nicht um die Opferdarbringung des Sohnes geht, sondern um die innere Einstellung und das Verhalten Abrahams. Abraham wird hier als Vorbild eines »gottesfürchtigen Mannes« (V. 12) gezeichnet. Der Inhalt der Erprobung von Abrahams Glauben besteht in der Forderung Gottes, den Sohn, den er von Gott selber erhalten hat, definitiv wieder herzugeben. Verlangt wird damit zum einen der Verzicht auf seine persönliche Zukunft. Denn für den Sohn gibt es keinen Ersatz, da Abraham und Sara alt sind. Folgt Abraham der Forderung Gottes, so muß er das, was für sein Leben – in einer patriarchalischen Familienstruktur – Sinn auch über den Tod hinaus heißt, selber zerstören, nämlich die Weitergabe von Besitz, Ansehen, Macht und das im Sohn verkörperte persönliche Glück (Isaak, ein Lachen, Gen 21, 6 E). Darüber hinaus jedoch wird Abraham sogar der Verzicht auf die Zukunft der Verheißungen Gottes abverlangt, für die der Sohn das Unterpfand ist. Insofern besteht die eigentliche Glaubensprobe für Abraham in der Frage, ob Gott mit dem geforderten Sohn seine Verheißung zurücknimmt und sich damit selbst widerspricht. Wenn Abraham jetzt dennoch an seinem Glauben festhält, tut er es sozusagen gegen Gott selbst; sein Weg zur Opferung des Sohnes ist daher ein Weg in die Gottverlassenheit, von Gott kann er die Auflösung von dessen Widerspruch nicht erwarten[242].

Abraham besteht diese ihn in völliges Ungesichertsein stürzende Glaubensprüfung. Die innere Haltung des absoluten Vertrauens auf Gott veranschaulicht der Elohist durch das äußere Verhalten Abrahams. Bis auf das Gespräch mit dem Sohn über das fehlende Opfertier vollzieht Abraham schweigend den Befehl Gottes. In der Antwort auf die Frage des Sohnes: »Gott selbst wird für das Opferlamm sorgen« (V. 8), vertraut Abraham auf Gott entgegen der von ihm erfahrenen Widersprüchlichkeit Gottes. Er traut Gott gewissermaßen mehr, Größeres zu, als Gott selbst ihm von sich zu verstehen gibt. Das besagt in der konkreten Situation: Abraham hält es für möglich, daß der Widersinn der Opferung seines Sohnes sinnvoll ist, weil Gott sie von ihm fordert. Die minutiöse, den Vorgang dramatisierende Beschreibung der Opfervorbereitung (VV. 9–10) illustriert dann, daß Abraham innerlich das Opfer schon vollzogen hat. Daher kommt es, nach der Intention von E, auch nicht mehr auf den äußeren Vollzug des Opfers an. Gottes Eingreifen im letzten Augenblick (VV. 11–12) bestätigt Abraham, daß er sich recht verhalten, daß er die Glaubensprüfung bestanden hat. In diesem Zusammenhang hat die alte Namensätiologie auch noch einen guten Sinn: am Ort des Opfers »sieht Gott« auf Abraham, der an ihm nicht irre geworden ist.

Betrachtet man die von E vorgeführte Glaubenshaltung Abrahams ein wenig kritisch, so zeigt sie deutlich idealtypische Züge. Diese Geschichte beschreibt nicht den historisch-nachweisbaren Glauben des Stammvaters Israels – denn welcher Mensch vermöchte einen solchen Glauben zu leben? Die Geschichte demonstriert vielmehr dem historischen Volk Israel, wie sein Glaube als des erwählten Volkes aussehen müßte[243]. Der Elohist gibt seinem immer wieder in die Glaubenserprobung geratenen, darin aber versagenden Volk in Gen 22 einen Maßstab, an dem es seinen eigenen Glauben messen soll. Die Differenz zwischen dem an Abraham exemplifizierten und dem von Israel tatsächlich gelebten Glauben verleiht dem Erzählgeschehen einen utopischen Charakter in dem Sinne, daß hier ein Idealbild vom Verhältnis Israels zu seinem Gott entworfen wird, wie es sein sollte und könnte, wenn Israel sich ganz auf Gott einlassen würde.

Diese paradigmatische Erzählabsicht von E hat ein späterer Redaktor offensichtlich richtig erfaßt; denn er hat die Erzählung durch die Lokalisierung am Tempelberg und die Einfügung des Jahwenamens noch stärker im Glaubensbewußtsein des Volkes Israel verankert. Damit holt er das Geschehen aus der Vorzeit des Stammvaters in das im Tempel und im Namen Gottes verdichtete Zentrum israelitischer Gottesbegegnung; und er hat dabei offenbar keine Bedenken, Jahwe in die Nähe eines Gottes zu rücken, der einmal Kinderopfer verlangt hat.

Als ein wichtiger Grund für die Einfügung eines so archaischen Erzählstoffes in die Abrahams- und damit auch in Israels Glaubenstradition läßt sich nunmehr das Interesse am Verhalten und speziell der Bewährung eines Menschen in einer extremen Lebenssituation erweisen. Das Extreme der Situation liegt dabei nach dem Verständnis der israelitischen Erzähler in der Glaubenskrise, d. h., es geht bei dem Erprobten um das Ganze seiner Existenz.

Allerdings kann die Erzählung, bleibt man im Rahmen der hier versuchten Auslegung, zu einem schwerwiegenden Mißverständnis führen. Denn Gottes Forderung an Abraham muß als ambivalent erscheinen. Abraham erfährt sowohl den Befehl, den Sohn zu töten, als auch die Zurücknahme dieses Befehls als eine blind und bedingungslos zu erfüllende Forderung. So entsteht die Gefahr, Gottes Handeln als Willkür und den Glauben des Menschen als ungeprüfte kritiklose Unterwerfung unter eine von außen kommende Forderung aufzufassen.

Darauf zielt die Erzählung zwar nicht ab. Aber erst die Erschließung einer tieferen Dimension der Erzählung, nämlich des auf psychischer Ebene abrollenden Geschehens, läßt die Ambivalenz im Bild Gottes und im Verhältnis Abrahams zu Gott, also im Glauben Abrahams, begreifbar werden. Diese Dimension entstammt nicht den bewußten Erzählintentionen der Tradenten, sondern ist im Weitererzählen als unbewußt bleibender Untergrund mitgewachsen. Ihn gilt es nun aufzudecken.

6.2 Der archetypische Prozeß: Gefährdung und Fortschritt der Individuation

Das archetypische Verständnis der Erzählung geht aus von der Zentrierung des Erzählten auf die Hauptperson Abraham. Die Interaktionen der vorkommenden Personen sowie die Erzählhandlung signalisieren das in Abraham ablaufende psychische Geschehen. An dieser Geschichte sind besonders gut zwei charakteristische Merkmale archetypischer Prozesse zu beobachten.

Das erste ist in der Durchdringung von Objekt- und Subjektebene gegeben. Als realer Sohn wird Isaak zum Auslöser des inneren Konflikts in Abraham, und zwar aufgrund seines bloßen Vorhandenseins, nicht eines bestimmten Verhaltens; und an ihm agiert der Vater seinen Konflikt und dessen Lösung aus. Infolge dieser Funktion wird der Sohn zugleich zum Archetyp des Kindes, einer der mächtigsten Darstellungen des Selbst. Als archetypisches Bild drängt der Sohn den Vater zu einer neuen Orientierung seines Lebens. So wie in Isaak für Abraham die objektive und subjektive Ebene verschmelzen, so fließen in derselben Gestalt individuelle und kollektive Dynamik ineinander. Isaak ist ein Teil der persönlichen Lebensgeschichte Abrahams und wird gerade als solcher zur Einbruchstelle der kollektiven Urgewalt des Archetypus ins Ich. Und der Archetyp wiederum konfrontiert Abraham mit der Aufgabe der individuellen Weiterentwicklung, die dieser gewissermaßen am Material der persönlichen Lebenssituation, hier in seiner Beziehung zum Sohn, leisten muß.

An unserem Beispiel wird deutlich, daß archetypische Prozesse ihren Sitz immer im konkreten individuellen Leben haben, aus diesem häufig ihre Bildsymbolik beziehen, immer aber auch über die Grenzen des persönlichen Lebens hinausdrängen, um die Person in noch unbekannte Dimensionen hinein zu erweitern.

Das zweite Charakteristikum der Erzählung von Gen 22 ist die Vielschichtigkeit und damit auch Vieldeutigkeit des Archetyps des Kindes. Mindestens drei Bedeutungen sind auszumachen: die Bedrohung von Abrahams bisherigen Lebensmöglichkeiten, seine Bindung an die Vergangenheit und die Stimulierung des Individuationsprozesses. Grundsätzlich erweisen sich alle Archetypen als vielschichtig, auch wenn sich das nicht immer so deutlich zeigt wie in dieser Erzählung. Ihre Vielschichtigkeit resultiert aus ihrer Verwurzelung in der tiefsten psychischen Schicht, dem kollektiven Unbewußten, einerseits und ihrer Zielgerichtetheit auf größeres Bewußtwerden andererseits. Von daher ist die sowohl beharrende als auch fortschrittliche Tendenz des Kind-Archetypus in Gen 22 zu erklären.

Wie die beiden archetypischen Charakteristika im einzelnen in der Geschichte realisiert sind, wird die folgende Interpretation genauer zeigen.

6.2.1 Abrahams Lebenskrise – Versuch einer Lösung durch Gewalt

Abraham wird in Gen 22 gleich zu Beginn als in eine schwere Lebenskrise geraten vorgestellt. Er hat die Situation offensichtlich nicht selbst herbeigeführt, sondern er wird von einer Macht, die stärker ist als er, hineingetrieben, erkennbar daran, daß Abraham sich dem an ihn gerichteten Anspruch nicht einen Augenblick zu entziehen versucht. Möglich wäre dies gewesen, indem er die Angelegenheit auf sich beruhen gelassen und sein bisheriges Leben weitergeführt hätte. Für seine innere Verfassung hätte das allerdings bedeutet, daß der einmal ausgebrochene Konflikt unverarbeitet und natürlich auch ungelöst weitergeschwelt hätte. Welcher Art Abrahams Lebenskrise und der Anspruch, sie handelnd zu bewältigen, sind, muß genauer eruiert werden. Im Kontext des Abraham-Sagenkranzes steht die Erzählung an der Stelle, die für Abrahams Lebensweg einen Übergang bezeichnet, und zwar einen, von dessen Gelingen oder Mißlingen der Wert von Abrahams ganzem Leben fundamental bestimmt wird; daher die Unausweichlichkeit des Anspruchs, dem Abraham sich so oder so stellen muß. Abraham befindet sich an der Lebenswende des erwachsenen Menschen. Von der Höhe voller Lebensentfaltung muß er den Schritt wagen in das Stadium des Abstiegs bzw. Rückzugs aus der aktiven Gestaltung der Lebensumwelt, vom Mannes- ins Greisenalter: in den folgenden Kapiteln werden der Tod Saras (23), die Heirat Isaaks (24) und schließlich der Tod Abrahams (25) erzählt. Das biologische Gesetz vom Wechsel der Generationen ist die Voraussetzung für den von Abraham innerlich erfahrenen Anspruch, die letzte Lebensphase nicht nur als unvermeidlich hinzunehmen, sondern sie durch bewußte Übernahme auf menschliche Weise zu gestalten. Würde sich Abraham dem Anspruch der Weiterentwicklung versagen, d. h. sich im bisherigen Lebensstatus festsetzen, so müßte das zu einer menschlichen Verkümmerung führen oder gar zum psychischen Tod vor dem physischen. Angestoßen und mit psychischer Dynamik aufgeladen wird die Krise durch das Heranwachsen des Sohnes, inhaltlich bestimmt ist sie durch die besondere Ausprägung der Beziehung Abrahams zu seinem Sohn. Von Abraham aus gesehen ist diese Beziehung von ambivalentem Charakter. Obwohl Abrahams Verhalten in der Geschichte auf den ersten Blick als sehr konsequent erscheint, zeigt es doch bei näherem Zusehen widersprüchliche Tendenzen. Im Aufbrechen erweist sich Abraham als entschlossen, eine Lösung seines Konflikts herbeizuführen; und der Weg, dessen Ziel er zunächst noch nicht kennt, deutet auf eine Wandlungsbereitschaft Abrahams hin, zeigt das Wirksamwerden eines Archetyps der Wandlung an. Er nimmt Knechte mit, versichert sich helfender Kräfte, läßt sie jedoch im entscheidenden Augenblick zurück. Sein Entschluß, den Sohn zu töten, scheint von Anfang an festzustehen, ihn durchzuführen, macht er sich ja auf den Weg; doch je näher er dem Ziel kommt, um so mehr zögert er; das Gespräch mit Isaak, der lediglich als Stichwortgeber fungiert, sowie die Verzögerungstaktik im Erzählen der Opfervorbereitung spiegeln den zugleich entschlossenen und zaudernden Abraham.

Alle krisenhaften Elemente kristallisieren sich nun in dem alten Motiv von der Opferung des Sohnes. Aus den Tiefen der Menschheitstraditionen, dem kollektiven Unbewußten, aufsteigend, entfaltet dieser Archetypus seine komplexe Energie in der individuellen Person des Abraham. In einem ersten Anlauf versucht Abraham, den unausweichlichen Konflikt durch Gewalt zu lösen. In diesem Versuch dominiert die destruktive Funktion des Kind-Archetyps, in Gang gesetzt durch die Vater-Sohn-

Beziehung auf der Objektstufe, das ganz individuelle Lebensproblem Abrahams. Auf dieser Objektebene entspräche dem gewaltsamen Lösungsversuch das tatsächliche Töten des Sohnes. Auf der Subjektebene korrespondiert dem das Übermächtigwerden des Wunsches zum Töten, der Verselbständigung der tiefenpsychischen Energie, die Abrahams steuernde Ich-Kräfte überschwemmen würde. Wie kommt es zur Inflation solcher unbewußten Kräfte, die Abraham, mindestens potentiell, seinem Bewußtsein nicht zu integrieren vermag?

Zur Beantwortung der Frage ist die gesamte Abraham-Isaak-Beziehung mit zu betrachten. Abraham hatte den Sohn zwar ersehnt als die Möglichkeit des eigenen Weiterlebens in die Zukunft hinein, was in einer sippenrechtlich organisierten Gesellschaft eben nur durch Nachkommenschaft möglich ist[244]. Der Sohn war darüber hinaus der Verheißungsträger und insofern der Garant für die Wahrheit der Gottesbeziehung Abrahams, für den Sinn dessen, was er geglaubt, worauf er sein Leben gegründet hatte. Derselbe Sohn ist aber nicht nur das Unterpfand der Lebenserfüllung, sondern zugleich die Infragestellung Abrahams; denn der die folgende Generation repräsentierende Sohn macht Abraham zu der auf den Tod zugehenden Generation. Auch seine Funktion als Träger der Verheißung hat Abraham mit dem heranwachsenden Sohn erfüllt, d. h., nun wird der Sohn der Familie ihre Gottesbeziehung und damit den Sinn ihres Lebens vermitteln. Für den Vater bringt das eine gewaltige Schmälerung seiner Lebensmöglichkeiten herauf; das bedeutet, er muß die Schwelle zum Alter, in den Zustand der Machtlosigkeit hinein, überschreiten. Daß dies ein Konflikt auf Leben und Tod ist, zeigt sich an der Entschlossenheit Abrahams, den Sohn zu töten und so den erreichten Lebensstatus zu bewahren. Gen 22 gibt hier ein gewaltiges Beispiel für die Auseinandersetzung der Generationen, aber nicht, wie häufig, unter dem Gesichtspunkt des Aufstandes der Jungen gegen die Alten, sondern als todbringende Abwehr des Sohnes durch den Vater. Das Bild des die ganze Zukunft noch vor sich habenden Sohnes aktiviert in Abraham offensichtlich ungeheure aggressive Energien, die eine Umkehrung der Vaterliebe bewirken. Wir haben es hier gewissermaßen mit der Kehrseite des Ödipus-Mythos zu tun[245]: der Vater sieht den Sohn in jeder Hinsicht als Rivalen, und diese Erlebnisstruktur führt zur Dominanz des Triebs, den Konkurrenten zu beseitigen, was gleichzeitig die Abwehr des eigenen »Sterbenmüssens« beinhaltet.

Dieser Aspekt der Geschichte zeigt den Zusammenprall Abrahams mit seinem Schatten, mit den bösen zerstörerischen Kräften in ihm selbst, aufgeladen durch den Zustrom aus der kollektiven Tiefenpsyche, durch in der Menschheitsüberlieferung bereitgehaltene Aggressivität. In archetypischer Beurteilung müßte das Gelingen des gewaltsamen Lösungsversuchs sich desintegrativ auf die Person Abrahams auswirken. Das tatsächliche Töten des Sohnes wäre eine Projektion des eigenen Bösen auf den Rivalen, der Schatten würde sich verselbständigen und nicht mehr als Teil der eigenen Psyche, der durch Bewußtmachen zu integrieren und zu steuern ist, erkannt. Im Hinblick auf seine krisenhafte Lebenslage würde Abraham so einer Illusion verfallen. Indem er die Macht, die er noch besitzt, dazu einsetzte, um dem Sohn sein Recht auf eine eigenständige Existenz zu nehmen, würde er für sich selbst gerade nicht eine neue Lebensmöglichkeit erschließen. Mit Gewalt festhalten am alten, jetzt aber im wörtlichen Sinn überlebten Zustand würde Abraham die Möglichkeit nehmen, sein Leben nach innen, in die eigene Tiefe zu erweitern; er würde alle Kräfte dafür brauchen, den erreichten Status zu zementieren, und es wäre ihm nicht möglich, die aus dem Unbewußten andrängenden Energien dem Bewußtsein anzugliedern und so das zu werden, was landläufige Redewendungen, archetypisch treffend, vom alt werdenden Menschen erwarten: eine gereifte Persönlichkeit, ein weiser Mensch. Der Versuch, eine durch die unterschiedlich akzentuierten Lebensphasen vorstrukturierte Krise zu lösen wie Alexander den Gordischen Knoten, kann für die psychische Selbstverwirklichung eines Menschen kaum gelingen. Abraham macht diesen Versuch nur in der Vorstellung; dessen Durchführung wäre die Weigerung der für Abraham in dieser Lebenssituation einzig angemessenen Lösung des Konflikts gewesen, eine Weigerung, die ihn sich selbst hätte verfehlen lassen. Um eine positive Lösung zu finden, muß Abraham andere Funktionen des Kind-Archetyps in sich wirksam werden lassen.

6.2.2 Lösung des Konflikts durch das Opfer

Die Schärfe von Abrahams Konflikt wird nur aus der engen Bindung an den Sohn und durch dessen große Bedeutung im ganzen Leben des Vaters verständlich[246]. Die Eliminierung des Bindungsobjekts, Isaaks, hat sich als ein falscher Weg zur Konfliktlösung herausgestellt. Da es sich um die Beziehung von Menschen verschiedener Generationen handelt, ist leicht zu sehen, daß auch ein Festhalten an der Bindung zum Sohn für Abraham nicht die notwendige neue Lebensform bringen wird. In diesem Zusammenhang ist in der Abrahamsgeschichte eine zweite Funktion des in Isaak veranschaulichten Kind-Archetyps wirksam; der Sohn ist Symbol von Abrahams vergangenem Leben, daher eine Macht, die ihn festhalten und am Fortschreiten hindern kann. Gerade das Kind, der im Vollsinn noch nicht gewordene Mensch, eignet sich gut als Urbild der Bindung an Vergangenes: für das Kind sind noch alle Möglichkeiten offen; es verkörpert in seinem großenteils noch vorbewußten Zustand eine naturhafte Ganzheit, die mit zunehmender Bewußtseinsdifferenzierung des Erwachsenwerdens verlorengeht, aber auf den Erwachsenen eine bleibende Faszination ausübt. Wie anders wäre es zu verstehen, daß Eltern von ihren Kindern – als »eigenes Fleisch und Blut« gern unter dem naturhaften, nicht dem Akzent der eigenständigen Person des Kindes gesehen – die Erfüllung ihrer eigenen, unerfüllt gebliebenen Hoffnungen an das Leben erwarten, daß sie darüber sogar die ihrem eigenen Lebensalter gemäßen, von den Kindern unabhängigen Möglichkeiten zu leben, verpassen. Nostalgische Verklärungen des Kindseins ergeben sich aus den Rückwendungen Erwachsener zu den nicht mehr einzuholenden Verheißungen des frühen Menschenalters. Der Archetyp des Kindes scheint auch für Abraham eine solche Verlockung bereitzuhalten, der er nur durch eine Lösung vom Sohn entgehen kann. Unter diesem Gesichtspunkt erscheint die von Abraham gespürte Forderung, den Sohn zu töten, positiv, eine Forderung, der er Folge leisten muß, um in der Lebensphase, in die er eintritt, ganz er selber zu werden, um nicht durch Stagnation oder Regression psychisch zu sterben. Es wäre allerdings ein Mißverständnis, die reale Tötung des Sohnes als den Weg zur Selbstwerdung zu sehen. Zwar scheint es so, daß die Tötung das naturhafte Band zum Kind endgültig durchschneidet und daher am besten die Lösung von ihm ermöglicht. Doch stimmt dieser Schluß für das innerpsychische Geschehen nicht; denn die psychische Bindung läßt sich nicht einfach durch die Beseitigung des Bezugsobjektes aufheben; man denke nur an die oft über viele Jahre hinweg erhaltene Bindung von Menschen an nahestehende Gestorbene. Hier geht es vielmehr um Töten als einen notwendigen, psychisch zu vollziehenden, und d. h. um einen symbolischen Akt[247]. In der Abrahams-Überlieferung haben wir es dabei mit einem nicht nur punktuell, sondern durchgehend bewahrten Motiv zu tun, abzulesen z. B. an der auffallend parallelen Formulierung von Gen 22, 2 E zur jahwistischen Verheißung an Abraham in Gen 12, 1. Beide Male wird Abraham zum Aufbruch, zur Loslösung aufgefordert, und zwar nahezu übereinstimmend mit den Worten: „Geh in das Land bzw. zu dem Berg, das bzw. den ich dir noch zeigen werde.« Die verschiedenen, in großem zeitlichen Abstand voneinander lebenden Bearbeiter haben hier eine erstaunlich einheitliche Deutung der Abraham-Gestalt gegeben, die offensichtlich allgemeingültige, das sind archetypische Grundmuster menschlicher Entwicklung im Auge hat. Beide Erzähler zeigen in Abraham einen Menschen, der sich lösen muß von dem, woran er bisher schicksalhaft gebunden war: in Gen 12 J sind es Land, Sippe, Vaterhaus, in Gen 22 E ist es der über alles geliebte, weil wider alle menschliche Voraussicht geschenkte Sohn. In beiden Fällen geht es um die Lösung aus vorgegebenen, nicht frei gewählten Bindungen. Von der Natur gegeben, sind sie zwar ein mächtiger Schutz für den Menschen und verleihen ihm Lebenssicherheit – an der Sippenordnung vorstaatlicher Sozialgebilde ist z. B. die Bedeutung des Sohnes für das Sippenhaupt ohne weiteres abzulesen. Aber solche naturhaften Bindungen sind auch die große Gefahr für den Menschen. Bezieht er sein Leben lang den Wert seiner Person allein oder vorwiegend aus ihnen, so verpaßt er den notwendigen Fortschritt in seiner Entwicklung. Es besteht für ihn die Gefahr, noch als erwachsener oder gar alter Mensch in einem Status der unbewußten Einheit mit den in den vorgegebenen Bindungen ihn umfangenden Kräften der Natur zu verharren. Das aber hätte zur Folge, daß der Mensch den Prozeß der Menschwerdung verfehlt, daß er sich dem Risiko und den Schmerzen der Freiheit und des Selbstwerdens versagt. Das Motiv von der Bereitschaft

Abrahams, seinen Sohn zu opfern, zeigt in seinem positiven Aspekt dieses Stadium des Individuationsprozesses an einem Menschen, der vom Scheitelpunkt seines Lebens, aus dem Vollbesitz von Macht und Aktivität den Schritt hinüber ins Alter und auf den Tod zu tun muß, der so zu sterben lernen muß. Der Ausgang der Geschichte beschreibt Abraham als den Menschen, der diesen Schritt bewußt und im Einverständnis vollzieht, indem er selbst die familiär-naturhafte Bindung an den Sohn durchtrennt. Für seine Selbstwerdung besagt das, er nimmt die Identifizierung mit dem Sohn zurück, aus der er bis dahin seinen Lebenssinn bezogen hat. Von nun an lebt er nicht mehr auf Kosten seines Kindes, das ihm Zukunft sicherte, sondern auf eigene Rechnung. Das schließt den Verzicht darauf ein, das eigene begrenzte Maß an Leben über die individuelle Lebenskraft hinaus zu verlängern. Da Abraham den Schnitt innerlich definitiv getan hat, braucht er äußerlich, gewaltsam nicht zu geschehen; die Opferung des Sohnes findet daher nicht statt[248]. Abraham hat das Opfer vielmehr an sich selbst vollzogen.

Als Bild für das Ich-Opfer Abrahams steht in der Geschichte die Opferdarbringung des Widders anstelle des Sohnes. In dem »streit- und reizbaren Widder«[249] »opfert« Abraham seinen gegen den Sohn gerichteten Tötungswunsch von animalischer Urgewalt. Solange die den Wunsch erzeugenden aggressiven Gefühle bewußtseinsfern, nach außen auf den Sohn projiziert waren, blieb das »Tier«[250] für Abraham gefährlich, verstrickte es ihn in seine eigene innere Widersprüchlichkeit – vgl. die Bemerkung, der Widder habe sich im Gestrüpp verfangen (Gen 22, 13). Ihn zu »opfern« besagt für Abraham, er hat die verselbständigten destruktiv-unbewußten Kräfte als seine eigenen erkannt, er nimmt seinen Schatten als einen Teil seiner eigenen Psyche an, er gliedert ihn seinem Bewußtsein ein; so bändigt er einen Teil des naturhaft Unbewußten. Das geschieht, indem er seine Machtposition aufgibt, die Grenze seines individuellen Lebens, d. h. auch, seine Endlichkeit akzeptiert. Das »Opfer« vollzieht Abraham somit im antizipierenden Sterben. Die Energie aus dem Unbewußten wird dabei umgesetzt in Leiden. Zwar sieht diese Art von Opfer wie ein bloßer Verlust aus. Im Prozeß der Menschwerdung bringt aber solcher Verzicht mit der Verengung des äußeren Lebensraumes eine größere psychisch-existentielle Ganzheit ein. Das bewußte Erleiden des Vergänglichseins läßt ein gewissermaßen großräumigeres Selbst werden.

Was der Verzicht auf einen Teilbereich seines Ich – auf die Entfaltung der Person nach außen – für Abraham austrägt, ist verdichtet in der dritten Bedeutung des Kind-Archetyps. Von den Abraham »auf seinem Wege« verwirrenden archetypischen Impulsen hat sich am Ende dieser zu einer Lösung des Konflikts im Sinne einer menschlichen Reifung drängende durchgesetzt. Der dritte Aspekt ist ein Ganzheitssymbol, als Vereinigung von Gegensätzlichem zu verstehen, jedoch nicht als die anfängliche vorbewußte Naturganzheit, sondern als überpersönliche, das transgeschichtliche Ziel des Menschen verkörpernde Ganzheit; deshalb erscheint der Kind-Archetypus in der Mythologie und Religionsgeschichte oft als das göttliche Kind bzw. der göttliche Heilbringer[251]. Auch Isaak, das Kind der Verheißung, stammt aus göttlichem Ratschluß (Gen 17; 18; 21). Und Abraham wird durch ihn in seiner urbildhaften Bedeutung zur konstruktiven Lösung seiner Lebenskrise geführt. Zunächst hatte Abraham eine Lösung nur in einem sich ausschließenden Entweder-Oder sehen können: entweder gewaltsame Beseitigung des Sohn-Rivalen oder völlige Identifizierung mit ihm; eine dritte Möglichkeit hat seine bewußte Überlegung nicht gefunden. Sie kam von »außen«, aus den Tiefen der Kollektivseele, und realisierte sich im Ich-Opfer. In diesem fallen die Gegensätze zusammen: Abrahams Bewußtsein vereinigt sich mit einem wichtigen Teil des autonomen Unbewußten zur größeren Ganzheit des Selbst. Abrahams Selbst, das Ziel seiner Entwicklung, erscheint am Ende der Geschichte, hervorgegangen aus einer schweren Auseinandersetzung mit dem im Sohn erfahrenen Archetyp. Dieser Archetyp hatte Abrahams Entwicklungsschritt auch angestoßen, da aber noch als unbewußte Natur, die Abraham in die Krise des Vaterseins trieb, ihn erkennen lassen: so geht es nicht weiter. Durch eine schmerzvolle Wandlung hindurch führte der Archetyp mit seinen wechselnden Gesichtern Abraham zu höherer Integration seiner divergierenden Teilseelen. Der Archetyp des Kindes bewirkt »die Heilung« und »Ganzmachung des bisher fragmentarischen Menschen«, sagt Jung[252].

Ein wichtiger Aspekt im Individuationsprozeß Abrahams ist bislang ausgeblendet geblieben, die Bedeutung Gottes. Nach ihr soll zum Abschluß noch gefragt werden.

6.2.3 Die Funktion Gottes im Prozeß der Individuation

Gott ist, archetypisch gesehen, in Gen 22 keine von außen hinzukommende oder einwirkende Größe, sondern ein integrierendes Element des dargestellten Prozesses selbst. Fehlte er, so entstünde eine ganz andere Erzählung, bzw. es gäbe sie gar nicht. Immer an den Brennpunkten des Erzählten spielt Gott eine Rolle, und schon am Anfang wird seine umfassende Funktion erkennbar. Er erscheint sowohl als der Initiator des ganzen Geschehens wie auch als dessen Ziel: er schickt Abraham auf den Weg und nennt ihm als Ende des Weges einen Berg, der sich am

Schluß als der Berg des Offenbarwerdens Gottes herausstellt. Die Dynamik von Abrahams innerem Kampf, erzählt im Gespräch mit Isaak, wird von Gott gelenkt; denn Abraham, obwohl entschlossen, den Sohn zu opfern, überläßt die Auswahl des Opferlamms bis zum Schluß Gott. Und der Wechsel des Opferobjektes, vom Sohn zum Tier, geht wiederum auf Gott zurück.

Sieht man die Funktion Gottes so, wie hier kurz skizziert, so bleibt sie noch auf der Objektstufe angesiedelt, d. h., es sind noch im eigentlichen Sinn theologische Aussagen über Gott. Die archetypische Betrachtungsweise ist aber eine streng anthropologische. Sie fragt nur nach der Erfahrungsdimension Gottes für den Menschen; sie betrachtet Gott konsequent in seiner innerpsychischen Repräsentanz. Theologisch gesprochen heißt das: sie faßt ausschließlich das Gottesbild in den Blick; archetypisch gesprochen ist Gott als innerpsychische Größe der Archetyp des Selbst, und zwar in seiner umfassendsten und vollständigsten Ausprägung[253]. Da das kollektive Unbewußte selbst transpersonal oder, wie Jung oft sagt, transzendent ist – es ist immer jenseits des Bewußtseins, und seine Grenzen, so es sie gibt, können deshalb nie ausgemacht werden –, ist es von Natur aus dazu geeignet, das Urbild des transzendenten Gottes zu enthalten und den Menschen Gott erfahren zu lassen. Die Geschichte von Abrahams Opfer entfaltet intensiv das Charakteristische des Unbewußten, das Göttliches birgt: es erstreckt sich weit vor Abrahams Bewußtsein, es ist kollektiv; die Geschichte läßt vermuten, daß Abraham die Konfrontierung mit der Forderung des Unbewußten, den Sohn zu opfern, in der Nacht trifft, in einem Traum möglicherweise, ein Motiv, das zum Elohisten passen würde; frühmorgens bricht er auf, nachdem im Dunkel des Unbewußten die Bewegung eingesetzt hat, die ihn auf den Berg des Sehens treibt, zum Ziel höherer Bewußtheit.

Im Unbewußten ist auch das Ziel einer umfassenden Ganzheit, die konstruktive Lösung des Konflikts, längst vorbereitet, bevor Abraham es im Bewußtsein erreicht. Von den Grenzen des Bewußtseins und der menschlichen Individualität aus gesehen, kann das Unbewußte als ewig bezeichnet werden. Und der Archetyp des Selbst hat teil an dieser Ewigkeit, denn das Selbst ist stets umfassender als seine an Raum und Zeit gebundenen individuellen Realisierungen. Hier liegt auch der tiefenpsychische Grund dafür, daß die Entwicklung des Menschen in seiner empirischen Lebenszeit nie an ein Ende gelangt. Doch ein Schritt zu auf die Zielgestalt des Selbst, wie er von Abraham in Gen 22 erzählt wird, ist nicht möglich ohne ein Transzendieren der vorhandenen Bewußtseinsgrenzen, ist ein Schritt in göttliche Dimensionen hinein. Seine neue Bewußtseinsebene und Existenzform hat Abraham auf dem Berge Gottes gefunden. Daß Abrahams Weg dorthin ein Kampf auf Leben und Tod war, liegt an der widerspruchsvollen Eigenart des Unbewußten: als Natur widerstrebt es dem Bewußtwerden, als *menschliche* Natur drängt es danach, dem individuellen Bewußtsein angegliedert zu werden und die in ihm potentiell ausgebildete Vollgestalt des Menschseins zu realisieren. Den Zusammenhang zwischen Annäherung an das Selbst und Erfahrung Gottes stellt C. G. Jung mit Blick auf das Opfer Abrahams so dar: »Dann wirkt das Selbst als eine *unio oppositorum* und bildet damit die unmittelbarste Erfahrung des Göttlichen, welche psychologisch überhaupt faßbar ist.«[254]

Nun erscheint Gott aber in der Erzählung von Gen 22 gewissermaßen janusköpfig; neben der hellen menschenfreundlichen Seite hat er auch eine zerstörerische dämonische, ja diese scheint bis zum Ende der Geschichte vorzuherrschen; bleibt doch bis dahin der Eindruck erhalten: Gott verlangt das Kinderopfer. Für Abraham hat die

Forderung deutlich numinose Macht, und sie läßt für ihn Gott zu dem sich selbst Widersprechenden werden, da er ja seine eigene Verheißung mit dem verlangten Opfer annulliert. An diesem Zug der Erzählung wird – wie öfter im Alten Testament, z. B. im Hiobbuch, in Psalmen – die gegenseitige Abhängigkeit von Selbsterkenntnis bzw. Bewußtwerdung des Menschen und Gottesbild erkennbar. Auch verweist dieser Zug darauf, daß Gott sich aus dem Unbewußten des Menschen heraus – und der ganzen Menschheit, hier sei nur an die Mythologeme, die es bei allen Völkern gibt, erinnert – zur Geltung bringt. Bei Abraham gewinnt Gott klare eindeutige Züge erst durch den Kampf um die Entwicklung seines Menschseins. Durch die Zurücknahme der über den Kind-Archetyp auf Gott projizierten dämonisch-destruktiven Aspekte in die eigene Psyche, und d. h. auch in eigene Verantwortung, wird Abraham vom Bösen erlöst, und auch sein Gott wird es. Erst jetzt kann Abraham die Menschenfreundlichkeit seines Gottes erkennen. Hier wird ein wichtiger Punkt auch des christlichen Gottesbildes berührt. Dieses ist, in Theologie und Verkündigung, und wohl auch in populärer Vorstellung, gekennzeichnet von der Eliminierung aller dunklen Seiten, und es wirkt deshalb oft blaß und lebensfern. Aus der Abrahamsgeschichte ist dagegen etwas anderes zu lernen, nämlich daß nur dann, wenn auch die dunklen und tödlichen Aspekte Gottes ins Bewußtsein zugelassen werden, der Mensch zu einer größeren Gotteserkenntnis gelangt. Große Teile der alttestamentlichen Tradition haben hier ein für unser heutiges Gefühl zwar paradoxes, aber der psychischen Struktur des Menschen sehr gemäßes Wissen – unbewußt? – bewahrt, wenn sie von der Gottesbegegnung, z. B. in den Theophanien, sagen, sie könne tödlich sein für den Menschen. Als Abraham sich einließ auf den aus der unbewußten Tiefe ihn bedrängenden

Gott, konnte er nicht wissen, wie dieses Wagnis ausgehen würde. Doch seine neue Gotteserfahrung wurde nur möglich, indem er die risikoreiche Wandlung seiner selbst auf sich nahm. Gott war für Abraham nur zu finden im Finden seiner selbst, seines Selbst. Dabei ereignete sich das Paradox, daß Abraham in der bewußten Beschränkung auf seine individuellen Grenzen – er tritt hinter den Sohn zurück, er akzeptiert die Verminderung von Macht und Einfluß auf die Familiengeschicke, d. h. auf die gesellschaftliche Öffentlichkeit, er bejaht die Begrenzung seiner Lebenszeit – Gottes Grenzenlosigkeit erfährt. So hat sich Abraham in der Erprobung als ein »gottesfürchtiger Mann« erwiesen. Und die alte Namensätiologie hat in diesem Zusammenhang auch in der auf Abraham übertragenen Geschichte ihren Sinn behalten: alles ist zum Ziel gekommen auf dem Berge, auf dem Gott »sieht« und »sich sehen läßt«.

An der spezifischen Funktion Gottes in der Erzählung von Gen 22 läßt sich meines Erachtens auch das Interesse Israels an der Bearbeitung und Tradierung des Motivs vom Kinderopfer ablesen. Wenn Israels Gott Jahwe, frei übersetzt, der »Gott mit dem Menschen« ist, dann kann dieser Gott nur Jahwe sein, wenn Israel die Widersprüche, die es in seiner Geschichte an diesem Gott erfahren hat, auch als seine eigenen Widersprüche erkannt und anerkannt, d. h. in die größere Gestalt seines Selbst als Volk integriert hat. Es ist, wie die archetypischen Intentionen der Erzählung zeigen, ein drängendes existentielles Interesse, das Israel an dem in Gen 22 gestalteten Problem hat[255].

7 Jakobs Kampf mit dem Schatten — Selbsterfahrung als Eröffnung von Gotteserfahrung

Die Jakobsgeschichte im Buch Genesis ist ziemlich umfangreich. Im Zusammenhang gelesen, ergibt sie fast so etwas wie eine Biographie, von der Empfängnis angefangen bis zum Tod nach einem langen bewegten Leben. Doch sowohl in klassisch exegetischer als auch archetypischer Sicht sind die Einzelstücke nicht aus biographischem Interesse zusammengefügt worden. Es wird in Wirklichkeit auch kein kontinuierlicher Lebenslauf erzählt, sondern es werden Schlaglichter auf existentiell und theologisch bedeutungsvolle Lebenssituationen geworfen[256]. Diese zusammengenommen, ergeben allerdings so etwas wie einen abgerundeten Lebensentwurf der Hauptfigur, anders als beispielsweise in den Abrahamsgeschichten. Es kommt aber nicht auf dessen biographische Entfaltung an; vielmehr wird er als ein menschlich hergestellter Entwurf kritisch beurteilt vom Gotteskonzept Jahwe aus.

Die Geschichte, in der erzählt wird, wie Jakobs Lebensentwurf als eine Facette von Israels Selbstverständnis in die Krise gerät, ist die vom nächtlichen Kampf am Jabbok (Gen 32). Sie soll das Ziel der Auslegung sein. Aus den andern Teilen der Jakobssagen werden solche Aspekte ausgewählt, die Voraus-Setzung des zentralen Geschehens am Jabbok sind. Die Auslegung bezieht sich auf die als Endredaktion vorliegende Textform, in der ja die Erzählmotive der Vorstufen mitenthalten sind. Obwohl also in den Jakobssagen nicht eine biographische Entwicklung erzählt wird, zeigen sich erstaunlicherweise an der Hauptperson konstante Einstellungs- und Verhaltensmerkmale; diese binden die wahrscheinlich aus verschiedenen Traditionen stammenden, ursprünglich möglicherweise auch auf verschiedene Personen verteilten Einzelstücke zusammen. Darin scheint sich eine Motiv-Logik des menschlichen Unbewußten, in diesem Fall der erzählenden Tradenten, anzudeuten, die sich erklären läßt mit ihrer Herkunft aus menschlichen Grunderfahrungen, mit der Allgegenwärtigkeit archetypischer Bilder. An dieser Konstanz der Verhaltensmerkmale knüpft die folgende Auslegung an.

7.1 Jakobs Doppelnatur

Der in historisch-kritischer Perspektive sogenannte Jakob-Esau-Sagenkranz gibt, archetypisch betrachtet, das Leitmotiv für die Charakterisierung der Jakobsgestalt insgesamt ab. Auf der Objektstufe heißt dieses Motiv: der Kampf der feindlichen Brüder und ihre schließliche Versöhnung; auf der Subjektstufe kennzeichnet das Motiv die Doppelnatur von Jakobs Charakter, die helle und dunkle Seite an ihm. Wie Goethes Faust könnte Jakob, wenn es ihm bewußt wäre, sagen: »Zwei Seelen wohnen, ach! in meiner Brust.« Welche Züge diese Doppelnatur ausmachen, soll zunächst überblickartig untersucht werden.

7.1.1 Der findige Kopf

Die Gestalt des Jakob ist durchgehend einheitlich charakterisiert durch Dominieren von Verstandesfähigkeiten und der ebenso stark ausgebildeten Fähigkeit, das, was Jakob für sich als richtig und gut ansieht, auch durchzusetzen. Fast scheint es, als seien ihm diese Fähigkeiten angeboren, denn schon bei der Geburt wird er als der gezeigt, der seine eigene Situation verbessern, der vornedran sein will. Da auf der Subjektebene Esau die andere

Seite von Jakob ist, stellt Jakobs Fersenhalten bei der Geburt (25, 26) aber nicht ein biographisches Detail dar, sondern einen Wesenszug Jakobs. Dieser erhält in den weiteren Geschichten verschärfte Umrisse. Jakob setzt alles daran, der Erste zu sein: er gewinnt das Erstgeburtsrecht, indem er die bedrängte Lage des Bruders ausnutzt, diesen gewissermaßen übertölpelt (25, 29–34), und er stabilisiert diesen Erfolg, indem er den Vater betrügt (27, 18–40). Im ersten Fall überspielt die Ich-Seite Jakobs das ungeordnete, triebhafte ziellose Unbewußte, das in stammesgeschichtlicher Entwicklung weit älter und in seinen Äußerungen archaischer ist als die viel jüngere Erwerbung der ichbetonten Individualität des Menschen. Der Abkauf des Erstgeburtsrechts bedeutet nun nicht eine Integration beider Bereiche, sondern eine Umkehrung des ursprünglichen, sozusagen natürlichen Verhältnisses. Jakobs scharfer Verstand trickst das Unbewußte aus und übernimmt die Führung über sein ganzes Leben. Damit werden die unbewußten Kräfte in die Tiefe zurückgedrängt; es ist ihnen nur noch ein Untergrunddasein möglich. Wie gefährlich aber das von der Ratio nicht zugelassene Unbewußte ist, ist an Esaus Haß und Todesdrohung gegen Jakob veranschaulicht.

Der zweite Fall der Dominanzverstärkung der Bewußtseinsseite, die Erschleichung des Segens, liegt im Vergleich zum ersten anders, denn hier spielt der Archetyp der Anima eine wichtige Rolle: Rebekka stiftet Jakob zum Betrug am Vater an (27). Auf der Objektstufe kann die Szene der Segen-Erschleichung verstanden werden als der Versuch Jakobs, sich die fehlende Bestätigung durch den Vater – Isaak zieht Esau dem Jakob vor (25, 28) – zu erzwingen, analog zu diesem Unterfangen kann Jakobs einseitige Ausrichtung auf die Bestätigung intellektueller Fähigkeiten, auf konstatierbaren Lebenserfolg, auf den gesellschaftlichen Status, als Kompensation durch selbst verschaffte Bestätigung für die ausgebliebene väterliche Anerkennung gesehen werden. Auf der Subjektstufe dagegen stellt sich die Erschleichung des Segens als der Versuch dar, Ganzheit und Fülle des Lebens auf bequeme Weise, durch List, zu erlangen, statt sich durch einen intensiven Wandlungsprozeß in sie hinein umschmelzen zu lassen. Der Segen ist hier – wie oft im Alten Testament, z. B. in der Abrahams- und Exodusüberlieferung – ein Integrationssymbol, das archetypisch Fruchtbarkeit und Ganzheit der menschlichen Existenz anzeigt. In Isaaks Segen über Jakob (27, 27 b–29) beinhalten das die Bilder von den reichen Ernten, von der Jakob zugesprochenen Herrschaft über Völker, Stämme und seine Brüder. Die Menschengruppen bezeichnen die reich differenzierten Möglichkeiten von Jakobs psychischen Teilkräften, deren integrierende Zuordnung zum steuernden Bewußtseinszentrum das Ganzheitssymbol des Selbst als Ziel seines Lebens ergibt. Zwar behält dieses Symbol, obwohl erschlichen, für Jakob seine Gültigkeit – Isaak kann den Segen nicht zurücknehmen (27, 33) –, doch wird es sich auf dem von Jakob eingeschlagenen Weg des Betrugs nicht erfüllen können.

Angestiftet zu dem Betrug, der in archetypischer Aussage ein Selbstbetrug ist, wird Jakob durch Rebekka als Anima-Figur[257]. Die Idee der Täuschung stammt von ihr, sie heckt die Einzelheiten des Täuschungsmanövers aus (27, 5–10). Von der Anima-Seite also rührt Jakobs schlaue Erfindungsgabe her. Sie ist der Motor zur Ausbildung seiner intellektuellen Einseitigkeit. Sie auch schneidet sein Bewußtsein von seinem unbewußten Lebensquell ab – Rebekka verleitet Jakob zur Flucht vor Esau (27, 42–46). List und Lüge sind ihre Mittel, und Jakob lernt sie gewissermaßen von ihr. Indem Jakob dieser Anima folgt, gelangt er zu seinen hochgezüchteten Verstandesleistungen, bleibt aber ohne seelische Tiefe.

Sein Leben bleibt zweidimensional, nur flächig, ohne Tiefenstruktur; es hat zwar klare Oberflächenkonturen, ihm fehlt aber der innere Reichtum; psychisch ist es ein karges Leben. Jakob ist damit als ein Mann gezeichnet, der dem Einfluß einer unintegrierten Anima erliegt. *Diese* Anima verhindert seine menschliche Entwicklung, denn er bleibt ihretwegen von seiner dunklen, aber schöpferischen Seite – von Esau – getrennt. Die in diesem Fall konservative, die Entwicklung zu menschlicher Vollständigkeit verhindernde Anima fesselt Jakob an ein zu überwindendes Entwicklungsstadium. Das wird deutlich an dem von Rebekka ausgewählten Ziel der Flucht, ihrem Bruder Laban; d. h., Jakob wird auf seinem Weg dem Bannkreis der unintegrierten Anima nicht entkommen, wird vielmehr der Lebenseinstellung eines unreifen, nur halben Menschen verhaftet bleiben.

Interessanterweise erscheint die hier skizzierte Anlage der Jakobsgestalt unverändert auch im Jakob-Laban-Sagenkranz. In Laban begegnet Jakob seinem Spiegelbild. Das Verhältnis der beiden zueinander ist von listigen Betrügereien gekennzeichnet: Laban unterschiebt Jakob in der Hochzeitsnacht die Lea anstelle der geliebten Rahel (29), und Jakob luchst dem Laban durch einen Trick den besten Teil seiner Herden ab (30). In archetypischer Sicht bedeutet das eine Konfrontation Jakobs mit sich selbst; Jakob kann sich betrachten, indem er sich selbst gegenübersteht. Das wäre für ihn die Möglichkeit, seinen Selbstbetrug zu erkennen und sein Leben zu ändern. Aber Jakob lernt aus der Selbstbegegnung nichts, er bleibt, wie er ist. Und als ihm das eigene Spiegelbild unerträglich wird, verhält er sich wie gegenüber seiner Schattenseite, er ergreift die Flucht (31, 20 f.). Die »Frau seines Lebens«, Rahel, seine andere Anima, gewinnt Jakob, wie seinen ganzen Reichtum, ebenfalls bei Laban, und zwar auf echte Jakob-Laban-Weise[258]. *Er* bestimmt den Preis, den Einsatz, den er für sie leisten will; er muß ihn dann zwar verdoppeln (29, 14 b–30); aber seine Anima bleibt seinem planenden Bewußtsein zugeordnet, von seinen Tiefenbereichen ist sie ausgeschlossen. Folgerichtig bleibt Jakobs Ehe mit Rahel lange unfruchtbar.

Auch in dem für israelitisches Denken wichtigsten Bereich, dem religiösen, wird der Stammvater Jakob als der findige Kopf vorgeführt, und dies an einer zentralen Stelle der Jakobstradition, bei der Flucht vor Esau, seinem Schatten (28, 10–22). Das nächtliche Traumbild von der Himmelstreppe, der Verbindung der Erde mit dem Himmel, ist ein Ganzheitssymbol, das Materie und Geist als die Pole alles Seienden umfaßt. Es wird Jakob in dem Augenblick geschenkt, da seine eigene Existenz zu zerfallen droht: er hat sich gänzlich gelöst vom Urgrund seines Lebens und befindet sich in der Fremde von sich selbst. Da drängt sich ihm mit autonomer Macht ein Archetyp des Selbst auf, der ihm die Chance bringt, umzukehren und ein *ganzer* Mensch zu werden. Zukunft wird ihm eröffnet in der Gottesbegegnung mit der erstmaligen Verheißung an ihn durch Gott sowie der Zusage des besonderen Schutzes für ihn. Jakob scheint auch zu spüren, daß er jetzt mit einer Dimension seines Lebens in Berührung kommt, die er stets gemieden hat, denn er wird von Furcht überfallen, und er erkennt seinen Standort als Gottes Terrain. Doch bleibt die Einsicht offensichtlich eine Augenblicksangelegenheit ohne Kraft zu durchgreifender Änderung. Das Gelübde als Antwort Jakobs (28, 20–22), als Selbstbindung an die eben gemachte Tiefenerfahrung, ist in Wirklichkeit ein Versuch, aus dieser Erfahrung Kapital zu schlagen für seine gegenwärtige bedrängte Lage; er will Gott anerkennen, wenn dieser ihm *seinen* Lebensplan bestätigt. Da ist keine Offenheit für den ihn aus der Tiefe seiner inneren Nacht anrufenden Gott. Jakob verharrt in der Abwehr der schöpferischen Dunkelseite, in seinem nur halben Menschsein. Und so kann er Gott nur als ein Idol seiner selbst begreifen.

Um genauer zu verstehen, was die andere Hälfte des Lebens ist, die Jakob verdrängt, ist auch der Bruder näher ins Auge zu fassen.

7.1.2 Der dunkle Bruder

Esau, der Zwilling zu Jakob, ist eine unverkennbare Personalisierung der anderen Seite von Jakob. Er ist als der genaue Gegentyp zu dem hellen, »ordentlichen«[259], sein Leben schlau planenden Jakob gezeichnet. Am ganzen Körper ist er behaart (25), d. h. von tierischem Aussehen; sein Verhalten ist vom Trieb bestimmt – für die Augenblicksstillung des Hungers verkauft er das Vorrecht der Erstgeburt (25); er hat den primitiveren, den archaischen Beruf des Jägers, der grobe Kräfte verlangt und ihn mehr dem Zufall aussetzt, als ihm Lebensplanung ermöglicht – das Gegenteil zu Jakobs Beruf des Hirten (25); er nährt Rachegedanken und will den Konflikt mit dem Bruder durch Mord, also auf gewaltsame Weise lösen (27). Als der Schatten Jakobs verkörpert er das Animalische und ungesteuert Triebhafte in ihm, eine Urkraft, die sich eruptiv umsetzt in unkontrolliertes Tun. Diese Kraft hat etwas Rohes und ist chaotisch; deshalb ist Jakobs Angst vor ihr natürlich und verständlich. Ihren Schrecken könnte sie nur verlieren, wenn Jakob dieses chaotische Unbewußte in seinem Bewußtsein zuließe, wenn er es als zu ihm gehörig akzeptierte. Erst durch die Integration des Schattens würde sich die Urgewalt des Unbewußten nicht mehr zerstörend, sondern schöpferisch auswirken. Das genau vermag Jakob aber nicht.

Esau läßt neben seiner Kraft und Roheit auch noch einen anderen, fast entgegengesetzten Zug erkennen: im

Vergleich mit Jakob ist er dumm; er durchschaut nicht, was der Bruder mit ihm spielt, und fällt auf dessen Tricks herein. Darin ist die Bewußtseinsferne dieses instinkthaften Teils der Psyche abgebildet. Solange das Unbewußte dem Bewußtsein nicht angeschlossen ist und beide nicht im Austausch miteinander leben, bleiben die im Unbewußten vorhandenen Fähigkeiten ungestaltet, roh, und haben keine klare Zielrichtung, gibt es keine Erkenntnis im Unbewußten. Voneinander gespalten, prägen Unbewußtes und Bewußtsein überwiegend negative, weil einseitige Merkmale aus. Genau das ist der Fall bei Jakob und Esau.

Als Schatten Jakobs verbinden sich in der Gestalt Esaus sowohl individuelle als auch kollektive Aspekte des Unbewußten. Die gemeinsame Geburt sowie die Art, wie Jakob mit Esau umgeht, zeigen deutlich, daß Jakob an Esau ihm persönlich zugehörende, negative Züge bekämpft und ablehnt. Esau als das andere Gesicht Jakobs stört dessen Vorstellung von sich selbst; Jakob leugnet vor sich, ein Januskopf zu sein.

Über diese individuellen Aspekte hinaus reicht die Gestalt des Esau aber noch in eine allgemeinere Dimension hinein, deutlich schon an der Zeichnung seines Aussehens, das an eine stammesgeschichtlich frühere Spezies des Menschen erinnert. Gestalt wie Verhalten des Esau muten geradezu atavistisch an. Er hat auch eine besondere Nähe zum Vater, der die Ahnenreihe, also das Alte, repräsentiert. Esaus Erstgeburtsrecht verweist nicht nur auf die vorherrschende unbewußte Seelenlage am Anfang des individuellen Menschenlebens, sondern auch auf die Vorherrschaft unbewußter Mächte in der Menschheitsentwicklung, in deren Verlauf das individuelle Bewußtsein, gar die logisch-kritische Ratio, eine späte Errungenschaft ist. Auch daß Esau sich fremde Frauen nimmt (26, 34–35), was besonders Rebekka schaudern macht

(27, 46), zeigt die Fremdheit und Ferne dieser tiefen Schicht des Unbewußten gegenüber dem Bewußtsein an. Wie eng der persönliche Schatten und das kollektive Unbewußte ineinander verschlungen sind, tritt am deutlichsten in der Jabbokerzählung mit der nachfolgenden Veränderung von Jakobs Verhältnis zum Bruder hervor. Solange Jakob die Komplexität seiner Psyche und ihrer Antriebskräfte leugnet, indem er sie in die Eindimensionalität der bloß rationalen Kräfte zwingen will, ist sein Schatten ihm gefährlich; denn die vom Bewußtsein isolierten chaotisch unbewußten Kräfte drängen danach, sozusagen rächend das Ich zu überwältigen und auszulöschen, symbolisiert in der Morddrohung Esaus gegen Jakob (27, 41). Solange Jakob nicht auch der triebhafte, dumme, böse, wenn auch kraftvolle Esau sein will, d. h., solange er seinen Schatten nicht akzeptiert, erreichen ihn auch die Offenbarungen Gottes aus dem kollektiven, dem autonomen Unbewußten nicht. Wie das Volk Israel in der Jakobüberlieferung die Umkehr in und aus dieser festgefahrenen Situation des Jakob gesehen hat, wird in dem meines Erachtens wichtigsten Stück der Jakob-Sagenkränze, in Gen 32, dargestellt.

7.2 Jakobs Wandlung im Ringen mit dem Unbekannten

Jakobs Gottesbeziehung dient bis Gen 32 der Bestätigung seines selbstgemachten Lebensplans, der Sicherung des äußeren Lebenserfolgs. Jakob manipuliert Gott für seine eigenen Zwecke, setzt sich nicht dem Unbekannten aus, ist nicht offen für das ganz Andere Gottes. Er versteht Gott als seinen persönlichen Vorteil, dem er selber auf die Sprünge helfen muß, wenn das Schicksal es anders vorgesehen hat – wie in der Veränderung seiner Situation als Nachgeborener, wie in der Ausmünzung der Vision von der Himmelstreppe, wie bei der Begründung seines Betrugs an Laban mit dem Willen Gottes (31, 9). Mit dieser Ausbeutermentalität Gott gegenüber beraubt sich Jakob aber der Möglichkeit, in seiner menschlichen Entwicklung weiterzukommen. Er lebt nur in einer Dimension, mit ständig hellwachem Verstand, um sich keine Chance für seinen Vorteil entgehen zu lassen, um jederzeit alle Eventualitäten überblicken und abwägen zu können. So erfaßt er spontan den für ihn günstigen Zufall, als der Bruder von ihm zu essen erbittet; so denkt er bei dem von Rebekka ausgeheckten Betrug am Vater nicht an die moralische Verwerflichkeit dieses Handelns, sondern er erwägt die Details, die Isaak den Betrug entdecken lassen könnten. Um seine ganz und gar der Machterweiterung des Ich dienenden Lebensziele erreichen zu können, muß Jakob dauernd auf dem Quivive sein. Deshalb muß er alles abwehren, was seinen auf äußere Vorgänge gerichteten Blick trüben, was seine Aufmerksamkeit ablenken könnte. Die Wendung des Blicks nach innen, auf den dunklen Bruder, wäre in Jakobs Lebensentwurf bloß störend. Er muß seine eigene chaotische Innenwelt von sich fernhalten, sie unterdrücken, oder, wenn sie ihm bedrohlich wird, vor ihr die Flucht ergreifen. Genau dies alles tut er Esau, der anderen Hälfte seiner selbst, gegenüber. Indem Jakob aber seine dunkle Seite wegschiebt, hält er auch die eigentlich schöpferischen Möglichkeiten seines Lebens von sich fern. Die Ich-Kräfte, bei Jakob vor allem als heller und agiler Verstand ausgeprägt, verhelfen ihm wohl zum äußeren Erfolg, verdeutlicht in seiner großen Familie, seinem materiellen Reichtum, seiner Machtposition in der Sippe. Doch den Reichtum humaner Werte bringt dieses Lebenskonzept ihm nicht ein. Der könnte nur aus der Verbindung zum vitalen Lebensgrund des Unbewußten hervorgehen. In der Einheit mit diesem Lebensquell auch könnte er nur dem wahren Gott begegnen. Das aber hieße, seine Lebenskonzeption würde von Grund auf in Frage gestellt, er müßte *seine* Werte, einschließlich des selbstgemachten, ihn nur bestätigenden Gottes, aufgeben und das Wagnis der Selbst*werdung* eingehen. Dazu ist Jakob von sich aus jedoch offensichtlich weder gewillt noch imstande. Aber sein im Grunde mageres, weil einseitiges Lebenskonzept kann ihn auch nicht bis zum Ende durchtragen. Da es nur durch gewaltsame Unterjochung mindestens der Hälfte des Lebens aufrechtzuerhalten ist, muß die dadurch gestaute Tiefenenergie irgendwann durchbrechen. Für Jakob geschieht das in der Nacht am Jabbok (32). Es ist zwar ein durch die Lebensverwirklichung Jakobs geradezu herbeigezwungenes, aus ihm selbst hervorbrechendes Ereignis. Dennoch trifft es ihn als ein transsubjektives, ein objektives Widerfahrnis. Es bricht darin für Jakob eine Welt auf, die schon immer zu ihm gehörte, zu der ihm jedoch der Zugang verstellt war. Sein Schatten fällt mit der Urgewalt der archetypischen Bilder in seine abgeschirmte Ich-Sphäre ein und ermöglicht Jakob zum erstenmal ein wirkliches Transzendieren seiner engen Ich-Welt. Und in dieser Transzendenz zur Nachtseite seiner selbst erfährt er Gott.

Von diesen anthropologischen Grundzügen der Jakobsgeschichten insgesamt aus ist nun die Erzählung vom Jabbok zu interpretieren.

Gen 32, 23–33

23 In derselben Nacht stand er auf, nahm seine beiden Frauen, seine beiden Mägde sowie seine elf Söhne und durchschritt die Furt des Jabbok. 24 Er nahm seine Familie und ließ sie den Fluß überqueren. Dann schaffte er auch seinen Viehbestand hinüber; 25 er blieb allein zurück. Da rang mit ihm ein Mann, bis die Morgenröte aufstieg. 26 Als der Mann sah, daß er ihm nicht beikommen konnte, schlug er ihn aufs

Hüftgelenk. Jakobs Hüftgelenk renkte sich aus, als er mit ihm rang. 27 Der Unbekannte sagte: Laß mich los, denn die Morgenröte ist aufgestiegen! Jakob aber entgegnete: Ich lasse dich nicht los, wenn du mich nicht segnest. 28 Jener fragte: Wie ist dein Name? Jakob, antwortete er. 29 Da sprach der Mann: Nicht mehr Jakob wird man dich nennen, sondern Israel; denn mit Gott und Menschen hast du gestritten und hast gewonnen. 30 Nun fragte Jakob: Nenne mir doch deinen Namen! Jener entgegnete: Was fragst du mich nach meinem Namen? Dann segnete er ihn dort. 31 Jakob gab dem Ort den Namen Penuel und sagte: Ich habe Gott von Angesicht zu Angesicht gesehen und bin doch mit dem Leben davongekommen. 32 Die Sonne schien bereits auf ihn, als er durch Penuel zog; er hinkte an seiner Hüfte. 33 Darum essen die Israeliten den Muskelstrang über dem Hüftgelenk nicht bis auf den heutigen Tag, denn er hat Jakob aufs Hüftgelenk, den Hüftmuskel geschlagen.

7.2.1 Die Mehrdimensionalität der Erzählung vom Jabbok-Kampf

Es handelt sich bei diesem Text um eine vielschichtige Erzählung, die manche Vorstadien bis zu ihrer jetzigen endgültigen Form durchlaufen hat. In ihrer Endgestalt ist sie schwer verständlich, in sich widersprüchlich und durchsetzt von Brüchen in der Erzählung. Zu erklären ist dieser Tatbestand damit, daß das ganze, in langer Tradition gesponnene Motivationsgeflecht erhalten geblieben ist, wobei keineswegs die Motive der jüngsten Entwicklungsstufe dominieren, sondern die aller Traditionsschichten eigentlich ein gleich starkes Gewicht besitzen. Folgende Traditions- und damit Motivschichten sind von Bedeutung:

Ganz am Anfang hat wahrscheinlich eine *Gespenstergeschichte* gestanden. Das war sicher schon lange Zeit vor der Rezeption durch die Tradition Israels. Folgende

Elemente sind charakteristisch für diese Erzählstufe: der Vorfall ereignet sich bei Nacht; ein unbekannter, unbenennbarer gefährlicher Geist, an einem Fluß lokalisiert, tritt auf, der den Menschen anfällt, vom Menschen nicht zu bezwingen ist, aber auch den Menschen letztlich nicht bezwingen kann; der Geist verliert seine Macht mit hereinbrechendem Tageslicht; der Mensch gewinnt im Kampf dem Geist etwas ab (Segen), aber er bleibt selbst von dem Erlebnis gezeichnet. Das sind verbreitete Motive dieser Erzählgattung.

Man wird die Frage stellen müssen, was Menschen veranlaßt, solche Geschichten zu erzählen, sie immer wieder zu erzählen, wie die Erhaltung der frühesten Traditionsstufe in der Jabbokgeschichte durch Jahrhunderte hin zeigt. Ein Ansatzpunkt für das Verstehen dieses Erzählprozesses ist der Flußübergang als Symbol für eine Umbruchsituation im Leben eines Menschen oder von Menschengruppen. Der Flußübergang ist ein Archetyp der Wandlung. Der Flußgott als dämonische Macht versinnbildet das Gefährliche solcher Übergangs- oder Krisensituation. Offenbar werden hierin Mächte des Unbewußten symbolisiert, denen der Mensch sich nicht gewachsen fühlt, von denen er verschlungen zu werden fürchtet. Von daher ist auch zu verstehen, daß der Fluß in der mythischen Vorstellungswelt zum Todessymbol geworden ist[260]. Die dämonischen Flußgötter haben nur bei Nacht über Menschen Macht; mit dem anbrechenden Tag, bei Sonnenaufgang, müssen sie verschwinden. Darin zeigt sich an, daß das bedrohliche unbekannte Unbewußte seine Macht durch das Licht des Bewußtwerdens verliert. Man kann sagen: Die Umbruchsituation, in der es um Tod und Leben geht, tendiert der ihr innewohnenden Zielgerichtetheit nach auf Licht, neues Leben, neue Geburt aus dem Dunkel. Auch dieser Aspekt wird gern im Fluß symbolisiert[261]. Für Israel mußte das ambivalente

Symbol des Flußübergangs von besonders großer Bedeutung sein, da es sich in seinem Ursprung auf Nomaden zurückführte, für deren Lebensweise Übergangssituationen besonders typisch sind. So steht ja auch im Zentrum des heilsgeschichtlichen Credo das Zeichen des Übergangs über Wasser – der Durchzug durchs Schilfmeer, der von Israel als Ursprungsdatum seines Gottesverhältnisses und Volkwerdens erfahren wurde. Von daher gesehen, steht die Geschichte von Jakobs Kampf am Jabbok sehr nahe der Mitte von Israels Selbstverständnis.

Ein neuer Motivationsstrang kam in die Erzählung durch Übertragung auf den *Stammvater Israels*. Der Stammvater geht aus dem Kampf mit dem göttlichen Wesen zugleich als bezwungen (er hinkt) und überlegen (gesegnet) hervor. Der Name Jahwe ist auf dieser Stufe – wie auch später – nicht auf das göttliche Wesen übertragen worden. Einen mit einem Menschen kämpfenden Gott als Jahwe zu bezeichnen, auch wenn man ihn in diesem Gott tatsächlich gesehen hat, hat man offensichtlich in Israel nie gewagt.

In einer nächsten Weiterbildung ist die Geschichte zu einer *Israel-Erzählung* geworden. Sie berichtet von dem Ursprung des Volkes im Stammvater, der von Gott – mit dem jetzt nur Jahwe gemeint sein kann – den Namen des späteren Volkes »Israel« erhält. Insofern spricht die Erzählung in dieser Motivschicht vom Gottesverhältnis Israels[262].

7.2.2 Jakobs Konfrontation mit sich selbst

In Verbindung mit der Jakob-Esau-Erzählung, in welche die Geschichte vom Kampf am Jabbok mitten hineingesetzt ist, wird in Gen 32 die endlich stattfindende Auseinandersetzung Jakobs mit seinem Schatten geschildert, mit der von ihm abgewehrten unbewußten Seite seiner selbst, mit der dunklen animalischen Lebensbasis. Die Auseinandersetzung findet hier aber nicht durch einen Kampf mit dem Bruder Esau statt, sondern mit Gott; denn dieser Konflikt berührt den Punkt, an dem die menschliche Unzulänglichkeit Jakobs an das Unendliche, die unverfügbare Ganzheit stößt. Ausgelöst wird der Kampf durch die Rückkehr zu Esau, d. h. durch die Reaktivierung der Schattenproblematik. Diese war seit der Flucht vor Esau, dem Symbol der Selbstentfremdung, durch die Fixierung an die Existenzerweiterung nach außen, durch Familiengründung und Erwerb von Besitz, unterdrückt worden. Anlaß für die Rückwendung ins Innere ist, daß Jakob die Grenzen einer Dominanz der Bewußtseinskräfte erreicht hat, abgebildet in den zunehmenden Querelen mit Laban, die bedeuteten, daß Jakob mit seinem Lebensentwurf nicht mehr klarkam. Vor dieser Schwierigkeit versucht Jakob, nach seinem altbewährten Lebensrezept, sich davonzumachen (31, 20). Wenn es nicht um Probleme geht, die er mit Anstrengungen des Verstandes bewältigen kann, sondern um ihn selbst, um seine psychische Ökonomie gewissermaßen, versagt Jakob. In Gen 32 wird nun erzählt, wie Jakob gestellt wird und sich unausweichlich mit der zurückgelassenen Seite seines Lebens befassen muß. Er wird zu einer Neustrukturierung seines Lebens gezwungen.

An den reichen archetypischen Motiven der Erzählung läßt sich dieser Prozeß verfolgen, wobei es in erster Linie nicht auf die genaue inhaltliche Abfolge der Motive ankommt, sondern auf deren innere Zusammengehörigkeit.

Der Fluß als Archetyp der Wandlung ist für Jakob die Grenze, die er nur als gewandelter Mensch oder gar nicht überschreiten kann. Psychisch gesehen, geht es bei dem Ereignis tatsächlich um Leben oder Tod. Und diese Situation muß Jakob bestehen, sei es selbst wider Willen.

Alle klug ausgedachten Versuche, die sich anbahnende tödliche Desintegration zu umgehen, helfen nicht mehr; in diesem Sinn sind die Vorsichtsmaßnahmen vor Esau zu verstehen: die Aufteilung des Lagers, um wenigstens die Hälfte der Habe, der Bewußtseinsdominanz, zu retten, die als Beschwichtigung gedachten Geschenke für Esau, die unterdrückte dunkle Macht im Innern, wie das kindlich hilflose Betteln bei Gott um Verschonung vor dem gefürchteten Unheil als Beschwörung der übermächtigen Macht aus der Tiefe (32, 4–22). Jakobs Schutzmaßnahmen deuten darauf hin, daß in der Tiefe seiner Seele, ihm wohl noch nicht voll bewußt, der Umbruch sich ankündigt.

Das Ereignis selbst geschieht in der Nacht, in der Stille, in der Einsamkeit. Nacht ist die Zeit und der Zustand, wo die Zensur durch das Tagesbewußtsein abgebaut oder doch verringert ist, wo eine Sensibilität für die in der Tiefe der Seele sich abspielenden Vorgänge geweckt wird. Für Jakob ist die Nacht aber auch das Dunkel der Verwirrung über sich selbst und seine Lage; das Unbewußte hat die Klarheit des Bewußtseins zu überfluten begonnen. Lapidar sagt der Text, Jakob blieb allein zurück, ohne Besitz und Familie, d. h. Ich-Verstärkungen helfen in dieser Situation nicht mehr; die große Familie hatte für Jakob auch die Funktion, ihn vor der Konfrontation mit sich selbst abzuschirmen. Jetzt, in völliger Einsamkeit, hat er keine Möglichkeit mehr, vor sich selber auszuweichen.

In dieser Lage, in der Jakob sich nicht mehr entkommen kann, überfällt ihn der anonyme Kampfpartner: »einer« oder »ein Mann«. Die Anonymität kennzeichnet genau Jakobs bisherige Einstellung zu seinem Schatten: er wollte ihn nicht wahrhaben, deshalb kennt er ihn nicht. »Der Mann« ist der dem Jakob unbekannte Mann Jakob. Erst die radikale Infragestellung seines Lebenskonzepts ermöglicht es Jakob, seiner eigenen unbekannten Tiefe zu begegnen. Anders als kämpferisch kann in einem so einseitig bewußtseinsbetonten Leben der Schatten nicht zum Zuge kommen. Erst als die Entscheidung über den Ausgang des Kampfes gefallen ist, als die dunkle Seite von Jakob akzeptiert ist, erkennt er, mit wem er gerungen hat, mit Gott. Nun erfährt Jakob, daß er nicht nur in die Tiefen seines individuellen Lebens hinabgestiegen ist, sondern in die des Menschenlebens schlechthin, in die Tiefe, in der Gott erreichbar ist. Da Jakob den Konflikt annimmt und ihn in allen Dimensionen seines individuellen Daseins austrägt – der körperliche Kampf mit seinen sichtbaren Folgen belegt das –, gelangt er zugleich in die tiefste, nämlich religiöse Dimension menschheitlicher Erfahrung.

Dennoch unternimmt Jakob in dem Kampf den Versuch, sich in seiner alten Weise der numinosen, ihm unbekannten Tiefenkräfte zu bemächtigen. Er will von dem fremden Wesen, dessen Überlegenheit er spürt, den Segen erzwingen. Schon das ist in sich ein Widersinn, da das Wesen des Segens darin besteht, frei zukommendes Geschenk zu sein. Aber genau diese Wahrheit ist Jakob unzugänglich, wie die Szene der Erschleichung des Segens vom Vater zeigt. Der Bemächtigungsversuch gegenüber der größeren Macht wird verstärkt, indem Jakob den Fremden nach seinem Namen fragt. Es ist der Versuch, sich auch das Göttliche handhabbar zu machen, wie Jakob es mit allem in seinem Leben tut. Er hat zu dem ihm den Weg verstellenden Göttlichen kein personales Verhältnis, sondern nur ein magisches, wie es einem unentfalteten Menschen, z. B. dem Kind, gemäß ist[263]. Doch in der Grenzsituation, in der Jakob sich befindet, schlägt der Versuch fehl. Auf die Segensforderung geht der Fremde nicht ein, und die Frage nach dem Namen wird mit einer Gegenfrage zurückgewiesen. Das kennzeichnet deutlich die Lebenskrise, in die Jakob geraten ist; die ihm bekannten Mittel der Lebensbewältigung versagen, daher ist es unmöglich, daß er so weiterleben kann wie bisher.

Die Bemächtigungsversuche gegenüber der fremden Wirklichkeit gelingen also nicht. Vielmehr wird die Situation umgekehrt: Jakob selber wird gezwungen, *seinen* Namen zu nennen, d. h. sich als den zu erkennen, der er tatsächlich ist, Jakob, der Fersennachsteller, der Betrüger, der, der mit der Lebenslüge lebt. Indem er seinen Namen nennt, gibt er sich der unbekannten Macht preis, sucht er nicht mehr seinen Vorteil, sondern setzt sich seinem Schatten aus, der dunklen Seite seines Wesens, die so aus der Verdrängung zurückgeholt wird. Das Fluchtsymbol verwandelt sich in das der Heimkehr zu sich selbst, mit der Rückkehr aus der Fremde ist die Selbstentfremdung aufgehoben. Jakob nimmt den Unbekannten in sich selbst zur Kenntnis und bändigt so die tödlich bedrohende Macht seines Schattens. Da Jakob nun seine eigene Wahrheit zuläßt, mündet der Kampf nicht in den Tod, was die andere reale Möglichkeit gewesen wäre, sondern in die Geburt eines neuen Menschen. Denn jetzt erhält er einen neuen Namen: »Israel«. Der Name wird so erklärt: »Du hast mit Gott und Menschen gerungen und den Sieg errungen.« »Mit Menschen« kann sich hier nur darauf beziehen, daß Jakob, indem er mit seinem Schatten gekämpft hat, zugleich mit dem dem Menschsein eigenen unbekannten Dunkel gerungen hat. Der Satz, der der Exegese große Schwierigkeiten macht, hat unter dem Aspekt der Wandlung Jakobs einen guten Sinn. Er besagt, daß Gott *da* zu erfahren ist, wo der Mensch in hartem Ringen, durch Annahme der abgewehrten dunklen Seite, die dissoziierten Lebenskräfte in Ausgleich zu bringen vermag. Das Ausweichen vor sich selbst, vor der Wahrheit des eigenen Lebens, und sei sie noch so fatal, bedeutet zugleich Fernsein von Gott. Und umgekehrt schafft Einswerden mit sich selbst, Selbstannahme, auch mit den abgelehnten Seiten der eigenen Person, die Möglichkeit der Gotteserfahrung.

Der neue Name nun, mit dem Jakobs neues Leben angezeigt wird, schafft Zukunft; denn der Name »Israel« weist Jakob als den aus, der nun zu Recht die Verheißung trägt; es ist ja der Name des späteren Volkes. Archetypisch ist damit die Ausdifferenzierung reicher psychischer Funktionen angezeigt, Ganzheit und Lebensfülle, wie der »alte« Jakob sie nie hätte gewinnen können.

Jakob bleibt aber ein von dem Kampf Gezeichneter, er hinkt. Von nun an ist er ein »Behinderter«, der nicht mehr zu schrankenloser Machterweiterung des Ich ausschreiten kann. Er wird immer mit den Spuren des Kampfes behaftet bleiben. Die Geschichte von Jakobs nächtlichem Kampf versteht somit die Wandlung des Menschen nicht als eine Absage an das frühere unvollständige Leben, sondern sieht dieses verwandelt eingebracht in eine reifere Gestalt des Menschen; die Stationen der Menschwerdung bleiben erkennbar.

7.2.3 Integration des Schattens und Gotteserfahrung

Erst nach der Erfahrung, daß er sich einer nicht-manipulierbaren Macht des Lebens aussetzen muß, um sein volles Menschsein zu erlangen, wird Jakob gesegnet. Der Segen steht erst ganz am Ende des nächtlichen Ringens, jetzt ist er kein Ergebnis der Forderung Jakobs mehr, jetzt ist er reine Gabe, nichts Selbstgemachtes, Jakob ist durch den Kampf zu einem Menschen geworden, der weiß, daß er sich nicht sich selbst verdankt. Das ist in dem frei gewährten Segen veranschaulicht. Und damit gewinnt sein Gegenüber auch ein Gesicht: »Gottes Angesicht«. Im Zusammenhang der Jakobsgeschichte ist das der Sinn der alten Kultortätiologie. Jetzt kann Jakob Gott, der sein Leben neugemacht hat, als Du erkennen. Diese Aussage wird durch die nachfolgende Bemerkung über die aufgehende Sonne unterstrichen: die zerstörende Macht von Jakobs verleugneter, jetzt aber angenommener dunkler Tiefe ist verwandelt in Leben schaffende Kraft. Jakob hat ein neues erweitertes Bewußtsein erlangt und ist damit dem Ziel der Ganzheit des Menschseins ein Stück näher gekommen.

Der als Urteil Jakobs über das Ereignis formulierte Satz: »Ich habe Gott von Angesicht zu Angesicht gesehen und bin mit dem Leben davongekommen«, faßt noch einmal die Kernaussage der Erzählung zusammen: Gott wird für den Menschen tödlich, wenn dessen Schatten desintegriert, wenn der Mensch in sich gespalten bleibt. An dieser häufig im Alten Testament wie in allen Religionen vorkommenden Vorstellung von der todbringenden Wirkung der Gottesbegegnung läßt sich die Gotteserfahrung als der wohl mächtigste Archetypus erkennen. Ohne einen Bezug zu dem vom Menschen als numinos, als transpersonal erlebten kollektiven Unbewußten könnte Gott als Gott, d. h. als absolute Transzendenz des Menschen meines Erachtens gar nicht erfahren werden. Hätte der Mensch nicht die Möglichkeit, in den von den Religionen angebotenen Urbildern die Menschheitstiefe des Unbewußten zu berühren, so bliebe Gotteserfahrung im Individuellen, für jeden anderen Menschen Unverbindlichen befangen, und Gott bliebe eine reine Bewußtseinsgröße, die nie alle Dimensionen des Menschen und seiner Welt umgreifen könnte. Hat der Mensch nicht die Fähigkeit, das Menschheitspotential unbewußter Mächte seinem individuellen Menschsein im Selbstwerdungsprozeß anzuverwandeln, so muß er sich, besonders in Krisensituationen, von diesen Mächten tödlich bedroht fühlen. In der Jakobsgeschichte ist das Ineinander von individueller und menschheitlicher Ganzheit als gewissermaßen anthropologisches Substrat für Offenbarung und Gottesglaube eindringlich gestaltet.

Das folgende Kapitel 33 stellt im Zusammentreffen Jakobs mit dem Bruder Esau im Grund denselben Vorgang dar, der sich nachts vor dem Überschreiten der Flußgrenze in Jakobs Innerem abgespielt hat, nun aber nicht mehr als kämpferische Auseinandersetzung, sondern als Ergebnis des Kampfes. Dieses Ergebnis wird durch Transponieren in die äußere Realität veranschaulicht, wobei es nicht auf alle Einzelheiten, vielmehr auf die charakteristischen Momente an der Begegnung Jakobs mit Esau ankommt. Jakob versteckt sich nun nicht mehr, sondern schreitet seinem Troß voran; das bedeutet, daß er seine Ichkräfte nicht mehr dazu benutzt, sich gegen seinen Schatten abzuschirmen. Indem er Esau ungeschützt gegenübertritt, gibt er zu erkennen, daß er die durch Esau verkörperte dunkle Seite seines Lebens als der hellen Bewußtseinsseite gleichgewichtig akzeptiert. Das bisherige Verhältnis zu dem dunklen Bruder kehrt sich jetzt sogar um, ausgedrückt durch die Verneigungen Jakobs und die Anrede Esaus mit »mein Herr«. Mit diesem Verhalten bekennt Jakob, daß er von dem dunklen Urgrund seiner Lebensbasis aus gelenkt wird und daß er zu diesem bislang geleugneten Faktum jetzt ja sagt. Das Unbewußte wird sozusagen wieder in sein Erstgeburtsrecht eingesetzt. Auch die Esau angebotenen Geschenke sind jetzt von anderem Charakter als vor dem Jabbok-Kampf; sie sind Zeichen der mit sich selbst errungenen Einheit. Sie werden aus Dankbarkeit dargeboten, weil Jakob, nach eigener Aussage, vor Esau Gnade gefunden hat. Mit dieser Deutung seines Erlebnisses spricht Jakob die religiöse Dimension des Erfahrenen aus. Der nicht mehr als Bedrohung, sondern als Lebenskraft erfahrene Schatten hat Jakob Gott finden lassen. Der eigenartige und ohne den in Gen 32 vorausgehenden Konflikt unverständliche Satz: »Ich habe dein Angesicht geschaut, wie man Gottes Angesicht schaut« (33, 10), belegt, daß der Kampf mit dem unbekannten göttlichen Wesen und die Auseinandersetzung mit Esau archetypisch in gleicher Weise die Schattenproblematik Jakobs beschreiben und daß die in der Begegnung mit Esau abgebildete Versöhnung mit der eigenen dunklen Tiefe als Erfahrung Gottes verstanden wird.

Jakob erscheint in der Versöhnungsszene nicht mehr als der Mensch mit der penetranten Selbstsicherheit, der Lebenserfolg für das Ganze des Menschseins setzt. Er wirkt vielmehr geradezu demütig, als einer, der schmerzhaft an seine Grenzen gestoßen ist, der diese aber als Tor in die ihn umgreifende Dimension des Unbedingten, in die Dimension Gottes hinein erfahren hat[264].

Nachwort
Kritik am Jungschen Anima-Animus-Konzept

Um die Urbilder des Männlichen und Weiblichen in der Bibel heutigem Verstehen zugänglich zu machen, habe ich mich in der ersten Auflage des Buches von 1980 des Jungschen Anima-Animus-Konzeptes bedient. Auch zwölf Jahre später bin ich noch davon überzeugt, daß dieses Konzept hilfreich sein kann, um das Bewußtsein von der Zweigeschlechtlichkeit des Menschen und seine geschichtliche Entwicklung zu erhellen. Doch hat sich in den letzten Jahren auch die gesellschaftliche Bedingtheit der Auffassung von Anima und Animus herausgestellt, ihre Färbung durch das patriarchale Bewußtsein ihres Urhebers.[1] Nicht überholt ist allerdings die grundlegende These, daß die Geschlechtlichkeit sich nicht im biologischen Geschlecht und in den gesellschaftlichen Geschlechtsmustern erschöpft, sondern von tiefenpsychisch verborgenen Möglichkeiten mitgeprägt wird, seien es verdrängte und abgespaltene oder noch nicht realisierte. Patriarchal sind in erster Linie die Konkretisierungen von Jungs Geschlechterkonzept, die er weitgehend, und vermutlich unbewußt, von den zu seiner Zeit (erste Hälfte 20. Jahrhundert) geläufigen Geschlechterbildern übernommen hat; so z. B. wenn er die unbewußte Anima des Mannes sich in (weiblicher) Launenhaftigkeit und den unbewußten Animus der Frau sich in (väterlichen) Meinungen statt Argumenten ausdrücken sieht.

Daß Kritik an einem solchen Geschlechterkonzept sich herausbilden konnte, hängt ebenfalls mit gesellschaftlichen Entwicklungen zusammen bzw. in tiefenpsychologischem Denken mit einer Bewußtseinsveränderung, hier mit der von der Frauenbewegung der 70er und 80er Jahre hervorgerufenen. Indem Frauen mit einem Bewußtsein für die Unterprivilegierung des weiblichen Geschlechts in patriarchalen Gesellschaften ein wissenschaftlich zu erhellendes Phänomen untersuchen, entdecken sie zum einen die patriarchalen Unterdrückungsmechanismen, zum anderen Seiten an dem untersuchten Phänomen, die wegen der patriarchal ausgerichteten Interessen der geltenden Wissenschaft nicht gesehen wurden und werden. Die Tiefenpsychologie ist, wie jeder wissenschaftliche Ansatz, einer bestimmten Sichtweise verpflichtet. Sie unterscheidet sich von anderen aber dadurch, daß sie den jeweiligen Bewußtseinsstatus eines wissenschaftlichen Zugriffs auf die Wirklichkeit, auch ihren eigenen, in ihre Untersuchung mit einbezieht, es ihrer Definition nach jedenfalls tun müßte. Damit berücksichtigt die Tiefenpsychologie, daß ihre jeweiligen Erkenntnisse stets auf einem bestimmten Wegabschnitt gewonnen sind, das heißt, sie macht zum Thema ihrer Untersuchung, daß es keine voraussetzungslose Wissenschaft gibt, daß Erkenntnis in einem fortschreitenden, frühere Erkenntnisse oft überholenden Prozeß gewonnen wird und daß an diesem Prozeß stets unbewußte Faktoren beteiligt sind. So habe ich zwar bereits 1980 Jungs Anima-Animus-Konzept mit einer kritischen Sicht auf religiöse Überlieferungen angewandt (vgl. in 3.3.2 den Aspekt der Kulturabhängigkeit der Urbilder, der zeitgeschichtlichen Bedingtheit von Anima und Animus, den Bezug auf die Emanzipation der Frau), aber die Geschlechterstereotypen sind 1980 noch nicht wirklich entpatriarchalisiert worden. Das zu tun, wurde für mich erst durch ein wachsendes feministisches Bewußtsein und durch religionspsychologische Forschungen möglich.[2] Mit dieser kurzen Ergänzung für die Neuausgabe von „Biblische Urbilder" möchte ich somit auch verdeutlichen, wie ein tiefenpsychologischer Forschungs- und Erkenntnisprozeß sich entwickelt.

Wie stellt sich nun inhaltlich die Kritik an Jungs Anima-Animus-Konzept dar? Gegenwärtig läßt sie sich von zwei Ansatzpunkten aus formulieren. Der erste ist system-immanent, das heißt, Jungs Geschlechterdefinitionen werden von seinen eigenen tiefenpsychologischen Annahmen aus, verbunden mit einer schärferen Wahrnehmung der gesellschaftlichen Rollenklischees, kritisiert. Dieser Ansatz ist vor allem von Jungschen Analytikerinnen ausgearbeitet worden (vgl. Anm. 1). Verena Kast sieht den Fehler bei Jung in der Verteilung von Anima und Animus auf das jeweils andere Geschlecht. Sie argumentiert dahingehend, daß beim Mann neben der archetypischen Anima auch ein unbewußter Animus und bei der Frau neben dem archetypischen Animus auch eine unbewußte Anima anzunehmen sei.

In Ursula Baumgardts umfangreicher Arbeit wird die sexistische Voreingenommenheit Jungs in seiner Anima-Animus-Lehre mit vielen Belegen aus seinem Gesamtwerk begründet. Die Verfasserin weist nach, daß Jung die Anima nicht nur als Seelenanteil des Mannes versteht, sondern zugleich als Aussage über die reale Frau (z.B. S. 50), daß bei Jung sowohl biologisch wie psychologisch das männliche Geschlecht durchgehend den ersten, den menschlich überlegenen Platz einnimmt, das weibliche Geschlecht den zweiten, den minderwertigen, und die Frau durch den Mann definiert wird (vgl. S. 70 / 72 / 73f / 80 / 82f / 84 / 107 / 130). Das Animuskonzept, den unbewußten männlichen Seelenanteil der Frau weist Baumgardt als eine patriarchale Projektion nach, als einen Analogieschluß von der männlichen auf die weibliche Psychologie (vgl. S. 108f / 110), das von Jung beschriebene, bei Frauen tatsächlich zu beobachtende Animus-Verhalten als Reaktion auf die Abwertung des weiblichen Geschlechts im Patriarchat (vgl. S. 127 ff, bes. 131–134). Die überwiegend negativ gewerteten Manifestationen des Animus bzw. des Logos oder Geistes bei der Frau (vgl. S. 104 ff) sowie das geringe Gute daran, das ausschließlich auf die Inspiration der Anima beim Mann bezogen wird (vgl. S. 119), belegt die Autorin als konventionelle männliche Sicht auf die Frau. Insgesamt kommt sie zu dem Schluß, daß der Jungsche Animus nicht als Archetyp, das heißt nicht als psychisches Wesensmerkmal der Frau verstanden werden kann, vielmehr ein Ergebnis des Patriarchats ist (vgl. S. 138 / 154).

Der zweite Ansatzpunkt der Kritik – den ich selbst vertrete – ist ein religionspsychologischer. Anders als der erste Ansatz, der aus einem therapeutischen Interesse hervorgeht, ist dieser in erster Linie wichtig für die Anwendung der Tiefenpsychologie Jungs auf die Interpretation und Vermittlung religiöser Überlieferungen und Vollzüge. Diese Kritik wird erarbeitet aus der religionsgeschichtlichen Entwicklung; dabei interessiert mich als christliche Theologin die Symbolentwicklung bei Religionen im Entstehungsbereich und vor der Entstehungszeit des Christentums. Als Forschungsmaterial kommen schriftlich erhaltene Mythen und archäologische Zeugnisse in Frage.

Bei konsequent tiefenpsychologischer, nicht dogmatischer Betrachtung spiegeln religiöse Überlieferungen die psychische Entwicklung der Menschen, die sich auf die jeweiligen religiösen Symbole (Glaubensvorstellungen, Glaubenssätze, ethische Regeln, religiöse Erzählungen, Riten) beziehen.[3] Insbesondere die Vorstellungen über das menschliche Bewußtsein und die daraus abgeleiteten Werte und Normen lassen sich an religiösen Dokumenten erkennen. Religionen erweisen sich bei tiefenpsychologischer Betrachtung nämlich sowohl als Spiegel wie auch als Impuls der psychischen Menschheitsentwicklung. Religiöse Überlieferungen können deshalb auch Aufschluß darüber geben, welches Bewußtsein von der zweifachen geschlechtlichen Identität des Menschen in Anfangszeiten vorhanden war. Ob neuere Auffassungen, wie die Anima-Animus-Lehre, etwas Wesensmäßiges oder nur Zeitbedingtes über die menschliche Geschlechtlichkeit aussagen, läßt sich durch einen Vergleich mit solch frühen religiösen Zeugnissen erheben. Wenn ich also wissen will, ob Auffassungen über die beiden Geschlechter, die im Christentum und in den von diesem beeinflußten Kulturen – auch die tiefenpsychologischen Auffassungen gehören dazu – Geltung haben, schon immer gegolten haben, dann kann ich in älteren Religionen forschen, ob dort dasselbe Bewußtsein von der Geschlechtlichkeit vorliegt oder ein anderes. Auf diesem Wege können wir auch heute noch an die seelischen Wurzeln des Menschseins gelangen.

Aufschlußreich ist insbesondere der Blick in Religionen, die noch nicht als patriarchal im heutigen Sinn zu bezeichnen sind, Religionen, die sich vor allem durch weibliche Gottesbilder auszeichnen, die es in den monotheistischen Religionen bekanntlich nicht gibt. Im vorder- und mittelorientalischen Raum, aus dem das christliche Bewußtsein herausgewachsen ist[4], gibt es religiös-kulturelle Überlieferungen, die erkennen lassen, daß die psychische Selbstwahrnehmung anfänglich keineswegs patriarchal eingefärbt war. Schriftlich belegte Mythen, für die zusätzlich eine lange mündliche Vorgeschichte anzunehmen ist und die bis ins dritte Jahrtausend v. Chr. (Sumer/Altbabylon), sowie archäologische Funde, die bis ins siebte Jahrtausend v. Chr. (Çatal Hüyük in Anatolien) zurückreichen, bezeugen einen psychischen Entwicklungsstatus, der von einem weiblichen Bewußtsein akzentuiert war, in Korrespondenz mit den weiblichen Gottesbildern.[5] Dieses weibliche Bewußtsein wurde offensichtlich von beiden Geschlechtern geteilt, bestand jedoch nicht in Über- und Unterordnung wie beim patriarchalen Bewußtsein, nur mit vertauschten Vorzeichen. Das männliche Bewußtsein, vertreten durch männliche Gottesbilder und männliche Symbole (z. B. den Stier), hatte vielmehr innerhalb des umfassend weiblichen Bewußtseins einen eigenständigen und für das Gleichgewicht der Lebensvollzüge notwendigen Platz.

Die Veränderung des psychischen Gleichgewichts setzte mit der Herauslösung des männlichen aus dem weiblichen Bewußtsein ein; diese ist mythisch dokumentiert als Weigerung des männlichen Partners der Göttin, an den von ihr garantierten Lebensprozessen weiterhin mitzuwirken. Das Hervortreten des männlichen Bewußtseins hat sich somit manifestiert durch Ausklinken aus den vom weiblichen Bewußtsein (Göttin) im Gleichgewicht gehaltenen äußeren und inneren Lebenswirklichkeiten und hat so dieses Gleichgewicht aus dem Lot gebracht. Das ist als der psychische Anfang des Patriarchats zu bezeichnen. Die anfängliche männliche Weigerung schritt religionsgeschichtlich zur immer gewaltsameren Unterdrückung der Göttinreligion und damit des authentischen weiblichen Bewußtseins fort. Psychische und physische Gewalt ist zum Motor dieser Entwicklung geworden und ist seither ein Hauptmerkmal sowohl des patriarchalen Bewußtseins wie der historischen Realisierungen patriarchaler Gesellschaften und Religionen.[6]

Wende ich nun den tiefenpsychologischen bzw. psychoanalytischen Grundsatz von der bleibenden psychischen Prägung durch den Anfang nicht nur auf die menschliche Einzelperson, sondern auch auf die psychische Menschheitsentwicklung an, so ergeben sich wichtige Folgerungen speziell für die Auffassung von den Geschlechtern, und damit auch für die Anima-Animus-Lehre. Die psychische Menschheitsentwicklung, zumindest im morgen-

und abendländischen Raum, ist an ihrem Anfang durch ein allgemein weibliches Bewußtsein geprägt, das jedoch einer grandiosen Unterdrückung und Abspaltung zum Opfer gefallen ist. Das männliche Bewußtsein, das erfahren wurde als aus dem weiblichen hervorgegangen, wie der männliche Mensch physisch aus dem weiblichen (vgl. Anm. 6), ist in der Bewußtseinsgeschichte daher sekundär und leitet sich aus dem weiblichen Bewußtsein ab, nicht umgekehrt das weibliche aus dem männlichen, wie dies in Jungs Geschlechterkonzept der Fall ist. Aufgrund dieser Ableitung kann beim Mann durchaus etwas wie ein Archetyp der Anima angenommen werden; darin ist Jung zuzustimmen. Die Weiterentwicklung zu einem eigenständigen männlichen Bewußtsein hätte infolgedessen in enger Rückbindung (religio) an weibliches Bewußtsein erfolgen müssen. Statt dessen hat diese Entwicklung das authentisch oder ursprunghaft weibliche Bewußtsein zerstört und so das patriarchale Bewußtsein hervorgebracht, das von daher als Fehlentwicklung anzusehen ist.[7]

Aus demselben Grund ist Jungs Konzept eines Animus bei der Frau als ein patriarchales Konstrukt zu bezeichnen; denn sowohl männlicher wie weiblicher Geist sind vom weiblichen Bewußtsein ausgegangen. Geistige Fähigkeiten der Frauen sind im Patriarchat zwar von den „Vätern" bestimmt, aber von den Ursprüngen des Bewußtseins her ist Geist primär weiblich und kann nicht als Analogiebildung zur männlichen Anima gewertet werden, wie Jung das tut.[8] Die von Jung beschriebenen konkreten Animus-Ausprägungen, die bei Frauen tatsächlich vorkommen (vgl. 3.3.2), sind Kennzeichen der patriarchal domestizierten Frau, wie die meisten Anima-Konkretisierungen Merkmale des patriarchalen Mannes, nicht des ursprünglich dem weiblichen zugeordneten männlichen Bewußtseins.

Aus dem Dargelegten ergeben sich Folgerungen für die Anwendung Jungscher Kategorien auf das Verstehen religiöser Überlieferungen. Beim tiefenpsychologischen Erschließen biblischer Urbilder wie überhaupt von christlichen Symbolen ist stets zu bedenken, daß diese aus einer patriarchalen Überlieferung stammen und deshalb die oben skizzierte Bewußtseinsentwicklung spiegeln. Die Interpretationen der Vätergeschichten in diesem Buch z. B. halte ich nicht einfach für überholt, zeigen sie doch schon 1980 das gewissermaßen patriarchale Flair dieser Texte, auch wenn dieser Aspekt noch nicht thematisch erarbeitet ist und Anima und Animus noch in Analogie zueinander gesehen werden. Heute müßten diese wie alle biblischen Texte darüber hinaus vor dem religionspsychologischen Hintergrund, aus dem das Christentum herausgewachsen ist, tiefenpsychologisch analysiert werden. Es würden sich dabei Relikte des anfänglichen, dann unterdrückten weiblichen Bewußtseins finden. Doch für Frauen heute stellt sich die Frage, ob ihre Befreiung aus dem sie entfremdenden patriarchalen Bewußtsein nicht die Entwicklung neuer, anderer religiöser Symbole verlangt: Symbole einer authentischen, von männlicher Definition unabhängigen weiblichen Identität. Dazu könnte das weibliche Bewußtsein, weiblicher Geist, die den Anfang der abendländischen Religionsgeschichte bewirkt haben, inspirieren. Die Einsicht, daß Jungs Geschlechterkonzept aus patriarchalem Bewußtsein lebt, kann bei der Arbeit an und mit religiösen Überlieferungen als kritisch verwendete Sonde nützlich bleiben, um sowohl die unbewußten Prägungen und Verdrängungen als auch die noch nicht realisierten Möglichkeiten geschlechtlicher Art in den Blick zu bekommen.

[1] Vor allem Frauen haben geschlechtsbedingte Vorurteile in Jungs Tiefenpsychologie (wie auch in Freuds Psychoanalyse) nachgewiesen, vgl. z. B.:

Verena Kast: Eine Auseinandersetzung mit dem Animus- und Animabegriff C. G. Jungs, in: dies.: Paare. Beziehungsphantasien oder Wie Götter sich in Menschen spiegeln. Stuttgart 1984, S. 157–177.

Ursula Baumgardt: König Drosselbart und C. G. Jungs Frauenbild. Kritische Gedanken zu Anima und Animus. Olten und Freiburg i. Br. 1987.

Judith Christoffel: Neue Strömungen in der Psychologie von Freud und Jung. Impulse von Frauen. Olten und Freiburg i. Br. 1989.

Christa Mulack: Natürlich weiblich. Die Heimatlosigkeit der Frau im Patriarchat. Stuttgart 2. Aufl. 1991.

Doris Brockmann: Ganze Menschen. Ganze Götter. Kritik der Jung-Rezeption im Kontext feministisch-theologischer Theoriebildung. Paderborn–München–Wien–Zürich 1991.

[2] Vgl. dazu folgende Arbeiten von mir:

Das Auge im Bauch. Erfahrungen mit tiefenpsychischer Spiritualität. Olten 4. Aufl. 1989.

Tod und Auferstehung, in: dies. (Hg.): Feministische Theologie. Perspektiven zur Orientierung. Stuttgart 2. Aufl. 1988, S. 191–226.

Symbol und Religionsdidaktik. Thesen zu einer tiefenpsychologisch-feministisch-theologischen Hermeneutik, in: J. Oelkers / K. Wegenast (Hg.): Das Symbol – Brücke des Verstehens. Stuttgart–Berlin–Köln 1991, S. 182–197.

Religiöse Metamorphosen. Biographische Szenen und ihre religionspädagogische Deutung, in: R. Lachmann / H. F. Ruppert (Hg.): Lebensweg und religiöse Erziehung. Religionspädagogik als Autobiographie. Weinheim 1989, Bd. 2, S. 145–170.

Tiefenpsychologie und feministische Theologie, in: dies.: Traum, Symbol, Religion. Tiefenpsychologie und feministische Analyse (Herder/Spektrum Bd. 4040), Freiburg i. Br. 1991, S. 166–179.

[3] Genaueres dazu ist in der in Anm. 2 genannten Literatur ausgeführt.

[4] Die psychischen Wurzeln des sogenannten christlichen Abendlandes sind nicht erst dem klassischen bzw. hellenistischen Griechenland, einer schon patriarchalisierten Kultur, entsprossen, wie das humanistische Bildungsideal dies zu sehen gelehrt hat, dessen Einfluß auch bei C. G. Jung zu finden ist. Die religiösen Wurzeln der abendländisch-europäischen Zivilisation reichen viel weiter zurück und in fremdere Kulturen als die griechische hinein.

[5] Zu den archäologischen Zeugnissen vgl. James Mellaart: Çatal Hüyük. Stadt aus der Steinzeit. Bergisch-Gladbach 1967. Zu den mythologischen Zeugnissen vgl. vor allem den sumerisch-altbabylonischen Mythos von „Inannas Gang in die Unterwelt" und „Dumuzis Traum";

ins Englische übersetzt in: J. B. Pritchard (Hg.): Ancient Near Eastern Texts Relating to the Old Testament, Princeton 4. Aufl. 1974, S. 52–57; D. Wolkstein / S. N. Kramer: Inanna – Queen of Heaven and Earth. Her Stories and Hymns from Sumer, New York 1983, 51–73. Einen Symbolvergleich dieses Mythos mit der Passionsgeschichte Jesu in den Evangelien s. in meinem Buch: Traum, Symbol, Religion, a. a. O., S. 147f. Vergleichbares Material findet sich auch in altägyptischen Mythen um Isis, Osiris und Horus.

[6] Ich kann diese Entwicklung hier nur andeutungsweise skizzieren und die Belege dafür nicht im einzelnen anführen. Genaue Ausführungen und Belege finden sich in den in Anm. 2 genannten Veröffentlichungen von mir. Auf die patriarchale Sicht der „Ursprungsgeschichte des Bewußtseins" von Erich Neumann, dem Jung-Schüler, kann ich hier ebenfalls nicht eingehen.

[7] In der Jung-Schule wird diese männliche Entwicklung im allgemeinen als eine archetypische, und das heißt als anthropologische Notwendigkeit behandelt – das ist mir besonders bei meiner Lehrtätigkeit am Jung-Institut in Zürich aufgefallen. Diese Sichtweise halte ich nicht nur für höchst anfechtbar, sondern für gefährlich, lassen sich mit ihr doch die patriarchalen Verhältnisse tiefenpsychologisch zementieren.

[8] Aus diesem Grund halte ich die von V. Kast angestrebte Lösung, daß Anima und Animus in gleicher Weise bei Mann und Frau anzunehmen seien, nicht für angemessen. Erst wenn Frauen sich ihr ursprünglich authentisches Bewußtsein wiedererarbeitet haben und dies auch in gesellschaftlichen Wertungen und Lebensformen sich niederschlägt, kann sich ein tiefenpsychologisch ausgewogenes Verhältnis zwischen den Geschlechtern anbahnen. Dafür bedarf es natürlich ebenso einer intensiven Arbeit der Männer am männlichen Bewußtsein.

Anmerkungen

In den Anmerkungen sind genaue bibliographische Angaben weggelassen, wenn sie eindeutig aus dem Literaturverzeichnis zu entnehmen sind.

C. G. *Jungs* Gesammelte Werke werden zitiert als: Ges. W. Bandzahl; nachfolgender Titel ist die Überschrift des Abschnitts im jeweiligen Band, aus dem zitiert wird; Seitenzahl des Bandes.

1 Die Gleichwertigkeit beider Aussagen in der christologischen Formel von Chalcedon ist im Bewußtsein vieler Christen, sogar Theologiestudenten, nicht vorhanden. Die Überbetonung des Gottseins Jesu bedarf, trotz mancher durch Exegese, Dogmatik und Pastoral eingeleiteter Veränderungen, auch gegenwärtig noch einer Korrektur durch Akzentuierung des Menschseins Jesu.

2 F. *Künkel:* Die Schöpfung geht weiter, 42.

3 Eine genauere Erläuterung der verwendeten Begriffe aus dem Kontext des Werkes von *Jung* und ihrer für diese Arbeit vorgenommenen Definition sowie die ausführliche Beschreibung der Interpretationsmethode erfolgen im 2. Kapitel. Hier soll nur ein Einstieg in die Methode am Beispiel geboten werden.

4 Dies an den Evangelien im einzelnen zu zeigen ist das Hauptanliegen des Buches von *Hanna Wolff:* Jesus der Mann. Meines Erachtens ist dies die bislang am besten gelungene tiefenpsychologische Auslegung von biblischer Überlieferung. Auf andere tiefenpsychologische Interpretationen der Versuchungsgeschichte sei verwiesen:
H. *Harsch:* Psychologische Interpretation biblischer Texte?, R. *Riess:* Psychologische Erwägungen zur Perikope von der Versuchung Jesu.

5 Vgl. dazu z. B. *K. Lehmann:* Der hermeneutische Horizont der historisch-kritischen Exegese; *F. Hahn:* Probleme historischer Kritik; *G. Maier:* Das Ende der historisch-kritischen Methode; *K. Wegenast:* Exegetische und histo-

rische Methoden; *P. Stuhlmacher:* Historische Kritik und theologische Schriftauslegung; *W. Wink:* Bibelauslegung als Interaktion.

6 *J. Ratzinger:* Der Holländische Katechismus, 303.

7 Mit ein Beleg für das beschriebene Faktum dürfte ein seit mehreren Jahren bei Anfängern des Theologiestudiums zu beobachtendes Phänomen sein: Erstsemester haben durchgängig nur noch ein geringes Wissen über die Bibel, über das Alte Testament fast gar keins. Ein Teil von ihnen hat im Religionsunterricht keine Evangeliensynopse kennengelernt, weiß oft nicht einmal, was das ist — dies trotz Vorhandenseins guter Synopsen mit deutschem Text für den nichtakademischen Gebrauch. Hier kann vermutet werden, daß der Umgang mit der Bibel nach wissenschaftlichen Kriterien entweder einen kaum registrierbaren Effekt hat oder zur Bibellektüre nicht bzw. nur wenig motiviert — und das bei Menschen, die einen Beruf wählen, der wesentlich die Vermittlung der christlichen Tradition zum Inhalt hat.

8 *W. Wink,* a.a.O. 11.

9 Es ist hier nur von den Verstehensgrenzen der historisch-kritischen Exegese die Rede, nicht von Versuchen von Exegeten, die Verstehensbarrieren aufzuheben. Solche Versuche kommen allerdings nicht mit Hilfe der historisch-kritischen Methode zum Ziel, sondern bei ihnen werden durchweg andere Methoden eingesetzt, auch wenn sie häufig nicht thematisiert werden.

10 *P. Stuhlmacher,* a.a.O. 51.

11 Vgl. das Zitat von *Ratzinger* auf S. 37.

12 *K. Lehmann,* a.a.O. 49.

13 Unter den Exegeten fand ich die überzeugendste Darlegung dieses Problems bei *P. Stuhlmacher,* a.a.O. 100.

14 Vgl. auch *F. Hahn,* a.a.O. 15.

15 *H. Zimmermann:* Neutestamentliche Methodenlehre, 17 und 259.

16 Zu diesem Punkt stellt *K. Lehmann,* a.a.O. 72, die Leistung der historisch-kritischen Methode heraus, daß sie »an die Wirklichkeitsnähe der Glaubensbotschaft er-

innert« und »mittelbar dafür (plädiert), die früher ge-
sagte Wahrheit Gottes heute so zu übersetzen, daß es zu
einer verantwortlichen Konfrontation mit dem ursprünglichen Wort Gottes kommt«; und er scheint der
historischen Kritik auch die Fähigkeit zuzuschreiben, diese
Übersetzungsarbeit leisten zu können. Daran sind jedoch
gewichtige Zweifel anzumelden.

17 Der Begriff ist übernommen von *W. Wink:* »Bibelauslegung als Interaktion«, einem Buch, das gegenwärtig die
schärfste Abrechnung mit der historisch-kritischen Bibelexegese sein dürfte. Obwohl nicht sehr systematisch und
offenbar stark aus emotionaler Erregung gespeist, läßt
Wink gerade durch seine zugespitzten Formulierungen
die Schwächen der historisch-kritischen Methode und ihre
Ergänzungsbedürftigkeit erkennbar werden. Da er es
nicht bei der Kritik beläßt, sondern auch kreative Anregung zu einem interaktionellen Umgang mit Bibeltexten
gibt, leistet seine Kritik, trotz des evtl. berechtigten Vor-
wurfs mangelnder wissenschaftlicher Disziplin, einen konstruktiven Beitrag zur Wiedergewinnung eines dialogischen Verhältnisses zur Bibel und erscheint mir deshalb
unter den neueren Auseinandersetzungen mit der historisch-kritischen Methode am lesenswertesten. Vgl. auch
P. Stuhlmacher, a.a.O. 81 f. und 97.

18 Vgl. *Stuhlmacher* ebd., bes. 125, wo er die Herstellung
»einer dialogischen Situation« als »hermeneutische(n)
Forderung an eine theologische Exegese« erhebt. Die Begründung seines Verständnisses von einer theologischen
Exegese mit »der bleibenden hermeneutischen Relevanz
des 3. Glaubensartikels im Apostolicum« (ebd. 126) erscheint mir jedoch wenig(er) überzeugend, da der Hl.
Geist nicht als hermeneutisches Prinzip eingesetzt werden
kann wie eine Methode und ein dialogischer Umgang
mit der Bibel eine ebenso ernsthafte Arbeit verlangt, wie
sie die historisch-kritische Methode leistet, nur eben eine
von anderer Art als die der historischen Kritik.

19 Methoden des Sich-Einlassens sind verschiedene denkbar;
sie können an dieser Stelle wegen des anderen themati-

schen Schwerpunkts nicht vorgeführt werden. Das Buch stellt *eine* solche Methode genauer vor und bringt ausgeführte Beispiele dazu.

20 Es sind hier mit der Methode als solcher gegebene Voraussetzungen gemeint; diese können Forscher durchaus in Konflikt mit ihrem kirchlichen Selbstverständnis bringen, z. B. in der Autoritäts- und Wahrheitsfrage.

21 Vgl. dazu *Lehmanns* Darlegung zur Infragestellung der Voraussetzungslosigkeit historischer Kritik, a.a.O. 60–62.

22 Vgl. im Abschnitt 1.2.3 die Gedanken über die unreflektierten Voraussetzungen der historisch-kritischen Methode.

23 Der paradox klingende Ausdruck besagt, daß das Unbewußte, trotz seiner andersgearteten Logik als der des Bewußtseins, sich nicht chaotisch, sondern zielgerichtet artikuliert.

24 *P. Ricoeur:* Die Interpretation, 429.

25 Vgl. *C. G. Jung:* Erinnerungen, Träume, Gedanken; den Abschnitt »Reisen«.

26 Zur Gesamtdarstellung des Falles vgl. *C. G. Jung:* Ges. W. 8: Die Struktur der Seele, 169–172. Zur Entdeckung des Zusammenhangs zwischen Traumbildern und Mythenmotiven s. *C. G. Jung:* Ges. W. 8: Pattern of behaviour und Archetypus, 229–247 = Welt der Psyche, 110–114.

27 Ges. W. 8, 172.

28 Psychoanalytische Bibelauslegungen finden sich in folgenden Sammelbänden: *Y. Spiegel* (Hg.): Psychoanalytische Interpretationen biblischer Texte; *ders.* (Hg.): Doppeldeutlich; *J. Scharfenberg:* Religion zwischen Wahn und Wirklichkeit, Kap. V. Interpretationen eines größeren Textkomplexes sind: *K. Niederwimmer:* Jesus; *H. A. Zwergel:* Die Bedeutung von Leben und Tod Jesu von Nazaret in tiefenpsychologischer Sicht, in: *R. Pesch/ H. A. Zwergel:* Kontinuität in Jesus, 95–124. Auslegungen einzelner Perikopen finden sich in verschiedenen Jahrgängen der Zeitschrift »Wege zum Menschen«. Mit *Jungs* Methode wird erst in jüngerer Zeit gearbeitet. Für das beste auf diesem Gebiet halte ich: *H. Wolff:*

Jesus der Mann; s. auch: *dies.:* Jesus als Psychotherapeut;
E. Boyden Howes: Die Evangelien im Aspekt der Tiefenpsychologie; *G. Wehr:* Wege zu religiöser Erfahrung;
Ch. Meves: Die Bibel antwortet uns in Bildern;
M. Kassel: Selbsterfahrung als Eröffnung von Gotteserfahrung, 1974; *dies.:* Abrahams Exodus – ein Beispiel
für die Identität von Selbstwerdung und Glauben, 1975;
dies.: Abrahams »Opferung des Sohnes« als Glaubens-
und Lebenskrise, 1976; *dies.:* Zur archetypischen Auslegung von Bibeltexten. Das Identitätsproblem in der Geschichte von der Gefährdung der Ahnfrau, 1976; *dies.:*
Aspekte mythischen Daseinsverständnisses im AT am Beispiel von Gen 2 und 3, 1978.

29 Es wäre in einer tiefenpsychologischen Auslegung z. B.
durchaus unsachgemäß, alttestamentliche Texte ohne
Rücksicht auf die in ihnen gespiegelten Gesellschaftsstruk-
turen einer halbnomadischen bzw. bäuerlichen Kultur
oder einer monarchischen Staatsverfassung zu interpretieren.

30 In diesem Punkt bin ich anderer Meinung als *G. Roth:*
Die religionspädagogische Bedeutung der Analytischen
Psychologie, in: religion heute. informationen zum reli-
gions-unterricht 1/78, 20–25, hier: Anm. 3. Aufgrund
einiger Schriftauslegungen nach *Jung*scher Methode schließt
er, daß ohne diese Methode die gleichen und sogar
»gegenwartsrelevanter(e)« Ergebnisse erzielt werden können, und konstatiert, daß sie religionspädagogisch »wenig
Erhellendes« bringt. Abgesehen davon, daß *Roth* das
wichtige Buch von *H. Wolff:* Jesus der Mann, mit der
m. W. exaktesten Anwendung der *Jung*schen Methode
nicht zu kennen scheint, übersieht er, daß es nicht darum
gehen kann, auf irgendeine Weise gegenwartsrelevante
Aussagen aus der Bibel zu gewinnen, sondern daß dies
überzeugend nur möglich ist durch eine methodisch reflektierte, nachprüfbare und nachvollziehbare Weise. In
der Exegese halte ich zudem einen Austausch zwischen
Theologie und Tiefenpsychologie noch eher für fruchtbar
als z. B. in der (kath.) Dogmatik oder auch der Pastoral-

theologie; denn in diesen Disziplinen wird die Abwehr größer sein, da hier in der einen Glaubenssätze ganz neu gesehen werden müßten, in der andern seit langem geübte und für verbindlich ausgegebene kirchlich-religiöse Verhaltensweisen in Frage gestellt würden, was in der Bibelexegese in dieser Schärfe nicht der Fall ist.

31 Bei *Jung* gleichermaßen wie bei *Freud* durch die therapeutische Praxis, und bei *Jung* darüber hinaus durch ethnologische Studien am Ort sowie durch religionswissenschaftliche Vergleiche.

32 Den Ausdruck »Psyche« ziehe ich gegenüber dem der »Seele« vor, einmal weil er von *Jung* selbst überwiegend verwendet wird, zum andern, weil der im kirchlichen und theologischen Gebrauch traditionelle Begriff »Seele« immer noch behaftet ist mit dem Gedanken einer Trennung vom Leib. Der tiefenpsychologische Begriff »Psyche« drückt demgegenüber gerade Leibnähe, u. U. sogar Identität mit dem Leib aus und macht so Ernst mit dem Faktum, daß die Identität des Menschen als Mensch in seinem Körper liegt. Wenn in dieser Arbeit sporadisch auch der Begriff »Seele« erscheint, so ist er im Sinne von »Psyche« gemeint, wenn nichts anderes vermerkt ist. *Jung* selbst hat eine begriffliche Unterscheidung von Seele und Psyche erst nachträglich in seinen »Definitionen« geliefert: Ges. W. 6, 503 ff.; danach ist der Begriff der Psyche umfassender als der der Seele. Mir scheint jedoch, daß *Jung* sich selbst nicht immer streng an seine Definition hält.

33 Vgl. *C. G. Jung:* Ges. W. 8: Die Struktur der Seele, besonders 166 ff.

34 Vgl. *E. Diamond:* Schlafen wissenschaftlich, vor allem Kap. V–VII.

35 *Jung* sagt: »Der Traum ... dürfte als eine ins Bewußtsein hineinragende Resultante unbewußter Vorgänge aufgefaßt werden«, ebd. 168.

36 Auf die pathologischen Manifestationen – Neurosen, Psychosen u. a. –, von denen sowohl *Freud* als auch

Jung auf das Vorhandensein einer unbewußten Psyche geschlossen haben, soll hier nicht eingegangen werden.

37 C. G. *Jung:* Erinnerungen . . ., 10.

38 *Jung* sieht m. E. das individuelle Unbewußte nicht so eng wie *Freud,* vgl. z. B. Ges. W. 8: Instinkt und Unbewußtes, 153.

39 Ges. W. 9/I: Über die Archetypen des kollektiven Unbewußten, 13 f. = Bewußtes und Unbewußtes (Fischer-TB 6058), 11 f. Auch bei *Freud* finden sich m. E. durchaus Ansätze zu einem kollektiven Verständnis des Unbewußten; vor allem seine zentrale Theorie des Ödipuskomplexes weist in diese Richtung; denn das Ödipusproblem sieht *Freud* bei jedem Menschen gegeben, und interessanterweise benennt er es mit einem mythischen Bild; demgemäß handelt es sich dabei nicht nur um ein individuell erworbenes, sondern um ein allgemeines Phänomen des Wesens »Mensch«.

40 So z. B. Ges. W. 9/I: Der Begriff des kollektiven Unbewußten, 55 und 56.

41 Vgl. z. B. viele alttestamentliche, archetypisch zu verstehende Erzählungen. Die im dritten Kapitel interpretierten haben es alle mit Krisensituationen zu tun.

42 Z. B. verstehe ich die seit dem Ende des Zweiten Weltkrieges weltweit einsetzende prinzipielle Verurteilung von Kriegen als einem normalen Mittel der Politik als ein Stück gelungener Integration einer Energie aus dem kollektiven Unbewußten (des Schatten-Archetyps) ins Bewußtsein. Trotz des faktischen Andauerns von Kriegen halte ich dies für einen Fortschritt in der Menschheitsentwicklung; er läßt hoffen, daß aus der größeren Bewußtheit auf lange Sicht auch ein verändertes Verhalten folgen wird.

43 Daß auch die kreativen Leistungen in Kunst und Wissenschaft aus diesem Lebensquell gespeist werden, ist an deren oft urbildhaften Formen zu sehen. Ein instruktives Beispiel dafür bietet die Entdeckung der chemischen Formel des Benzolringes; ihr Entdecker *F. A. Kekulé* hatte sich lange mit dem ungelösten Problem herumgeschlagen, bis

er von einer sich in den Schwanz beißenden Schlange träumte; danach ging ihm schlagartig die Ringstruktur des Benzolmoleküls auf. Die sich in den Schwanz beißende Schlange ist ein uraltes mythisches Symbol, dessen phylo- wie ontogenetische Bedeutung von *E. Neumann:* Ursprungsgeschichte des Bewußtseins, ausführlich erörtert wird.

44 Vgl. als Ausschnitt die Auslegung der Versuchungsgeschichte in der Einführung.

45 Aus den dargelegten Gründen erklärt sich für mich auch die oft nur geringe Überzeugungskraft rein psychoanalytischer Bibelinterpretationen, wie das z. B. auf etliche der von *Y. Spiegel* gesammelten zutrifft, in: Psychoanalytische Interpretationen biblischer Texte. Für mein Gefühl sind manche von diesen, allerdings z. T. schon älteren Interpretationen geradezu peinlich, da in ihnen fast mit Gewalt versucht wird, *Freud*sche Kategorien, vor allem die Sexualtheorie, in den Bibeltexten wiederzufinden, die Bibeltexte aber viel umfassendere Dimensionen ausbreiten, als das von *Freud* angezielte persönliche Unbewußte enthält. Letzten Endes ist das individuelle Unbewußte, das immer das Unbewußte einer konkreten Lebensgeschichte ist, aus nur literarischen Zeugnissen, und noch dazu sehr alten, nicht mehr zutreffend zu rekonstruieren. Deshalb müssen auf literarische Überlieferungen angewandte psychoanalytische Methoden m. E. immer an irgendeinem Punkt scheitern.

46 Einen Niederschlag findet dieses Interesse z. B. in den vielen einzel- und gruppentherapeutischen Verfahren, von denen die meisten von einem Menschenverständnis ausgehen, das – ausdrücklich oder unthematisiert – mit einem komplexen psychischen Leben rechnet.

46a Ges. W. 8: Die Bedeutung des Unbewußten für die Psychologie, 197 f.

47 Ein Beispiel einer praktischen Auswirkung dieser Veränderung bietet die spezialisierte und technisierte Medizin; deren »objektiver« Krankheitsbegriff wird zunehmend in Frage gestellt von der Einsicht in psychisches Verur-

sachtsein von Krankheit. Die Verunsicherung reicht bis zu der Frage, ob in jedem Fall, d. h. ohne Berücksichtigung der gesamtmenschlichen, der psychisch-sozialen Situation des Patienten, alle organspezifischen Behandlungsmöglichkeiten angewendet werden sollen oder gar dürfen.

48 *Jung* spricht einmal vom »insulären beziehungsweise archipelagischen Charakter« des Bewußtseins, Ges. W. 8, 219.

49 *Jung* verdeutlicht den Sachverhalt am Beispiel des Sternenhimmels, vgl. Ges. W. 8, 177.

50 Eine Analyse der Situation aus tiefenpsychologischer Sicht gibt *H. E. Richter* in seinem Buch: Der Gotteskomplex. Eindringlich verdeutlicht er, daß die aus einer Bewußtseinskrise hervorgehende gegenwärtige Ausweglosigkeit sich schon über Jahrhunderte hin im Denken und Verhalten vorbereitet hat.

51 *H. Harsch* und *G. Voss* (Hg.): Versuche mehrdimensionaler Schriftauslegung, 34.

52 *Jung* betrachtet die psychischen Vorgänge als Bewegung von Energie und die psychische Energie als eine spezielle Form von Lebens-Energie, die er wiederum unterscheidet von der physischen Energie. Statt des Begriffes der Energie verwendet er auch den der Libido, der bei ihm im Unterschied zu *Freud* jedoch nicht nur sexuell definiert ist, sondern umfassender als dynamischer Lebensdrang zu verstehen ist. Das Gesetz der Erhaltung der Energie hat *Jung* auch im psychischen Bereich als gültig erkannt; das bedeutet, daß im Bewußtsein vorhandene psychische Energie, als ausgedrückte Gefühle etwa oder gelebter Triebimpuls, nie verlorengeht. Kann sie im Bewußtsein ihre Dynamik nicht mehr entfalten, z. B. als nicht zugelassene aggressive Energie, so verschwindet sie im Unbewußten. Dem Bewußtsein erscheint sie als nicht mehr vorhanden; in Wirklichkeit macht sie sich aber auf andere Weise bemerkbar, als Phantasien, körperliche Symptome oder anderes. Ins Unbewußte zurückströmende psychische Energie hat nach *Jung* vor allem finale Be-

deutung, d. h., der Vorgang stellt gewissermaßen das Kräftesammeln dar zu weiterer zielgerichteter Entwicklung des Menschen. Zum Energiebegriff vgl. Ges. W. 8: Über die Energetik der Seele, 1–73, Zum Libidobegriff: Ges. W. 5: Über den Begriff der Libido, 170–181, und: Die Wandlung der Libido, 182–215.

53 Näheres dazu s. im folgenden Abschnitt 3.

54 Daß Mehrdimensionalität auch für neutestamentliche Texte, trotz ihres sehr viel kürzeren Überlieferungsprozesses gegenüber alttestamentlichen Texten, anzunehmen ist, ist an einer der ersten Veröffentlichungen zu tiefenpsychologischer Bibelauslegung zu erkennen: *H. Harsch* und *G. Voss* (Hg.): Versuche mehrdimensionaler Schriftauslegung.

55 Vgl. dazu auch die Forderung nach einer neuen biblischen Hermeneutik im Rahmen einer theologischen von *E. Paul:* Die Bibel unter heutigen Bedingungen verstehen; vor allem 17–23. Die von *Paul* formulierte anspruchsvolle Aufgabe läßt sich wohl kaum in einem Anlauf lösen, so daß die Suche nach neuen hermeneutischen Einstellungen im theologischen Teilbereich der Bibelexegese gegenwärtig nicht nur sinnvoll, sondern sogar notwendig erscheint.

56 *W. Wink:* Bibelauslegung als Interaktion, 48.

57 Ebd., 37.

58 »Damals wurde mir plötzlich klar, daß Gott, für mich wenigstens, eine der allersichersten, unmittelbaren Erfahrungen war«: *C. G. Jung:* Erinnerungen . . ., 67, ähnlich an vielen anderen Stellen der Lebenserinnerungen.

59 Ein kurzgefaßtes Resümee über *Jungs* Auffassung von Religion, Gott, Christentum gibt *H. Unterste* in seinem Buch: Theologische Aspekte der Tiefenpsychologie von C. G. Jung, I, 8–11.

60 Religion im Sinne von institutionalisierter Religion ist hier nicht ins Auge gefaßt; insofern kann für den hier verwendeten Begriff »Religion« auch religiöse Einstellung oder Religiosität stehen, letztere aber nicht gleichzusetzen mit kirchlicher Form religiöser Betätigung. Institutionali-

sierte Religion kann Ausdruck von Religion als existentieller Verfaßtheit sein, kann aber auch deren Deformierung anzeigen. *Jung* selbst sah in der erstarrten kirchlich-theologischen Verkündigung und den religiösen Praktiken, die er in seiner Kindheit und Jugend erlebte – er stammte aus einem protestantischen Pfarrhaus –, ein Hindernis für seine wahre Religion. Dieses Urteil zieht sich durch seine ganzen Lebenserinnerungen hindurch, am eindringlichsten gleich im 1. Kapitel, s. *Jung:* Erinnerungen . . ., 16 ff.

61 Vgl. auch die Einführung ins dritte Kapitel.

62 Vgl. die Interpretation der Versuchungsgeschichte Mt 4 in der Einführung.

63 Die im letzten Kapitel folgenden tiefenpsychologischen Textinterpretationen zeigen den hier nur festgestellten Zusammenhang im einzelnen an Beispielen auf.

64 Wie solche Interaktionen methodisch geplant werden und ablaufen können, wird im Abschnitt 3.4 erläutert.

65 Aktuelles Beispiel für das Populärwerden des Interesses an archetypischen Vorgängen ist einmal ein Aufsatz von *B. Welte:* Kampfspiel als Lebenssymbol, der von der archetypischen Bedeutung des Fußballspiels handelt; dann ein Artikel über die Situation im Iran von *W. G. Lerch:* Die Zeichen der islamischen Republik, in dem im Zusammenhang mit einer Analyse der moslemischen Faktoren in der Herrschaft des Ajatollah Khomeini vom »Appell an die noch lebendigen religiösen Archetypen« die Rede ist.

66 Eine kurze allgemeinverständliche Verdeutlichung von *Jungs* Symbolauffassung und der Abgrenzung gegen andere Begriffe gibt *H. Dieckmann:* Träume als Sprache der Seele, Abschn. II. Das Symbol, 31–50.

67 *C. G. Jung:* Ges. W. 6: Definitionen, 515, auch der ganze Abschnitt, 515–523. S. auch Ges. W. 8: Die Symbolbildung, 50–67.

68 Ewige Bilder und Sinnbilder, 191.

69 Ges. W. 6, 516.

70 Zugang zum Unbewußten, in: Der Mensch und seine

Symbole, 96. Der Sammelband ist insgesamt sehr zu empfehlen wegen der Kürze, Prägnanz und Allgemeinverständlichkeit der einzelnen Beiträge und auch wegen der instruktiven Bebilderung.

71 Neutestamentliche Worte und Zeichen der Hoffnung, in: Una Sancta 29 (1974), 306.

72 C. G. Jung: Ges. W. 6, 518; vgl. auch H. Dieckmann, a.a.O. 43.

73 A.a.O. 224.

74 Zugang zum Unbewußten, a.a.O. 21. Vgl. auch C. G. Jung: Erinnerungen . . ., 338.

75 Ges. W. 6, 520 u. ö.

76 Vgl. C. G. Jung: Ges. W. 6, 499; Ges. W. 8: Allgemeine Gesichtspunkte zur Psychologie des Traumes, 280.

77 Zugang zum Unbewußten, a.a.O. 81.

78 Unter dem modernen Menschen verstehe ich den Menschen der geistesgeschichtlichen Epoche, in der rational-kritisch-analysierendes Denken vorherrscht im Unterschied zu einem intuitiv-ganzheitlich akzentuierten Erfassen von Wirklichkeit.

79 Hierbei ist allerdings zu berücksichtigen, was weiter oben gesagt ist, daß nämlich auch die Aussagekraft von Symbolen verblassen kann. Über die archaische Bewußtseinsverfassung der Psyche vgl. C. G. Jung: Ges. W. 9/I: Zur Psychologie des Kindarchetypus, 167 f.

80 Reflexionen zur historisch-kritischen Methode, in: H. Harsch und G. Voss (Hg.): Versuche mehrdimensionaler Schriftauslegung, 20.

81 Tiefenpsychologie und Exegese, 262.

82 Für das Alte Testament konstatiert ebenfalls diesen Sachverhalt, aber aus klassisch exegetischer Sicht, G. Fohrer: Theologische Grundstrukturen des Alten Testaments, 43: »So finden sich zahlreiche mythische Vorstellungen und Motive von durchaus nichtgeschichtlicher Art; ihr Auftreten in den verschiedenen Erzählungen schließt keineswegs ein, daß sie damit ›historisiert‹ und ›entmythisiert‹ wären.« Da mythische Vorstellungen immer von symbolischer Art sind, läßt sich Fohrers Feststellung verallge-

meinern auf symbolträchtige biblische Überlieferungen überhaupt.

83 Die über *Jungs* ganzes Werk verstreuten Ausführungen zu den Archetypen bringen häufig gleiche oder nur geringfügig sprachlich abgewandelte Aussagen. Eine zusammenhängende Information ist am besten zu gewinnen aus den zwei folgenden Arbeiten: Ges. W. 7: Die Archetypen des kollektiven Unbewußten, 98–123 = Über die Psychologie des Unbewußten (Fischer-TB 6299), 91–113; und: Ges. W. 9/I: Über die Archetypen des kollektiven Unbewußten, 11–51 = Bewußtes und Unbewußtes (Fischer-TB 6058), 11–53.

84 Ges. W. 8: Pattern of behaviour und Archetypus, 244.

85 *C. G. Jung:* Ges. W. 9/I: Über den Archetypus mit besonderer Berücksichtigung des Animabegriffes, 73; s. auch *Jung:* Zugang zum Unbewußten, a.a.O. 67, und Ges. W. 7: Das persönliche und das überpersönliche oder kollektive Unbewußte, 70 = Über die Psychologie des Unbewußten (Fischer-TB 6299), 67.

86 *Jung* verwendet den Begriff »Natur« häufig in Verbindung mit der menschlichen Psyche; er tut dies aber als Naturwissenschaftler. Deshalb darf der Begriff nicht mit den Implikationen gehört werden, die er in der Theologiegeschichte gewonnen hat.

87 Ges. W. 7, a.a.O.

88 Ges. W. 9/I: Der Begriff des kollektiven Unbewußten, 61.

89 Ges. W. 9/I: Die psychologischen Aspekte des Mutterarchetypus, 94.

90 Ges. W. 7, a.a.O. 75 = Fischer-TB 6299, 71.

91 Ges. W. 6: Die Intuition, 436.

92 Zur Wortgeschichte und -definition vgl. *K. Kerényi:* Umgang mit Göttlichem, 52 ff.

93 Ges. W. 9/I: Der Begriff des kollektiven Unbewußten, 56; vgl. auch ebd. 94 und: Zugang zum Unbewußten, a.a.O. 75 f.

94 Ges. W. 7: Die synthetische (konstruktive) Deutung, 93; vgl. auch: Zugang zum Unbewußten, a.a.O. 67.

95 Ges. W. 7: Die Folgeerscheinungen der Assimilation des Unbewußten, 161.

96 Ges. W. 5: Die Wandlung der Libido, 201, Ges. W. 8: Pattern of behaviour und Archetypus, 229; Ges. W. 5: Die zweifache Mutter, 396 und öfter.

97 Dieser Gesichtspunkt wird im folgenden Abschnitt über den Individuationsprozeß genauer ausgeführt.

98 Ges. W. 8: Die Struktur der Seele, 183.

99 Vgl. z. B. *K. Kerényi,* a.a.O. 55 und *M. Eliade,* a.a.O. 13.

100 Von diesem Gesichtspunkt aus wäre z. B. die Bestimmung des Mythos, der eine archetypische Manifestation ist, als einer ungeschichtlichen Kategorie alter Menschheitstraditionen neu zu überdenken; vgl. dazu: *M. Kassel:* Aspekte mythischen Daseinsverständnisses im Alten Testament am Beispiel von Gen 2 und 3, 13 f.

101 *Jung* unterscheidet zwar sachlich streng zwischen beiden, nicht aber terminologisch. Auch im allgemeinen Gebrauch stehen Archetypen oft für archetypische Bilder. Im allgemeinen ist aus dem Kontext zu erkennen, welche der beiden Bedeutungen gemeint ist; dies wird auch im Fortgang dieser Arbeit der Fall sein.

102 S. 59 ff.

103 Ges. W. 8: Pattern of behaviour und Archetypus, 235.

104 Ges. W. 5: Die zweifache Mutter, 396; s. auch 201 und 295 f.

105 Ursprungsgeschichte des Bewußtseins, 10.

106 Das Problem sieht genauso aus bei umgekehrter Rollenverteilung, nämlich bei einer Animus-Projektion der Frau auf den Mann.

107 Vgl. dazu die Erörterung der Schattenproblematik im Abschnitt 3.3.1.

108 Ges. W. 5, a.a.O.

108a Der Begriff »Identitätsfindung« ist zwar in *Jungs* Werken nicht charakteristisch, wenngleich der Begriff »Identität« von ihm verwendet wird. Im Rahmen der heute geläufigen entwicklungspsychologischen und pädagogischen Terminologie bezeichnet Identitätsfindung jedoch den gleichen Sachverhalt wie der bei *Jung* typische Begriff der

Individuation. Letzterer ist insofern umfassender, als er Identitätsfindung nicht nur für die Jugendphase postuliert, sondern als eine lebenslange Aufgabe des Menschen versteht. Individuation, Identitätsfindung, Selbstwerdung und Menschwerdung werden in dieser Arbeit in letzterem Sinn verwendet.

109 Vgl. *C. G. Jung:* Ges. W. 9/I: Über die Archetypen des kollektiven Unbewußten, 49–50 = Fischer-TB 6058, 51. Schon sehr früh hat sich von theologischer Seite mit *Jungs* Vorstellung von der Individuation *J. Goldbrunner* befaßt: Individuation. Die Tiefenpsychologie von Carl Gustav Jung.

110 Das Verständnis der menschlichen Entwicklung als Ausfaltung einer in nuce schon vorhandenen Gestalt ist bei *Jung* nicht neu; er hat es vielmehr auf den psychologischen Begriff gebracht. Ein Beispiel dafür, das die Archetypenlehre im Bild nahezu vorwegnimmt, findet sich bei *Goethe* in: Urworte. Orphisch:
»Wie an dem Tag, der dich der Welt verliehen,
Die Sonne stand zum Gruße der Planeten,
Bist alsobald und fort und fort gediehen
Nach dem Gesetz, wonach du angetreten.
So mußt du sein, dir kannst du nicht entfliehen,
So sagten schon Sybillen, so Propheten;
Und keine Zeit und keine Macht zerstückelt
Geprägte Form, die lebend sich entwickelt.«
in: Gesammelte Abhandlungen zur Morphologie, Hamburger Ausgabe Bd. I: Gedichte und Epen, [3]1956, 403 f. Der Ausdruck »geprägte Form« scheint mir das zu enthalten, was *Jung* mit dem Begriff des Archetypus bezeichnet.

111 Als eindrucksvolles Beispiel für diese Bedeutung von Krankheit und Tod kann *F. Kafkas* Verständnis seiner Todeskrankheit gelten. Er hat sie anscheinend als letzten Ausweg aus seiner für ihn unlösbaren Lebensproblematik gesehen, einen Ausweg, den er selbst über längere Zeit hin unbewußt vorbereitet hat; verstreute Bemerkungen in seinen Tagebüchern und Briefen erlauben diese Ver-

mutungen, z. B. Tagebuchaufzeichnungen seit 1917 (*Kafka* starb 1924), s. *F. Kafka:* Tagebücher 1910–1923, hg. von M. Brod, Ausgabe S. Fischer-Verlag 1967, z. B. Eintragung vom 9. August und 15. September 1917; vom 17. Oktober 1921 u. ö.; vgl. auch: F. Kafka in Selbstzeugnissen und Bilddokumenten, dargestellt von *K. Wagenbach* (rm 91), Reinbek bei Hamburg 1964, 107 f.

112 Über den transgeschichtlichen Aspekt der Individuation wird weiter unten im Zusammenhang mit dem Archetypus des Selbst gesprochen.

113 In eine ähnliche Richtung scheinen die Untersuchungsergebnisse von *E. Kübler-Ross* zu weisen; vgl. vor allem: Interviews mit Sterbenden. Auch Berichte von wiederbelebten klinisch Toten über ihre Erfahrung vom (vorläufigen) Tot-gewesen-Sein deuten Vergleichbares an, vgl. *R. Moody:* Leben nach dem Tod. Aus diesen Berichten ist für unseren Zusammenhang vor allem das Erleben von Raum-Zeitlosigkeit im Zwischenzustand relevant. Da die von *Moody* zusammengestellten Erfahrungen durchaus authentisch anmuten, legt sich der Gedanke einer Vollendung des im zeitlichen Nacheinander der geschichtlichen Existenz nicht abgeschlossenen Individuationsprozesses im »Augenblick« des Übergangs in eine überzeitliche Existenzform nahe. Auch die Inhalte der von den klinisch Totgewesenen mitgeteilten Erfahrungen werden in Individuationssymbolen ausgedrückt. Von diesen Erfahrungen aus könnten bei einem auf einen kurzen Augenblick zusammengedrängten Sterben, z. B. bei einem Unfall, die von *Kübler-Ross* festgestellten fünf Sterbephasen auch gewissermaßen zusammengepreßt in einen Augenblick, was besagt: dem zeitlichen Nacheinander enthoben, gedacht werden. Von der Theorie des kollektiven Unbewußten aus ist ein solcher Vorgang verständlich; denn das kollektive Unbewußte, von dessen Energie der Individuationsprozeß vorangetrieben wird, ist eine überindividuelle, wegen seiner Herkunft aus der Menschheitstiefe eine zeitlose, für den einzelnen Menschen ewige Größe im Sinne von: in jedem geschichtlichen Augenblick

identischer Präsenz. Der physiologische Vorgang des Sterbens scheint diese Sicht zu stützen, wenn medizinisch angenommen werden kann, daß das Großhirn, in der menschlichen Evolution die jüngste Hirnregion, Sitz der Individualität und der rationalen Fähigkeiten, als erstes abstirbt, das Stammhirn, der Sitz der Gefühle und stammesgeschichtlich ältester Teil des menschlichen Gehirns, dagegen als letztes. Sterben könnte daher, sowohl physisch wie psychisch, die Rückkehr des Individuums in das kollektive Allgemeine der einen Menschheit, ja des Kosmos sein, aus dem durch die Evolution die menschliche Individualität hervorgegangen ist. Die Theorie vom kollektiven Unbewußten könnte, so betrachtet, auch einen Beitrag leisten zu einem anthropologischen Verständnis der theologischen Sätze vom Gericht Gottes am Ende des Einzellebens und vom Jüngsten Gericht über die Welt. Bei letzterem ginge es um das der individuellen Individuation vergleichbare Einbringen der kosmischen Welt in ihre Ganzheit.

114 *Jung* scheint sich besonders gegen Ende seines Lebens mit diesem Aspekt seines Modells von der Psyche, dem Übergang aus der zeit-raum-verhafteten Existenz in eine überzeitliche und raumlose befaßt zu haben, vgl. Erinnerungen . . .: Über das Leben nach dem Tode, 302 ff.

115 Ges. W. 9/I: Die psychologischen Aspekte des Mutterarchetypus, 108.

116 Vgl. *C. G. Jung:* Ges. W. 9/I: Über die Archetypen des kollektiven Unbewußten, 50 = Fischer-TB 6058, 52; vgl. auch die kurzgefaßte und sehr instruktive Darstellung der Individuation von *M.-L. v. Franz:* Der Individuationsprozeß. Die Struktur des seelischen Reifungsprozesses, in: Der Mensch und seine Symbole, 160–164.

117 *Jung* nennt »die Entwicklung der individuellen Persönlichkeit« das Ziel der Individuation: Ges. W. 6: Definitionen, Stichwort »Individuation«, 477.

118 Vgl. Ges. W. 6, a.a.O. 478.

119 Vgl. z. B. Ges. W. 9/I, a.a.O. 30 = Fischer-TB 6058, 29; Ges. W. 6: Definitionen, Stichwort »Seele«, 504 f.;

Ges. W. 7: Die Persona als ein Ausschnitt aus der Kollektivpsyche, 171–173. *Jung* hat den Begriff der Persona übernommen von der antiken Schauspielermaske. Demzufolge bezeichnet Persona die gesellschaftlich-soziale Rolle, die ein Mensch
übernommen und zu einem psychischen Habitus ausgeprägt
hat. In Ges. W. 9/I: Psychologie der Wiedergeburt, 137, sagt
Jung, die Persona sei das »Anpassungssystem oder jene(r)
Manier, in der wir mit der Welt verkehren«, und weiter: »die
Persona sei das, was einer eigentlich nicht ist, sondern was er
und die anderen Leute meinen, daß er sei«.

120 A.a.O. 163.

121 Zugang zum Unbewußten, in: Der Mensch und seine Symbole,
96.

122 Ges. W. 9/I: Bewußtsein, Unbewußtes und Individuation, 305; 306; vgl. auch 293.

123 Ges. W. 8: Theoretische Überlegungen zum Wesen des
Psychischen, 258.

124 Ges. W. 8: Vom Wesen der Träume, 333 f.

125 Vgl. die Darstellung der ersten Lebenshälfte und des
Übergangs in die zweite bei *Jung:* Ges. W. 8: Die Grund-
begriffe der Libidotheorie, 65–67; noch anschaulicher
in Ges. W. 7: Das Problem des Einstellungstypus,
64–67 = Fischer-TB 6299, 61–63.

126 Ebd. 63; vgl. auch *Jungs* Verständnis der beiden Lebens-
hälften als aufeinanderfolgende Verwirklichung des Na-
tur- und Kulturzweckes des Menschen: Ges. W. 8: Die
Lebenswende, 441–460.

127 Ansätze dazu könnten allerdings in psychologisch orien-
tierten Gruppenverfahren liegen, die zu besserer Selbst-
und Fremdwahrnehmung verhelfen wollen.

128 Vgl. zum Problem der Regression und Progression die
Darstellung von *M. Eliade:* Ewige Bilder und Sinnbilder,
189: »... bedeutet das Untertauchen des Menschen im
Wasser die Heimkehr in das vor aller Formung gewesene
Sein und das restlose Sich-wieder-Zurückfinden in die
noch keine Unterschiede kennende Seinsart des Vor-Da-
seins. Das Auftauchen wiederholt die schaffende Gebärde
der Formwerdung.«

129 Eine moderne Version der Jonageschichte berichtet *Ch. Meves,* a.a.O. 42, aus ihrer therapeutischen Praxis: Sie wird zu einem jungen Mann ins Krankenhaus gerufen, der zwar nicht süchtig ist, aber eine Überdosis Rauschgift genommen hat, offenbar als letzte Station auf einem langen Weg des Abstiegs, wie sie nachher erfährt. Er empfängt sie mit den Worten: »mir scheint, ich bin wieder an Land ... ich war wie ein Stein, den man ins Meer geworfen hat, und ich fiel und fiel und fiel, war entsetzlich schwer und gänzlich ohnmächtig. Es war so ähnlich, als wenn ich in ein riesiges Ungeheuermaul eingesogen wurde und als wenn es vollständig ausgeschlossen sei, aus dieser Lage je gerettet zu werden. Irgendwann wurde es dann besser ... Ich hatte mich gedrückt, ich war feige gewesen, war einfach davongelaufen vor dem, was für mich zu tun nötig gewesen wäre.« Dieses Praxisbeispiel, das die Autorin anhand der Lebensgeschichte des Patienten noch weiter ausführt, ist überzeugender als manche Aspekte ihrer Bibelauslegungen und bezeugt, wie die vielen Fallbeispiele *Jungs,* den Zusammenhang zwischen kollektiven – wie z. B. denen der Bibel – und individuellen archetypischen Manifestationen.

130 Ges. W. 5: Der Kampf um die Befreiung von der Mutter, 386; vgl. auch 376–377.

131 Ges. W. 5: Das Opfer, 517.

132 Vgl. Ges. W. 9/I: Über die Archetypen des kollektiven Unbewußten, 11–51 = Fischer-TB 6058, 11–53.
J. Goldbrunner: Quellen religiöser Erfahrung, nennt drei Kategorien von Archetypen: Situationen, Dinge, Figuren, 145, 148 f.

133 Eine voluminöse Untersuchung des Problems des Bösen aus psychoanalytischer Sicht am Beispiel der jahwistischen Urgeschichte liegt vor von *E. Drewermann:* Strukturen des Bösen, Teil II. Eine Auseinandersetzung mit dem Problem des Bösen bei *Jung* aus theologischer und religionspädagogischer Sicht unternimmt *I. Beck:* Das Problem des Bösen und seiner Bewältigung.

134 Ges. W. 9/I: Über die Archetypen des kollektiven Unbewußten, 29 und 31 = Fischer-TB 6058, 29 und 30 f.

135 Ges. W. 7: Das persönliche und das überpersönliche oder
kollektive Unbewußte, 71, Anm. 5.

136 Ges. W. 8: Pattern of behaviour und Archetypus, 238 =
Welt der Psyche, 118.

137 Ges. W. 9/II: Schlußwort, 281.

138 C. G. Jung: Ges. W. 7: Die Mana-Persönlichkeit, 262.
Wie das Unbewußte einem Menschen die Bedeutung seiner »dritten Dimension« nahebringt, habe ich selbst einmal bei einer Gruppenübung in aktiver Imagination (zum
Begriff s. Abschnitt 3.4.1) erlebt: Eine Teilnehmerin
erzählte von ihrer Imagination, sie sei in eine Stadt
gekommen, in der zweidimensionale Menschen lebten –
sie sahen flach aus. Die Sache war ihr zunächst unange-
nehm, doch dann blieb sie da und lebte eine Weile mit
diesen Menschen. Sie führte mit ihnen ein einfaches Leben, wohnte in einem spärlich möbllierten Haus, schlief
auf einer Art Pritsche. Es passierte nicht viel. Eine Zeit-
lang gefiel ihr das Leben, doch dann zog es sie fort von
dort. Soweit die Imagination. Das Unbewußte verstand
hier das nur zweidimensionale Leben offensichtlich als
karg, undynamisch, eigentlich als armselig.

139 Ges. W. 9/II: Der Schatten, 18 f. = Welt der Psyche, 73.

140 Eine sehr gute, weil gedanklich klare und zugleich anschauliche Darlegung der Schattenproblematik gibt
E. Neumann: Tiefenpsychologie und neue Ethik. Im folgenden greife ich auf einige seiner Überlegungen zurück.

141 Erinnerungen . . ., 331 f. An anderer Stelle des Buches
sagt Jung: »Der christliche Mensch strebt nach dem Guten
und verfällt dem Bösen«, 279.

142 A.a.O. 92.

143 Zur Schattenproblematik bei Jesus, wie die Evangelien
sie darstellen, und zwar getrennt nach dem kollektiven
und persönlichen Schatten, s. H. Wolff: Jesus der Mann,
126–158.

144 Emma Jung: Animus und Anima. Bei Jung selbst findet

sich eine erste zusammenfassende Darstellung des Problemkomplexes aus dem Jahr 1928 in: Ges. W. 7: Die Individuation, II: Anima und Animus, 207–232. Die Darstellung unterscheidet sich von einer späteren einerseits durch eine schwächere Systematik und geringere gedankliche Strukturierung, andererseits durch plastische Anschaulichkeit. *Jung* analysiert darin realistische und oft banale Alltagssituationen von Geschlechterbeziehungen und vor allem männlichem Selbstverständnis mit großer Einfühlung und viel Humor, so daß sich manche Passagen richtig amüsant lesen. Die spätere zusammenfassende Darstellung stammt aus dem Jahr 1951 in: Ges. W. 9/II: Die Syzygie: Anima und Animus, 20–31 = Welt der Psyche, 75–90.

145 A.a.O. 12.

146 Im Zusammenhang mit den Archetypen von Anima und Animus besagen die Anführungszeichen bei den Attributen »männlich« und »weiblich«, daß mit ihnen keine Festlegung von realen Eigenschaften bei Mann und Frau getroffen werden soll, sondern daß sie Qualitäten der objektiven, d. i. der kollektiven unbewußten Psyche bezeichnen, die wegen ihrer Zuordnung zur Geschlechtlichkeit des Menschen nicht anders ausgedrückt werden können.

147 Ges. W. 9/I: Über die Archetypen des kollektiven Unbewußten, 36 und 38 = Fischer-TB 6058, 36 und 39.

148 Z. B. Ges. W. 9/II: Die Syzygie: Anima und Animus, 23 = Welt der Psyche, 79.

149 *E. Jung:* a.a.O. 63 f. und 68. *M.-L. v. Franz:* a.a.O.: Die Anima als Frau im Manne, 177.

150 Eine der vielen Beschreibungen *Jungs* von der negativen Darstellung der Anima lautet: »Die Anima ist ein Faktor von höchster Wichtigkeit in der Psychologie des Mannes, wo immer Emotionen und Affekte am Werke sind. Sie verstärkt, übertreibt, verfälscht und mythologisiert alle emotionalen Beziehungen zu Beruf und Menschen beiderlei Geschlechts. ... Wenn die Anima in stärkerem Maße konstelliert ist, so verweichlicht sie den Charakter des

Mannes und macht ihn empfindlich, reizbar, launisch, eifersüchtig, eitel und unangepaßt. Er ist im Zustande des ›Unbehagens‹ und verbreitet Unbehagen im weitesten Umkreis.« Ges. W. 9 I: Über den Archetypus mit besonderer Berücksichtigung des Animabegriffes, 86.

151 Ges. W. 7: Anima und Animus, 229 f.

152 Vgl. *E. Jung,* a.a.O. 13 f.; sie konstatiert vier Entwicklungsstufen des Animus, die sie als Wille, Tat, Wort und Sinn bezeichnet; ähnlich auch *M.-L. v. Franz,* a.a.O.: Der Animus, der innere Mann in der Frau, 194.

153 Ges. W. 9/II, a.a.O. 23 f. = Welt der Psyche, 79 f.

154 Vgl. dazu *E. Jung,* a.a.O., 20 u. ö., und *M.-L. v. Franz,* a.a.O. 189–191.

155 Z. B. Ges. W. 7, a.a.O. 227 u. ö.

156 Vgl. *C. G. Jung:* Ges. W. 9/II, 21–23 = Welt der Psyche, 77–79.

157 *Goethe:* »An Charlotte von Stein«, in: »Warum gabst du uns die tiefen Blicke«, Hamburger Ausgabe Bd. I: Gedichte und Epen, ³1956, 123.

158 Vgl. *C. G. Jung:* Ges. W. 9/I: Psychologie der Wiedergeburt, 138.

159 Wie eine Projektion des Animus vornehmlich in eine Heldenfigur sich bei der Frau auswirkt, deutet *Jung* an in: Ges. W. 5: Die zweifache Mutter, 394 f.

160 Ges. W. 7, a.a.O. 231; vgl. auch 246 f. und 254 f.

161 Ges. W. 7, a.a.O. 223, zum Ganzen: 220–223; vgl. auch Ges. W. 9/II, a.a.O. 29 = Welt der Psyche, 87 f.

162 Vgl. zu den Überlegungen des voranstehenden Abschnitts *C. G. Jung:* Ges. W. 9/I: Über die Archetypen des kollektiven Unbewußten, 40 ff. = Fischer-TB 6058, 41 ff.

163 Die unterschiedliche Leistung des Sich-Emanzipierens bei Mann und Frau begründet *Emma Jung,* a.a.O. 33–34; sie sagt z. B.: »Das Weibliche an sich hat in unserer Welt bisher stets, wenn mit dem Männlichen verglichen, als etwas Minderwertiges gegolten ... Infolgedessen hat der Mann, wenn er zu seiner Anima in Beziehung tritt, gleichsam von einer Höhe herabzusteigen, einen Widerstand, nämlich seinen Stolz zu überwinden ... Bei der

Frau ist dies anders. ... Die Auffassung, daß das Männliche an sich wertvoller sei als das Weibliche, liegt ihr im Blut, mag sie bewußt auch anders denken ... Was wir dem Animus gegenüber zu überwinden haben, ist ... der Mangel an Selbstvertrauen und der Trägheitswiderstand. Für uns ist es nicht, als ob wir hinabsteigen müßten ..., sondern als ob wir uns zu erheben hätten, wozu es oft an Mut oder Willensstärke gebricht. ... Aber ohne einen solchen Akt der Empörung, was immer sie auch unter den Folgen zu leiden hat, wird die Frau nie aus der Gewalt des Tyrannen befreit werden.«

164 Vgl. dazu *C. G. Jung*: Ges. W. 9/II: Schlußwort, 282 f.

165 Vgl. dazu die Ausführungen in Kap. 1.

166 *H. Wolff*, a.a.O. 80–88; wahrscheinlich ist es nicht von ungefähr, daß nicht ein Mann, sondern eine Frau Jesus als den integrierten Mann in den Evangelien entdeckt hat. Die Autorin belegt diesen Aspekt ausführlich aus den Evangelien, z. T. mit einer Exegese, die bei der »Zunft« wohl auf Ablehnung stoßen wird, mir aber nichtsdestoweniger überzeugend erscheint.

167 Der Begriff »Wirklichkeit« wird hier wie in der ganzen Arbeit im Sinne *Jungs* verwendet: »Wirklich ... ist, was wirkt« – Ges. W. 7: Das Ich und das Unbewußte, 239 und an vielen anderen Stellen. Es ist kein philosophischer oder theologischer Begriff, sondern ein psychologischer. Die Wirklichkeit der Psyche kann nicht an sich konstatiert werden, sondern ergibt sich aus ihren empirisch feststellbaren Wirkungen.

168 *Jungs* Darlegungen über das Ich und das Selbst finden sich zusammenhängend in: Ges. W. 9/II: Das Ich, 12–16; Das Selbst, 32–45 = Welt der Psyche, 65–71 und 90–106; sowie Ges. W. 6: Definitionen, Stichwort »Ich«, 471, »Selbst«, 512 f.

169 S. dazu die Ausführungen im Abschnitt 3.3.

170 *C. G. Jung*: Ges. W. 7: Das Ich und das Unbewußte, 243.

171 Das tut *M.-L. v. Franz*, a.a.O. 161; vgl. auch eine Skizze nach dem Schichtenmodell bei *U. Mann*: Die Gotteserfahrung des Menschen bei C. G. Jung, in: *v. Franz/*

Mann/Heidland: C. G. Jung und die Theologen, 9. Das Kugelmodell hat den Nachteil, daß es die Psyche als rundherum geschlossen vorstellt, während sie beim Schichtenmodell nach unten offen gedacht, also ihre Fähigkeit zur Transzendenz besser zum Ausdruck gebracht ist.

172 Ges. W. 6, a.a.O. 513 und 471.

173 *Jung* verwendet anstelle des Begriffs »Person« meistens den der Persönlichkeit; so nennt er z. B. das Selbst den »Mittelpunkt(es) der Persönlichkeit«: Ges. W. 7, a.a.O. Ich möchte diesen Begriff vermeiden wegen seiner Koppelung an Bildungsvorstellungen im allgemeinen Bewußtsein. Da diese bei *Jung* nicht mitgemeint sind, verwende ich den Begriff »Person«, für den durchweg auch »Mensch« stehen kann.

174 Ges. W. 7, ebd.

175 *C. G. Jung:* Ges. W. 9/II: Das Selbst, 32, vgl. auch den ganzen Abschnitt, = Welt der Psyche, 90.

176 Ebd. 34 bzw. 93.

177 Vgl. Ges. W. 8: Die transzendente Funktion, 75–104, wo eine, nach *Jungs* eigenen Worten, allerdings sehr frühe und daher noch beschränkte Fassung des Problems (von 1916) geboten wird.

178 *C. G. Jung:* Ges. W. 9/I: Bewußtsein, Unbewußtes und Individuation, 306.

179 *C. G. Jung:* Ges. W. 7: Das Ich und das Unbewußte, 241, und Ges. W. 9/I, a.a.O. 307.

180 Ges. W. 8: Die transzendente Funktion, 102.

181 Ges. W. 9/I: Zur Psychologie des Kindarchetypus, 188–189.

182 *Jung* behandelt den Aspekt des Ich-Opfers ausführlich in: Ges. W. 11: Das Wandlungssymbol in der Messe, darin: Über die psychologische Bedeutung des Opfers, 275–298, z. T. = in: *Y. Spiegel* (Hg.): Psychoanalytische Interpretationen biblischer Texte, 139–151.

183 S. die Auslegung dieses Textes im dritten Kapitel, Abschnitt 6.

184 Ges. W. 9/I, a.a.O. 179.

185 Ges. W. 9/II: Das Selbst, 40 = Welt der Psyche, 100 u. ö.

In Ges. W. 9/I: Zur Empirie des Individuationsprozesses, 309–372, und: Über Mandalasymbolik, 373–407, hat *Jung* mehrere Serien von Mandalasymbolen wiedergegeben. Über die Herkunft des Begriffs »Mandala« und den Charakter der Kreisbilder gibt *Jung* Auskunft ebd.: Mandalas, 411–414.

186 Sehr anschaulich stellt *M.-L. v. Franz* die vielen Bilder für das Selbst und ihre Bedeutung dar, a.a.O.: Das Selbst, und: Die Beziehung zum Selbst, 196–217.

187 »Wahrheit« ist hier nicht ein theologischer, sondern ein psychologischer Begriff, obwohl im angeführten Falle beide Formen des Begriffs m. E. einander korrespondieren.

188 Ges. W. 9/I, a.a.O. 39 = Welt der Psyche, 99.

189 Ges. W. 5: Der Kampf um die Befreiung von der Mutter, 390.

190 Ges. W. 9/II, a.a.O. 32 = Welt der Psyche, 90.
Daß auch auf theologischer Seite zunehmend der Zusammenhang zwischen der Struktur psychischer Entwicklungsprozesse und religiöser Dimension bzw. Erfahrung erkannt wird, ist z. B. an einem Aufsatz von *John Shea* zu sehen: Die zweite Naivität – Bemerkungen zu einem Pastoralproblem. Der Autor macht bei seiner Erörterung des religiösen Symbolbegriffs, ohne Rückgriff auf *Jungs* Theorie oder Terminologie, die interessante Aussage: »Die Transzendenzerfahrung wird oft als ein Gefühl der Vereinigung, ein Gespür für das Ganze, als ein Außersichsein, als ein geläutertes, erneuertes Leben, als Genugtuung und Freude empfunden« (59). Dieser Satz beschreibt treffend die archetypische Erfahrung des Selbstwerdens. Im gleichen Heft behandelt dasselbe Thema mit Rückgriff auf *G. W. Allports* psychologische Theorien *Eugene Kennedy:* Religiöser Glaube und psychologische Reife, und postuliert: »Es muß möglich sein, religiöse Kategorien in Ausdrücken menschlicher Erfahrung zu diskutieren, um die Entfremdung zu beenden, die im Laufe der Geschichte in das Selbstverständnis des Menschen hineingekommen ist« (66).

191 Diesen Begriff verwendet *U. Mann* im Sinne von Ganzheit als auf ein Zentrum hin geordnete Vielfalt, die für ihn das Charakteristikum von Religion bzw. des Gottesbegriffs ist – vgl. Einheit und Ganzheit der Religion, bes. 39 ff. Auch in die Religionswissenschaft haben tiefenpsychologische Kategorien Eingang gefunden, wie gerade bei *U. Mann* zu sehen ist; er verweist ausdrücklich auf *Jungs* Theorie, die er m. E. auch in seinen Überlegungen rezipiert hat:
»Der Ort der religiösen Erfahrung ist die Psyche, aber nur dann, wenn das in der Tiefe der Seele schlummernde Archetypische durch behutsames Exerzitium mit dem Bewußtsein in Verbindung gebracht wird. Im Grund sind die religiösen Riten solche Exerzitien. Vermag die Religion dies heute nicht mehr voll zu leisten, vor allem wegen des überhandnehmenden Säkularismus, ... dann kann ihr die Jungsche Tiefenpsychologie sehr hilfreich sein« (49, Anm. 49).

192 Ges. W. 9/II, a.a.O. 41 = Welt der Psyche, 101.

193 Ebd. 43 = ebd. 104 und 105. Zum Zusammenhang zwischen Archetypus des Selbst und Gottesbild s. auch Ges. W. 11: Antwort auf Hiob, 502–503 = Studienausgabe 120–121.

194 Die Gotteserfahrung des Menschen bei C. G. Jung, a.a.O. 22.

195 *W. Pannenberg:* Christentum und Mythos, 67, auch 66 bis ca. 75.

196 *Jung* hat einen eigenen Artikel über »Christus, ein Symbol des Selbst« geschrieben: Ges. W. 9/II, 46–80, in dem er Christus als das wahre Gottesbild in unserer Kultur und als den bezeichnet, »der das Zentrum des christlichen Mandalas innehat« (46). Er behandelt dabei auch die Problematik, daß die dunkle Seite des Selbst vom Bild Christi abgespalten und in der Gestalt des Antichrist verkörpert ist, ausgehend von dem Grundsatz, daß jeder Archetypus, auch der des Selbst, ambivalent ist. Bei seinen Überlegungen greift *Jung* reichlich auf die Schrift und die Kirchenväter zurück.

197 Der Begriff »Einfall« ist hier ganz wörtlich zu verstehen: es fällt etwas aus dem unbekannten Unbewußten ins Bewußtsein ein.

198 Erinnerungen . . ., 408.

199 Zum »Aufnehmen des Kontextes« vgl. C. G. Jung: Ges. W. 8: Vom Wesen der Träume, 326 = Welt der Psyche, 13.

200 Vgl. Ges. W. 12: Psychologie und Alchemie, 333 f.

201 S. die Ausführungen zu Anfang des 2. Kapitels.

202 Vgl. Ges. W. 7: Die synthetische oder konstruktive Methode, 88 = Fischer-TB 6299, 83.

203 Ges. W. 9/I: Zur Phänomenologie des Geistes im Märchen, 259.

204 *Jung* hat in seiner therapeutischen Praxis seine Patienten vor allem zum Malen ihrer eigenen, inneren archetypischen Bildwelt angeregt, wobei sich häufig ganze Serien von Mandalasymbolen ergaben, die den Individuationsprozeß eines Menschen nicht nur anzeigten, sondern bewirkten. Erläuterte Beispiele solcher Bilder finden sich in Ges. W. 9/I: Zur Empirie des Individuationsprozesses, 309–372, und: Über Mandalasymbolik, 373–407.

205 Ges. W. 9/I: Zum psychologischen Aspekt der Korefigur, 206 f.

206 Ebd.: Der Begriff des kollektiven Unbewußten, 62.

207 Ges. W. 6: Definitionen, Stichwort »Phantasie«, 494.

208 *C. G. Jung:* Ges. W. 6, ebd., Stichwort »Objektstufe«, 492. Von einem anderen Ansatz, dem des symbolischen Interaktionismus aus, stellt *D. Dormeyer:* Die Bibel antwortet, die wichtige Rolle der Interaktion in der Gruppe für den Umgang mit der Bibel in unserer Zeit heraus. Konkretes Verfahren und theoretische Fundierung werden am Beispiel der Ostergeschichte vom Gang zweier Jünger nach Emmaus Lk 24, 1–35 ausführlich und instruktiv erörtert.

209 Zur ganzen Thematik der Auslegungsmethode s. Ges. W. 7: Die synthetische oder konstruktive Methode, 87–97 = Fischer-TB 6299, 82–90. *Jung* hat die Methode für die Deutung von Träumen mit archetypischem

Material entwickelt. Sie läßt sich ebenfalls anwenden auf literarische Werke, wie er ausdrücklich betont: Ges. W. 6, 514.

210 Vgl. Ges. W. 7, a.a.O. 91.

211 Vgl. Anm. 45.

212 Ges. W. 7, a.a.O. 92 = Fischer-TB 6299, 86.

213 *Jung* nennt sie auch Partialseelen oder Teilpsychen, vgl. Ges. W. 7: Persönliches und überpersönliches Unbewußtes, 72 und Ges. W. 8: Allgemeines zur Komplextheorie, 113, allerdings nicht auf literarische Erzeugnisse, sondern auf alltägliche psychische Erscheinungen, die Komplexe, bezogen. Das Phänomen der Teilpsychen an einem Menschen läßt sich am besten beobachten bei Völkern bzw. Stämmen mit archaischer psychischer Struktur und bei pathologischen psychischen Zuständen, die wir Geisteskrankheit nennen. Bei ersteren werden die Teilpsychen durch religiöse Riten integriert, d. h. in einer Einheit zusammengehalten; bei letzteren ist die Fähigkeit zu solcher Integration gestört oder verlorengegangen. Zum Normalfall sagt *Jung:* »Meist handelt es sich ... keineswegs um verdrängte, sondern um *noch nicht bewußte,* das heißt als subjektiv realisierte Inhalte, wie z. B. die Dämonen und Götter der Primitiven oder die fanatisch geglaubten -ismen der Modernen. Dieser Zustand ist weder pathologisch noch sonstwie absonderlich, sondern der *ursprüngliche Normalzustand,* während die in der Einheit des Bewußtseins zusammengefaßte Ganzheit der Psyche ein ideales und nie erreichtes Ziel darstellt.«: Ges. W. 8: Die Dissoziabilität der Psyche, 204 f.

214 Ges. W. 8: Allgemeine Gesichtspunkte zur Psychologie des Traumes, 303.

215 Vgl. *F. S. Perls:* Gestalt-Therapie in Aktion.

216 Ges. W. 6: Definitionen, Stichwort »Subjektstufe«, 514. Eine ausführliche Erörterung des Imago-Begriffs findet sich Ges. W. 8, vor allem 301 ff.

217 Vgl. die Auslegung der Erzählung von der Versuchung Jesu in der Einführung. Eine einleuchtende Erklärung für das Phänomen der Besessenheit und des Exorzismus gibt

mit Hilfe des Modells der Personifizierung *L. Pongratz* in einem Interview in der Orientierung 38, Nr. 17, 15. September 1974, 180 f.

218 *H. Dieckmann:* Märchen und Träume als Helfer des Menschen, 4.

219 S. die Ausführungen zu den Spontanmethoden in 3.4.1.

220 Vgl. Ges. W. 7: Die synthetische oder konstruktive Methode, 87–97 = Fischer-TB 6299, 82–90.

221 Vgl. Ges. W. 6: Definitionen, Stichwort »Phantasie«, 497.

222 Ebd.

223 Ebd. 498.

224 Beide Zitate: Ges. W. 7, a.a.O. 87 = Fischer-TB 6299, 82.

225 Die erzählende Vergegenwärtigung menschlicher Grunderfahrungen verleiht den Vätergeschichten der Genesis ihre innere Kontinuität, obwohl die Gesamtdarstellung aus ursprünglich einzelnen, voneinander unabhängigen Sagen zusammengewachsen ist.

225a Vgl. dazu *E. Neumann:* Ursprungsgeschichte des Bewußtseins, Erster Teil, A I. Der Uroboros, und Teile aus II. Die Große Mutter . . .

226 In allen Abrahamsgeschichten wird von keiner neuen sozialen Verwurzelung Abrahams erzählt, die der in der Sippe vergleichbar wäre, wohl von Schutzverhältnis und Vertrag.

227 Eine analoge Aussage macht – auf die Entwicklung der gesamten Menschheit bezogen – auch die Erzählung des Jahwisten vom Verlust des Paradieses Gen 2–3; dieser »Verlust« ist als Auslöser für den Beginn der selbstverantwortlichen Kulturtätigkeit des Menschengeschlechtes dargestellt.

228 *E. Fromm* übersetzt in seinem Buch: Die Herausforderung Gottes und des Menschen, den betreffenden Vers diesem Sinn entsprechend: »Wenn du aus deinem Land ziehst, dann will ich dich zu einem großen Volke machen . . .« (92).

229 Vgl. Ex 3, 13–15 die Offenbarung des Jahwe-Namens,

die Mose und den Israeliten zu erkennen geben soll, wer und was ihr Gott für sie ist.

230 Die Bemerkung über die Mitnahme des Neffen Lot und seiner Familie (VV 4b–5) stammt wahrscheinlich nicht vom Jahwisten und bleibt deshalb hier unbeachtet.

231 Zwischen Gen 12 und 18 wird in Gen 15 noch der Bundesschluß Gottes mit Abraham vom Jahwisten berichtet, bei dem das Gottesverhältnis Abrahams unter dem Bild der Partnerschaft vorgestellt ist.

232 Dazu sagt *J. Scharfenberg:* »Abraham, der Vater des Glaubens! Aber was für ein Glaube ist denn das? Ein Glaube, der es wagt, sich mit Gott anzulegen, der Gott kritisiert, der ihn über seine wahren Funktionen als Weltenrichter aufzuklären unternimmt.« (Predigt über Gen 19, 12–29, in: WzM 22 (1970), 281–285. Ähnlich provozierend beharrt auch Hiob gegenüber Gott auf seinem Recht und versucht, Gott zur Rechenschaft zu ziehen wegen seines ungerechten Verhaltens. Der emanzipatorische Faktor im Verhältnis zu Gott scheint in Israel nicht außergewöhnlich, sondern eher normal gewesen zu sein.

233 Vgl. z. B. die Gottesverkündigung der Propheten, die als wahre Gottesverehrung die Herstellung sozialer Gerechtigkeit bezeichnen.

234 Die Zuordnung von Gen 26 zu J ist umstritten.

235 In den beiden Abraham-Versionen Gen 12 und 20 wird wirklich gehandelt, und es ergeben sich daraus Konsequenzen, während in der Isaak-Fassung Gen 26 die Aneignung von Rebekka durch die fremden Männer nur als Möglichkeit erscheint.

236 Vgl. z. B. Odyssee; Heldenlieder der Edda; Hildebrandslied.

237 Erkennungszeichen für die elohistische Quelle sind: die Gottesbezeichnung »Elohim«; das Erscheinen eines Boten Gottes anstelle von Gott selbst; die Lokalisierung der Abraham-Gestalt in Beerscheba; die paradigmatisch-pädagogische Intention der Erzählung.

238 Für den Verlauf der vor-elohistischen Tradition gibt es

zwar einen Konsens in bezug auf das Faktum, daß alte Motivschichten erhalten geblieben sind; es besteht jedoch keine völlige Klarheit über die zeitliche Aufeinanderfolge der Motive. Die hier gewählte Reihenfolge ist nicht als chronologische Abfolge zu verstehen, zumal sachlich eng zusammengehörende Motive zu einem zeitlich undifferenzierten Komplex zusammengefaßt werden. Bei *R. Kilian:* Isaaks Opferung, ist Einblick zu erhalten in die Kontroverse bez. der Überlieferungsstadien von Gen 22 sowie ausführliche Literatur zu finden.

239 Auch für Israel bedeuteten (kultische) Kinderopfer eine Versuchung und kamen auch vor, vgl. Ri 11, 30 ff.; 4 Kön 16, 3; Ez 16, 20 f.; für israelitische Kinderopfer an den Moloch war sogar die Todesstrafe vorgesehen, vgl. Lev 20, 2–5. Die Weihe jeder männlichen Erstgeburt, auch der menschlichen, an Jahwe sowie die Vorschrift, die Söhne durch ein Tier auszulösen (Ex 34, 19–20), läßt erkennen, daß die in Gen 22 überlieferte, ursprünglich nichtisraelitische Problematik auch in Israels Gottesvorstellungen hineinspielte.

240 Ob die Weiterbildung zu einer Familiengeschichte vor der Verbindung mit der Gestalt Abrahams erfolgte oder erst danach, ist umstritten.

241 »Morija« nach 2 Chr 3, 1. Die Identifizierung des in der Erzählung handelnden Gottes mit Jahwe ist, geschichtlich betrachtet, für die Abrahamszeit ein Anachronismus; denn die Väter haben Jahwe noch nicht verehrt. Theologisch gesehen resultiert sie aus dem Verständnis Abrahams als Kollektiv-Person, in der Israel sein Verhältnis als Volk zu Jahwe vorgebildet sah.

242 Vgl. dazu die Auslegung von *G. v. Rad:* Das Opfer des Abraham. Etwas problematisch erscheint mir die Zuspitzung seiner Interpretation auf den Gehorsam Abrahams; Gehorsamsforderung wie Gehorsamshaltung sind m. E. ambivalent; sittlich positiv werden sie erst im Bezug auf den sittlichen Wert des Geforderten. Daß die Forderung eines Kinderopfers vom Israel z. Z. des Elohisten als ein sittlicher Wert verstanden worden wäre, läßt sich aus

Gen 22 gerade nicht herleiten. Noch weniger können wir heute in solcher Forderung einen sittlichen Wert sehen.

Zur Ambivalenz des Gottesbildes von Gen 22 s. den Schluß meiner theologischen Auslegung, 242 f.

243 Vgl. H. *Werner:* Abraham, 199, der wegen der Idealisierung der Gestalt Abrahams Gen 22 der literarischen Gattung »Legende« zuweist.

244 Vgl. Gen 15 E: Abrahams Klage, sein Knecht werde ihn beerben; Gen 16 J: Der Sohn der Magd wird als eigener Sohn angenommen.

245 Vom Gedanken des Ödipus-Komplexes im *Freud*schen Sinn geht die Interpretation von *D. Bakan* aus: Das Opfer im Buch Hiob, in: *Y. Spiegel* (Hg.): Psychoanalytische Interpretationen biblischer Texte, 152 f. *Bakan* sieht einen inneren Zusammenhang zwischen Gen 22 und dem Hiobbuch. Doch stülpt er mit seiner These von der Bearbeitung des kindesmörderischen Triebes in diesen Traditionen den Texten ein geschlossenes psychoanalytisches Erklärungsschema über, statt von der Erzählgestalt mit ihren verschiedenen Motivschichten auszugehen.

246 Vgl. dazu die theologische Aussage der Erzählung.

247 Vgl. *E. Fromm:* Die Herausforderung Gottes und des Menschen, 92, Anm. 1, der diesen Vorgang anschaulich dahin interpretiert, Abraham müsse die »Blutsbande zum Sohn ... durchschneiden«.

248 Im Blick auf den Sohn besagt die positive Konfliktbewältigung durch den Vater, daß Isaak freigegeben wird in sein eigenes Leben, frei von der Vorherrschaft des Vaters; vgl. Kap. 24: Beginn der eigenen Familiengründung durch den Sohn.

249 *C. G. Jung:* Ges. W. 11: Antwort auf Hiob, 469 = Studienausgabe 87.

250 Vgl. *C. G. Jung,* ebd. 411 bzw. 29.

251 Vgl. *C. G. Jung:* Ges. W. 9/I: Zur Psychologie des Kindarchetypus, 165–195.

252 *C. G. Jung:* Ges. W. 11: Antwort auf Hiob, 493 = Studienausgabe 111.

253 Vgl. *C. G. Jung,* ebd. 488, Anm. 1 bzw. 106, Anm. 1:
»Psychologisch fällt unter den Gottesbegriff jede Idee
von etwas Letzthinnigem, Erstem oder Letztem, Ober-
stem oder Unterstem.« Ebd. 489, Anm. 2 bzw. 107,
Anm. 2: »Der Gottesbegriff als die Idee einer allumfassenden Ganzheit schließt auch das Unbewußte ein,
also, im Gegensatz zum Bewußtsein, auch die objektive
Psyche, welche Absicht und Willen des Bewußtseins so
oft durchkreuzt. Das Gebet z. B. verstärkt das Potential
des Unbewußten, daher die oft unerwarteten Wirkungen
des Gebetes.«

254 *C. G. Jung:* Ges. W. 11: Über die psychologische Bedeutung des Opfers, 285 = *Y. Spiegel* (Hg.): Psychoanalytische Interpretationen biblischer Texte, 147.

255 Der hier erörterten Problematik des Kinderopfers geht
die historisch-kritische Exegese m. W. nie nach, sondern
sie begnügt sich damit, das äußere Ergebnis der Auseinandersetzung festzustellen, nämlich: die Ablehnung von
Kinderopfern in Israel erweist die Überlegenheit und
Einzigartigkeit Jahwes gegenüber den anderen Göttern
des alten Orients. Mit dieser Selbstbeschränkung in der
Auslegung verbaut man sich aber den Zugang zu der
tiefsten Schicht des Problems, das ein allgemein-mensch-
liches ist, mit dem Israel sich jedoch aus seinem spezifischen Gottesglauben heraus auseinandergesetzt hat.

256 Vorliegende tiefenpsychologische Auslegungen von Gen
32, die interessanterweise überwiegend von Psychologen,
nicht von Theologen verfaßt sind, sehen in den Jakobsgeschichten gern die kontinuierlich aufeinanderfolgenden
Phasen einer individuellen psychischen Entwicklung, z. T.
in der Kindheit beginnend; so vor allem *Ch. Meves:* Die
Bibel antwortet uns in Bildern, 61–66. Diese Interpretation wie auch die von *Th. Reik:* Psychoanalytische Studien zur Bibelexegese I, 1. Jaákobs Kampf, in: Imago
V/1917–1919, 325–343, und *W. G. Niederland:* Jakobs
Kampf am Jabbok. Bemerkungen zur Flußsymbolik, in:
Y. Spiegel (Hg.); a.a.O., 128–138, scheinen eher Einsichten aus der therapeutischen Praxis und Theorie auf

die Bibeltexte anzuwenden, weniger die Texte aus ihrer eigenen Erzählstruktur und ihrem traditionsgeschichtlichen Zusammenhang heraus zu deuten. Bei den beiden letzteren Arbeiten wird m. E. zudem das Erklärungsmodell des Ödipuskomplexes überstrapaziert. Eine archetypische Auslegung nach *C. G. Jungs* Methode gibt *H. Harsch:* Gottes Bilder. Jakobs Kampf am Jabbok, in: *Y. Spiegel* (Hg.): Doppeldeutlich, 83–87, der die Jakobsgestalt insgesamt, wenn auch nur skizzenhaft, deutet. Vom Interesse, die Geschichte vom Jabbokkampf durch verschiedene Auslegungsansätze und mit Blick auf andere literarische Gestaltungen zu aktualisieren, ist der Aufsatz von *G. Fuchs* bestimmt: Zur Aktualität der Geschichte vom Jakobskampf, in: Katechetische Blätter 5/78, 385–394. Ein vergleichender Überblick über theologische und psychoanalytische Interpretationen von Gen 32 ist zu finden bei *V. Metelmann:* Der Jakobskampf am Jabbok, in: WzM 26 (1974), 69–82.

257 Rebekka ist im erzählten Zusammenhang m. E. nicht als Mutterarchetyp zu verstehen, obwohl sie als Mutter Jakobs dazu geeignet wäre. Nach *Jung* sind die Gesichter der Anima für den Mann so wechselnd und vielfältig, daß das jeweils erscheinende nur aus dem konkreten Erzählgeflecht erkannt, nicht aber aus einer Theorie des Anima-Archetyps abgeleitet werden kann. Eine Übersicht über mögliche Formen und Funktionen der Anima s. bei *M.-L. v. Franz:* Der Individuationsprozeß, darin: Die Anima als Frau im Manne, in: Der Mensch und seine Symbole, 177–188.

258 Ich halte die Laban-Figur nicht für den Archetyp des Alten Weisen, wie das *H. Harsch* a.a.O. 86 tut. Laban erscheint mir nicht ambivalent, sondern eindeutig, mit Zügen, wie die Jakobsgestalt sie aufweist, an Gerissenheit dem Jakob allerdings unterlegen. Die ihm entwendeten Hausgötter sind für Jakob höchstens Pseudo-Götter; *seinem* Gott begegnet Jakob am Jabbok, und das bezeichnenderweise erst, nachdem er Laban, die Verdoppelung seiner Ich-Betontheit, hinter sich gelassen hat.

259 So übersetzt *G. v. Rad* im Vers 25, 27 in seinem Genesis-Kommentar von 1953, vgl.: Das erste Buch Mose. Genesis (ATD Bd. 2/4), Göttingen 1953, 230.

260 Zu erinnern ist an Acheron und Styx, die Flußzugänge zum Hades in der griechischen Mythologie; auch an den Lethe, den Fluß des Vergessens, aus dem die Verstorbenen trinken – Vergessen ist Chiffre für das Hinabsinken ins Unbewußte.

261 Vgl. Feen und Nymphen an Flüssen, welche die Schönheit des Lebens verkörpern; der Nil als Lebensspender im Verständnis der alten Ägypter; die Paradiesesströme in Gen 2.

262 Es ist die Schicht, die in theologischen Auslegungen durchweg mit Vorrang oder sogar als einzige interessiert.

263 Jakobs Einstellung ist zu vergleichen mit der magischer Riten, in denen der Göttername gebraucht wird, um sich der Macht der Götter zu versichern, um die Götter zu durchschauen.

264 In seinen Erinnerungen..., 327 f. sieht *Jung* die Bedingung für die Erfahrung des Unendlichen im Bewußtsein des Menschen von seiner Endlichkeit; er sagt:
»Die entscheidende Frage für den Menschen ist: Bist du auf Unendliches bezogen oder nicht? Das ist das Kriterium seines Lebens ... Das Gefühl für das Grenzenlose erreiche ich aber nur, wenn ich auf das Äußerste begrenzt bin. Die größte Begrenzung des Menschen ist das Selbst; es manifestiert sich im Erlebnis ›ich bin *nur* das!‹ Nur das Bewußtsein meiner engsten Begrenzung im Selbst ist angeschlossen an die Unbegrenztheit des Unbewußten. In dieser Bewußtheit erfahre ich mich zugleich als begrenzt und ewig ... Einzigartigkeit und Begrenztheit sind Synonyme. Ohne sie gibt es keine Wahrnehmung des Unbegrenzten –«.

Literaturverzeichnis

Balmer, H. H., Die Archetypentheorie von C. G. Jung. Eine Kritik (Heidelberger Taschenbücher Bd. 106), Berlin–Heidelberg–New York 1972

Beck, I., Das Problem des Bösen und seiner Bewältigung. Eine Auseinandersetzung mit der Tiefenpsychologie von C. G. Jung vom Standpunkt der Theologie und Religionspädagogik, München–Basel 1976

Betz, O., Religiöse Erfahrung. Wege zur Sensibilität (Pfeiffer-Werkbücher 141), München 1977

Boyden Howes, E., Die Evangelien im Aspekt der Tiefenpsychologie (Lebendige Bausteine Bd. 11), Zürich 1968

Cox, D., Analytische Psychologie. Eine Einführung in die Lehre von C. G. Jung (Goldmann Sachbuch 11119), München 1977

Diamond, E., Schlafen wissenschaftlich. Wie und warum wir träumen (rororo 6604), Hamburg 1964

Dieckmann, H., Märchen und Träume als Helfer des Menschen (psychologisch gesehen 4), Stuttgart 1966

ders., Träume als Sprache der Seele (psychologisch gesehen 34), Fellbach 1978 (1. Aufl. 1972)

Dormeyer, D., Die Bibel antwortet. Einführung in die interaktionale Bibelauslegung. München/Göttingen 1978

Drewermann, E., Strukturen des Bösen. Die jahwistische Urgeschichte in exegetischer, psychoanalytischer und philosophischer Sicht. Teil II: Die jahwistische Urgeschichte in psychoanalytischer Sicht (Paderborner Theologische Studien Bd. 5), München–Paderborn–Wien 1977

Eliade, M., Ewige Bilder und Sinnbilder, Olten–Freiburg i. Br. 1958

Fierz, H. K., Die Jungsche analytische (komplexe) Psychologie (Kindler-Taschenbücher, Geist u. Psyche 2166), München 1976

Fohrer, G., Theologische Grundstrukturen des Alten Testaments (Theologische Bibliothek Töpelmann Bd. 24), Berlin 1972.

v. Franz, M.-L. / Mann, U. / Heidland, M.-W., C. G. Jung

und die Theologen. Selbsterfahrung und Gotteserfahrung bei C. G. Jung (Radius Projekte 49), Stuttgart 1971

Fromm, E., Die Herausforderung Gottes und des Menschen, Konstanz 1970

Goldbrunner, J., Individuation. Die Tiefenpsychologie von Carl Gustav Jung, Krailling v. München (Erich Wewel Verl.) 1949

ders., Quellen religiöser Erfahrung. Zum Verhältnis zwischen Tiefenpsychologie und christlichem Glauben, in: *W. Strolz* (Hg.): Religiöse Grunderfahrungen. Quellen und Gestalten, Freiburg–Basel–Wien 1977, 142–154

Hahn, F., Probleme historischer Kritik, in: Zeitschrift für die neutestamentliche Wissenschaft (ZNW) 63 (1972), 1–17

Harsch, H., Psychologische Interpretation biblischer Texte?, in: Wege zum Menschen WzM 20 (1968), 281–289

ders., Psychologische Interpretation biblischer Texte. Ein Versuch zu Mk 5, 1–20: Die Heilung des Besessenen von Gerasa, in: Una Sancta 32 (1977), 39–44

Harsch, H. / Voss, G. (Hg.), Versuche mehrdimensionaler Schriftauslegung. Bericht über ein Gespräch, Stuttgart/München 1972

Jacobi, J., Die Psychologie von C. G. Jung. Eine Einführung in das Gesamtwerk (Fischer Taschenbuch 6365), Frankfurt 1978.

Jung, C. G., Antwort auf Hiob (Studienausgabe), Olten–Freiburg i. Br. 1973

ders., Erinnerungen, Träume, Gedanken, Zürich–Stuttgart 1962

ders., Symbole der Wandlung. Analyse des Vorspiels zu einer Schizophrenie. Gesammelte Werke Bd. 5, Olten-Freiburg i. Br. 1973

ders., Psychologische Typen. Gesammelte Werke Bd. 6, 10. revidierte Auflage, Zürich–Stuttgart 1967

ders., Zwei Schriften über Analytische Psychologie. Gesammelte Werke Bd. 7, Zürich–Stuttgart 1964

ders., Die Dynamik des Unbewußten. Gesammelte Werke Bd. 8, Zürich–Stuttgart 1967

ders., Die Archetypen und das kollektive Unbewußte. Gesammelte Werke Bd. 9/I, Olten–Freiburg i. Br. [2]1976

ders., Aion. Beiträge zur Symbolik des Selbst. Gesammelte Werke Bd. 9/II, Olten–Freiburg i. Br. 1976 *ders.,* Zur Psychologie westlicher und östlicher Religion. Gesammelte Werke Bd. 11, Zürich–Stuttgart 1963

ders., Bewußtes und Unbewußtes. Beiträge zur Psychologie (Fischer-Taschenbuch 6058), Frankfurt 1975

ders., Über die Psychologie des Unbewußten (Fischer-Taschenbuch 6299), Frankfurt 1975

ders., Welt der Psyche (Kindler Taschenbücher, Geist und Psyche 2010), München 3. Aufl. o. J.

Jung, C. G. und v. Franz, M.-L. / Henderson, J. L. / Jacobi, J. / Jaffé, A., Der Mensch und seine Symbole, Olten–Freiburg i. Br. 1977

Jung, Emma, Animus und Anima, Zürich 1967

Kassel, M., Selbsterfahrung als Eröffnung von Gotteserfahrung. Beispiel einer anthropologisch relevanten Auslegung von Jakobs Kampf am Jabbok (Gen 32), in: Diakonia 5 (1974), 147–155

dies., Abrahams Exodus – ein Beispiel für die Identität von Selbstwerdung und Glauben, in: Diakonia 6 (1975), 364–374

dies., Abrahams »Opferung des Sohnes« als Glaubens- und Lebenskrise, in: Diakona 7 (1976), 234–249

dies., Zur archetypischen Auslegung von Bibeltexten. Das Identitätsproblem in der Geschichte von der Gefährdung der Ahnfrau, in: rhs (Religionsunterricht an höheren Schulen) H. 1/1976, 10–17

dies., Aspekte mythischen Daseinsverständnisses im AT am Beispiel von Gen 2 und 3, in: rhs H. 1/1978, 13–23

dies., Prozesse archetypischer Identitätsfindung in der Bibel, in: Sozialisation – Identitätsfindung – Glaubenserfahrung, hg. von *G. Stachel* u. a. (Studien zur Praktischen Theologie [SPT] 18), Zürich–Einsiedeln–Köln 1979

Kennedy, E., Religiöser Glaube und psychologische Reife, in: Concilium 9 (1973), H. 1 über »Das Fortbestehen der Religion«, 63–67

Kerényi, K., Über Ursprung und Gründung in der Mythologie, in: *C. G. Jung* und *K. Kerényi:* Einführung in das Wesen der Mythologie. Das göttliche Kind. Das göttliche Mädchen, Zürich 1951

ders., Umgang mit Göttlichem. Über Mythologie und Religionsgeschichte (Kleine Vandenhoeck-Reihe 18), Göttingen 1955

Kilian, R., Isaaks Opferung. Zur Überlieferungsgeschichte von
Gen 22 (Stuttgarter Bibelstudien [SBS] 44), Stuttgart 1970

Kübler-Ross, E., Interviews mit Sterbenden (Gütersloher Taschenbücher [GTB] 71), Gütersloh ²1974

Künkel, F., Die Schöpfung geht weiter. Eine psychologische
Untersuchung des Matthäus-Evangeliums, Konstanz 1957

Lehmann, K., Der hermeneutische Horizont der historisch-
kritischen Exegese, in: *Schreiner, J.* (Hg.): Einführung in die
Methoden der biblischen Exegese, Würzburg 1971, 40–79

Lerch, W. G., Die Zeichen der islamischen Republik, in:
F.A.Z. v. 25. 8. 1979, Tiefdruckbeilage

Maier, G., Das Ende der historisch-kritischen Methode (ABC
team, Glauben und Denken 901), Wuppertal 1974

Mann, U., Einführung in die Religionspsychologie (Die Theologie. Einführungen in Gegenstand, Methoden und Ergebnisse ihrer Disziplinen und Nachbarwissenschaften), Wiss.
Buchges. Darmstadt 1973

ders., Einheit und Ganzheit der Religion. Problem und Idee,
in: *W. Strolz* (Hg.): Religiöse Grunderfahrungen. Quellen
und Gestalten, Freiburg–Basel–Wien 1977, 11–51

Metelmann, V., Der Jakobskampf am Jabbok, in: Wege zum
Menschen 26 (1974), 69–82

Meves, Ch., Die Bibel antwortet uns in Bildern. Tiefenpsychologische Textdeutungen im Hinblick auf Lebensfragen
heute (Herderbücherei 461), Freiburg–Basel–Wien 1973

Moody, R. A., Leben nach dem Tod, Reinbek bei Hamburg
1977 (Amerikanische Originalausgabe: Life After Life, 1975)

Neumann, E., Ursprungsgeschichte des Bewußtseins (Kindler-
Taschenbücher, Geist und Psyche 2042/43), München o. J.
(1949)

ders., Tiefenpsychologie und neue Ethik (Kindler-Taschenbücher, Geist und Psyche 2005), München 1964

Niederwimmer, K., Jesus, Göttingen 1968

ders., Tiefenpsychologie und Exegese, in: Wege zum Menschen 22 (1970), 257–272

Pannenberg, W., Christentum und Mythos. Späthorizonte des

Mythos in biblischer und christlicher Überlieferung, Gütersloh 1972

Paul, E., Die Bibel unter heutigen Bedingungen verstehen. Zu den didaktischen Neuerscheinungen, in: Religionspädagogische Beiträge 1 (1978), 3–23

Perls, F. S., Gestalt-Therapie in Aktion (Konzepte der Humanwissenschaften) Stuttgart 1976 (amerik. Ausgabe 1969)

Pesch, R. / Zwergel, H. A., Kontinuität in Jesus. Zugänge zu Leben, Tod und Auferstehung, Freiburg–Basel–Wien 1974

Pflüger, P.-M. (Hg.), Tiefenpsychologische Ansätze zur Theologie (psychologisch gesehen 22), Fellbach–Oeffingen 1975

v. Rad, G., Das Opfer des Abraham, München 1971

Ratzinger, J., Der holländische Katechismus. Versuch einer theologischen Würdigung, in: Hochland 62 (1970), 301–313

Richter, H.-E., Der Gotteskomplex. Die Geburt und die Krise des Glaubens an die Allmacht des Menschen, Reinbek bei Hamburg 1979

Ricoeur, P., Die Interpretation. Ein Versuch über Freud (suhrkamp taschenbuch wissenschaft 76), Frankfurt 1974

Riess, R., Psychologische Erwägungen zur Perikope von der Versuchung Jesu, in: Wege zum Menschen 22 (1970), 275–281

Scharfenberg, J., Predigt über Gen 19, 12–29, in: Wege zum Menschen 22 (1970), 281–285

ders., Religion zwischen Wahn und Wirklichkeit. Gesammelte Beiträge zur Korrelation von Theologie und Psychoanalyse (Konkretionen Bd. 13), Hamburg 1972

Schramm, T., Distanz und Nähe. Erfahrungen im Umgang mit biblischen Texten, in: Wissenschaft und Praxis in Kirche und Gesellschaft 64 (1975), 372–387

ders., Selbsterfahrung als Schlüssel zur Bibel, in: Una Sancta 32 (1977), 55–62

Seifert, Th., Zur Aktualität der analytischen Psychologie C. G. Jungs, in: Gruppendynamik, Forschung und Praxis 7 (1976), 386–394

Shea, J., Die zweite Naivität – Bemerkungen zu einem Pastoralproblem, in: Concilium 9 (1973), H. 1 über »Das Fortbestehen der Religion«, 56–62

Spiegel, Y. (Hg.), Psychoanalytische Interpretationen biblischer Texte, München 1972

ders., (Hg.), Doppeldeutlich. Tiefendimensionen biblischer Texte, München 1978

Stern, P. J., C. G. Jung. Prophet des Unbewußten (Heyne Biographien 60), München 1979

Stuhlmacher, P., Historische Kritik und theologische Schriftauslegung, in: *ders.* Schriftauslegung auf dem Wege zur biblischen Theologie, Göttingen 1975

Unterste, H., Theologische Aspekte der Tiefenpsychologie von C. G. Jung (ppb), Düsseldorf 1977

Voss, G., Neutestamentliche Worte und Zeichen der Hoffnung, in: Una Sancta 29 (1974), 305–311

Wegenast, K., Exegetische und historische Methoden, in: Handbuch der Religionspädagogik (HRP), hg. v. *Feifel, E.* u. a., Bd. 2, Gütersloh-Zürich–Einsiedeln–Köln 1974, 326–335

Wehr, G., C. G. Jung in Selbstzeugnissen und Bilddokumenten (rowohlts monographien, rm 152), Reinbek bei Hamburg 1969

ders., C. G. Jung und das Christentum, Olten–Freiburg i. Br. 1975

ders., Wege zu religiöser Erfahrung. Analytische Psychologie im Dienste der Bibelauslegung. Eine Anregung (Impulse der Forschung Bd. 13), Wiss. Buchges. Darmstadt 1974

Welte, B., Kampfspiel als Lebenssymbol, in: Herder-Korrespondenz 32 (1978), 252–256

Werner, H., Abraham. Der Erstling und Repräsentant Israels (Exempla Biblica Bd. 1), Göttingen 1965

Wink, W., Bibelauslegung als Interaktion. Über die Grenzen historisch-kritischer Methode (Urban-Taschenbücher, T-Reihe 622), Stuttgart–Berlin–Köln–Mainz 1976

Wolff, H., Jesus der Mann. Die Gestalt Jesu in tiefenpsychologischer Sicht (Radius-Bücher), Stuttgart ³1977

dies., Jesus als Psychotherapeut. Jesu Menschenbehandlung als Modell moderner Psychotherapie (Radius-Bücher), Stuttgart 1978

Zimmermann, H., Neutestamentliche Methodenlehre. Darstellung der historisch-kritischen Methode, Stuttgart 1967

Die Botschaft der Bilder

Gerd Heinz-Mohr
Lexikon der Symbole
Bilder und Zeichen der christlichen Kunst
Band 4008

"Ein Nachschlagewerk, das auch zum Lesen verlockt" (Süddeutsche
Zeitung).

Maria Kassel
Traum, Symbol, Religion
Tiefenpsychologie und feministische Analyse
Band 4040

Die Symbole und Träume, die in den biblischen Texten verschlüsselt sind,
können befreit werden zu neuem Leben.

Eugen Drewermann
Das Eigentliche ist unsichtbar
Der Kleine Prinz tiefenpsychologisch gedeutet
Band 4068

Ist es der ewige Traum verlorener Kindheit, der Saint-Exupérys „kleinen
Prinzen" so faszinierend macht?

Eugen Drewermann
Dein Name ist wie der Geschmack des Lebens
Tiefenpsychologische Deutung der Kindheitsgeschichte nach dem
Lukasevangelium
Band 4113

Die geheimnisvolle Botschaft von der Ankunft Gottes in der Welt wird in
dieser poetischen Meditation der Liebe lebendig.

Eugen Drewermann
Der gefahrvolle Weg der Erlösung
Die Tobitlegende tiefenpsychologisch gedeutet
Band 4165

Die zentrale Botschaft vom Urvertrauen und der Überwindung der Angst:
hier werden Geheimnis und Wunder des ganzen Lebens lebendig.

HERDER / SPEKTRUM

Religion neu entdecken

HERDER / SPEKTRUM

Das Neue Testament
Einführung von Heinz Zahrnt. Mit Zeichnungen von Rembrandt
Band 4087

Die Leseausgabe eines packenden Stückes Weltliteratur, das keinen
unberührt läßt: voll Lebensweisheit, aber auch voller Provokation.

Lexikon der Religionen
Phänomene – Geschichte – Ideen
Herausgegeben von Hans Waldenfels
Begründet von Franz König
Band 4090

"In Fachkompetenz, Klarheit und Aktualität einzigartig" (Süddeutscher
Rundfunk).

Peter L. Berger
Der Zwang zur Häresie
Religion in der pluralistischen Gesellschaft
Band 4098

Religion ist kein Schicksal. Man muß sich dafür entscheiden. Ein
kontroverses Buch, das keine Auseinandersetzung scheut.

Hildegard von Bingen
Scivias – Wisse die Wege
Eine Schau von Gott und Mensch in Schöpfung und Zeit
Band 4115

Das Hauptwerk Hildegards: die faszinierenden, überraschend aktuellen
Visionen einer der modernsten Frauen des Mittelalters.

Mahatma Gandhi
Texte zum Nachdenken
Band 4173

Man nannte ihn die „Große Seele". Wahrheit, Gerechtigkeit und Friede
waren sein Programm. Seine Kerngedanken sind hier gesammelt.

HERDER / SPEKTRUM

Für ein bewußtes Leben

HERDER / SPEKTRUM